APULIEN

DUMONT REISE-TASCHENBUCH

Vordere Umschlagklappe: Übersichtskarte von Apulien

Hintere Umschlagklappe: Stadtplan von Bari

Nana Claudia Nenzel

APULIEN

DUMONT

Titelbild: Fischer im Hafen von Trani
Umschlaginnenklappe vorn: Meereskathedrale in Trani
Umschlaginnenklappe hinten: Küste in Polignano a Mare
Vignette: Ausblicke, in Monópoli
S. 2/3: Einblicke, in Polignano a Mare

Über die Autorin: Nana Claudia Nenzel empfing 1998 den italienischen Kulturorden für ihre zahlreichen Publikationen über Italien, und auf der Frankfurter Buchmesse wurde der vorliegende Apulien-Band zum besten Italien-Buch gewählt. Die Autorin lebt in München und am Gardasee. Im DuMont Buchverlag veröffentlichte sie die Richtig Reisen-Bände ›Oberitalien‹ und ›Toscana‹, die Reise-Taschenbücher ›Gardasee‹, ›Umbrien‹ und ›Ischia – Capri – Procida‹ sowie den Band ›Reisen für Genießer: Toscana‹.

3., aktualisierte Auflage 2001

Umschlaggestaltung: Groschwitz, Hamburg
Satz und Druck: Rasch, Bramsche
Buchbinderische Verarbeitung: Bramscher Buchbinder Betriebe

Printed in Germany ISBN 3-7701-4259-4

INHALT

LAND & LEUTE

Natur, Wirtschaft und Gesellschaft

Geschichte, Kunst und Kultur

UNTERWEGS
IN APULIEN

Foggia, Italiens heißeste Provinz

Die Provinz Bari

Das Trulli-Land und die Provinz Taranto

Provinz Lecce – der ›Absatz‹ Italiens

Die Provinz Brindisi

TIPS UND ADRESSEN

LAND & LEUTE

»In Apulien spürt
man am stärksten die
Nähe des Orients.
Hier verläuft fast
sichtbar die Grenze
zwischen Abendland
und Morgenland.«

Guido Piovene,
18mal Italien, 1957

Natur, Wirtschaft und Gesellschaft

Apulien im Überblick

Geographie: Lange Küste, weite Weideflächen und sanft gewellte Hügellandschaften

Pflanzen und Tiere: Oliven- und Feigenbäume, Obst- und Gemüseplantagen, Nutztiere

Wirtschaft: Landwirtschaft und junger Tourismus

Bevölkerung: Fleißige Bauern und noch recht strenge Sitten

Staat und Verwaltung: Der ›arme Süden‹

Zisterne in den Murge

Apulien im Überblick

Der internationale Tourismus hat die Region Apulien bislang noch kaum für sich entdeckt, liegt sie doch weit weg von den ›reichen Ländern‹ des nördlichen Europa, wie die Apulier selbst zu sagen pflegen. Dabei hat Apulien so viel zu bieten! Zu den größten Anziehungspunkten der Region gehören die romanischen Kathedralen und Burgen aus der Zeit Friedrichs II., wie der Dom von Otranto und das wohl berühmteste Schloß, das Castel del Monte, sowie die Barockarchitektur der südlichsten Provinzhauptstadt Lecce, aber auch kleinerer Städte wie etwa Martina Franca. Von fast rührender Schönheit sind die weiten Olivenpflanzungen der Küstenebene zwischen Adriatischem Meer und den Murge. Die uralten Bäume, teils auf Steinpfeiler gestützt, wirken wegen ihres immensen Umfangs gar nicht zerbrechlich, vielmehr so, als würden sie die nächsten Jahrhunderte auch noch überstehen. Im Frühsommer werden die intensiv rot blühenden Mohnfelder unter ihnen umgepflügt, rote, fette Erde aufgeschüttet – welch' ein Kontrast zwischen ihr und den fast schwarzen, zerfurchten Stämmen tausendjähriger Ölbäume! Und alles wirkt so ordentlich aufgeräumt. Gar nicht so, wie man sich allgemein den ›armen Süden‹ Italiens vorstellt.

Besonders hübsch sind die *trulli* (s. S. 126 ff.), jene Rundbauten mit den spitzen Dächern, die speziell in den Murge zwischen Ostuni (Provinz Brindisi) und Martina Franca (Provinz Taranto) in größeren Gruppen zu finden sind und in den letzten Jahren vielfach gelungen restauriert wurden. Sie stehen häufig inmitten von Ölbaumpflanzungen und Weingärten, dazwischen die alten, weiß getünchten Brunnenhäuser oder Wasserreservoirs. Das Ganze wirkt ein wenig wie eine Puppenhaus-Landschaft.

Wer herumfährt und gar wandert, stößt unvermittelt auf Dolmen und Menhire, etwa bei Ostuni, und auf ausgedehnte Grottengräber – ob in Egnazia oder in kleinerer Ausführung auf dem Gargano. Sie sind eine Hinterlassenschaft der Daunier, von denen man vielleicht erstmals hier in Apulien etwas hört. Sehenswert sind die unterirdischen Städte, ob in Massafra oder jenseits der Regionalgrenze in der Basilikata, in Matera, das zum Pflichtprogramm einer Apulien-Reise gehören sollte: Hat man sich vor Piraten versteckt oder einfach den Fels als Bauplatz für Kirchen und Vorratsräume bevorzugt? Im Bauch der Erde sind auch natürliche Grotten zu bewundern. Am eindrucksvollsten sind wohl die Grotten von Castellana Grotte im Baresischen, die zu den größten Europas zählen, sowie die Grotten von Zinzulusa im Leccesischen.

Lukullus hätte seine Freude an Apulien gehabt: ringsum Fische und Meeresfrüchte in den Küstenorten, im Landesinnern bestes Oli-

›Steckbrief‹ Apulien

Lage:	Apulien liegt im Südosten des italienischen Stiefels; höchste Erhebungen: Monte Cornacchia (1161 m), Monte Crispiano (1104 m) und Monte Calvo (1055 m) auf dem Gargano (alle drei in der Provinz Foggia)
Fläche:	19 362,21 km² Landwirtschaftlich genutzte Fläche ca. 75 %, Wald 6 %; Berg- und Hügelland 45 %, Ebenen 55 %
Einwohner:	ca. 4 Mio.
Bevölkerungsdichte:	ca. 210 Einwohner pro km²
Einwohner je Arzt:	625 (zum Vergleich: in der Toscana 230)
Provinzen:	Foggia mit 699 214 Einwohnern, Brindisi mit 413 334, Bari (gleichzeitig Regionalhauptstadt) mit 1 560 347, Taranto mit 592 534, und Lecce mit 817 524 Einwohnern
Erwerbstätige:	Von 3 257 000 Personen im Alter von 15–70 Jahren arbeiten 1 147 000, davon in der Landwirtschaft: 160 000 in der Industrie: 294 000 im Dienstleistungssektor: 693 000
Arbeitslosenquote:	17,7 %; zum Vergleich: Abruzzen 9,6 %, Molise 16,5 %, Kalabrien 25,2 %, Kampanien 25,5 %
Analphabeten:	ca. 3,2 %; speziell in der älteren Bevölkerungsschicht ab 50 Jahren (zum Vergleich: in der Toscana 1 %)

venöl, süffige Weine, stets frisches Obst und Gemüse in einer unglaublichen Vielfalt. Und Pasta eigener Variation: die apulischen *orecchiette* vor allem, die wirklich wie ›Öhrchen‹ aussehen können, und noch immer in Handarbeit geformt werden. Gemüse wird mit großer Phantasie verarbeitet und für die Vorspeisen eingelegt: Die *antipasti,* die zu einem reichhaltigen Menü serviert werden, werden in Apulien ganz groß geschrieben (s. S. 39 f.)!

Doch alles übertreffend sind die Gastfreundschaft, der Stolz und die Liebe der Apulier zu ihrer Heimat. Wer – vielleicht sogar mit italienischen Sprachkenntnissen – durch die Region reist, wird diesen Eigenschaften mit Sicherheit begegnen.

Geographie

Die südöstliche Region Italiens, zwischen ›Sporn‹ und ›Absatz‹ gelegen, ist relativ dicht besiedelt. Sie ist in fünf Provinzen (mit 258 Gemeinden) eingeteilt, von Nord nach Süd: Foggia und Bari, Brindisi, Taranto und Lecce (s. S. 13).

Der Name Apulien (italienisch *Puglia*) soll, gesichert ist es nicht, von den aus den nördlicheren Gebieten eingewanderten Japygern stammen, die ihr Land ›Japudia‹ nannten; oder aber von *apluvia* für ›dürr, ohne Regen‹. Das verwundert angesichts der trockenen und siedlungsarmen Kalktafel Foggias nicht, dem *Tavoliere,* der traditionell als Weideland für Schafe und für den Anbau von genügsamem Getreide genutzt wird. Für die Bepflanzung mit Gemüse und Tabak eignen sich die Küstenebenen, für Olivenbäume, Mandeln und Wein die in ihrem Hinterland leicht aufsteigenden Hügel, die *Murge.* Wegen seiner z. T. hinreißenden Landschaften und der herrlichen Bade- und Wandermöglichkeiten, speziell auf der Gargano-Halbinsel, ist Apulien das Ziel vieler Naturfreunde.

Die größte Entfernung beträgt von Nord (Marina di Chieuti) nach Süd (Léuca) rund 380 km, an der engsten Stelle ist die nach Süden immer schmaler werdende Region höchstens 37 km breit (in Höhe von Lecce zwischen dem Adriatischen und dem Ionischen Meer). Die höchste Erhebung des Promontorio del Gargano ist der Monte Calvo im Norden mit nur 1055 m Höhe. Der Tavoliere bildet mit den Tafelbergen von Foggia, die etwa 70 m (Foggia) bis rund 400 m hoch sind und eine Fläche von 80 mal 30 km einnehmen, die größte Ebene Italiens. Sie setzen sich im Daunischen Gebirge an der Grenze mit Kampanien fort, wo die höchsten Gipfel der gesamten Region zu finden sind. Mit 1161 m ist der Monte Cornacchia der höchste, gefolgt vom Monte Crispiano mit 1104 m und dem Monte San Vito mit 1015 m Höhe. Die sich südlich anschließenden Murge erreichen mit dem Monte Caccia maximal eine Höhe von 679 m. Am Fuß des Berges liegt auf einem Hügel das berühmte Castel del Monte. In südlicher Richtung wird Apulien immer flacher: Murge Tarantine, Tavoliere di Lecce und schließlich Murge Salentine erreichen kaum noch eine Höhe von 100 m. Vorwitzig streckt sich noch einmal, nur wenige Meter über dem Meer, der Capo di Santa Maria di Léuca in die Höhe, als wollte er für Apulien den Schlußpunkt setzen.

Der gesamte Norden Apuliens wird vom Adriatischen Meer begrenzt, vom ›Sporn‹ im Norden bis zum ›Absatz‹ im Südosten. Die

Südküste des Stiefelabsatzes liegt an den Gestaden des Ionischen Meeres, der Norden am Golf von Tarent (Golfo di Taranto). Apulien verfügt über rund 800 km Küstenlinie, mehr als jede andere Region Italiens. Im Westen grenzen die Regionen Molise, Kampanien und Basilikata an Apulien.

Die Halbinsel Gargano, der Promontorio del Gargano, bildet den ›Sporn‹ Italiens. Das Kalkfelsmassiv wurde von der gegenüberliegenden Seite des Adriatischen Meeres, aus Kroatien also, herübergeschoben und schuf so eine wundervolle Küstenlinie mit steilen Grottenwänden und teils sandigen, teils kiesigen Felsbuchten. Fischerdörfer hängen wie Schwalbennester über der Steilküste, bizarre Inseln (Isole Tremiti) sind vorgelagert – eine wahre Urlaubslandschaft. Im Hinterland des Gargano findet man dichte Kiefernwälder, darin die dunkle Foresta Umbra, die unter Naturschutz steht.

Im Rücken der nördlichen Provinz Foggia breitet sich die weite Kalkebene des Tavoliere aus. Von besonderem Reiz sind dagegen die Murge weiter südlich, sozusagen zwischen den beiden Küsten eingezwängte Hügelketten, die bis weit in den Südzipfel um Lecce hinunter ebenfalls im Salento ein abwechslungsreiches Gesicht zeigen. Die Küstenebenen ringsherum sind dicht mit Ackerflächen übersät, ursprünglich hatten sich dort nur Fischer- und Hafenstädte entwickelt. Inzwischen wurde aus fast

Blühende Farbenpracht: Mohnfelder

jeder *Torre,* einem der früheren Verteidigungstürme an der Küste, ein Ferienort, der dessen Namen trägt (z. B. Torre Canne zwischen Brindisi und Bari). Die Sandstrände entlang der gesamten Küste sind zwar nicht breit, aber entweder lang oder malerisch in kleine Felsbuchten eingebettet.

Klima

Das Mittelmeerklima in Apulien bringt warme bis schwül-heiße Sommer und milde Winter mit durchschnittlichen Temperaturen von 16–17 °C. Im Sommer sind 40 °C im Schatten keine Seltenheit. Wer nicht in erster Linie zum Baden nach Apulien fährt, sollte ins Hinterland fahren, etwa in die Murge um Locorotondo, Fasano bzw. Ostuni oder zur Gargano-Halbinsel, wo im Sommer ein angenehmeres Klima herrscht.

Der Januar ist mit durchschnittlich 10–16 °C der kälteste Monat, Juli und August sind die heißesten Monate mit durchschnittlichen Temperaturen von 30–32°C. Im Daunischen an der Grenze zu Kampanien und im Gebirge des Gargano kann es im Winter recht kühl werden und auch länger regnen (Jahres-Niederschlagsmenge ca. 1000 mm), im Flachland fallen höchstens 600–700 mm, in der Ebene des Tavoliere und am Ionischen Meer keine 500 mm Regen.

Pflanzen- und Tierwelt

Ursprünglich war das Gebiet Apuliens dicht bewaldet, so wie heute noch die Gargano-Halbinsel. Die Wälder wurden bereits von den Römern abgeholzt, nur ein Bruchteil ist nachgewachsen: Nicht einmal 6 % der Region sind mit Wald bedeckt. Die intensive, lebenswichtige Landwirtschaft und die für die Infrastruktur wichtigen Verkehrsverbindungen haben die ursprüngliche Vegetation richtiggehend ›aufgefressen‹.

Auch die Wasserarmut der Region bringt es mit sich, daß die Vielfalt an Flora und Fauna nicht gerade überwältigend ist. Die Trinkwasserversorgung und die Bewässerung der landwirtschaftlichen Flächen konnten im 20. Jh. erst durch den Bau des *Acquedotto Pugliese* sichergestellt werden, der rund 3600 km langen Wasserleitung durch den Apennin, die teilweise unterirdisch verläuft. Wegen der intensiven Sonneneinstrahlung blüht hier dafür so ziemlich alles in besonders leuchtenden Farben: Sonnenblumen, Malven und vor allem der Klatschmohn.

Am schönsten zeigt sich die mediterrane Macchia mit ihren immergrünen Büschen und Bäumen wie Mastix und Wacholder, Steineichen und Erdbeerbäumen oder mit duftenden Wildkräutern, die man noch relativ unberührt an manchen Küstenabschnitten am Ionischen Meer finden kann: ganze

Der Ölbaum und seine Frucht

Rund um das Mittelmeer wachsen 90 % aller Olivenbäume der Welt. Für Italien bildet der Anbau von Olivenbäumen mit insgesamt 1,1 Mio. ha einen der wichtigsten Bereiche der Landwirtschaft. Fast ein Viertel der landwirtschaftlichen Fläche Apuliens (ca. 360 000 ha) wird von Ölbäumen eingenommen, vor allem in der Umgebung von Ostuni stehen noch uralte Bäume. Das sind knapp 30 % aller mit Ölbäumen bepflanzten Flächen Italiens. Auf ihnen wird fast die Hälfte der Landesmenge an Olivenöl produziert.

Besonders auffällig sind im Baresischen die mittelgroßen Ölbäume mit den hängenden Ästen. Da sie in der Krone gestutzt sind, sehen sie fast wie Hängeweiden aus. Sie tragen die lokale Olivensorte *Cima di Bitonto*. Die Olivenbäume der Sorte *Coratina* sind gleich groß; die prächtigsten, höchsten Bäume tragen die *Cima di Mola*. Wie man an den Namen erkennt, handelt es sich um rein lokale Olivensorten, auf die man in Apulien natürlich schwört. In Foggias Provinz werden

Marina, Ogliarola und *Provenzale* angebaut, in Cerignola die Speiseolive *Grossa di Cerignola*. Im niedriger gelegenen Salento gedeihen am besten die Sorten *Ogliarola Salentina* und *Cellina* (speziell in

Nardò). In Gebieten mit modernen Bewässerungsmethoden wird unermüdlich mit neuen Sorten experimentiert, die ertragreich und gleichzeitig schädlingsresistent sein sollen.

Jährlich produzieren die apulischen Bauern mehr als 15 Mio. Doppelzentner Oliven, davon 300 000 Doppelzentner Speiseoliven, vor allem aber Früchte für die Ölproduktion. An der italienischen Olivenölproduktion hat Apulien immerhin einen Anteil von 40 %, an der europäischen (in der EU) 20 % und an der weltweiten 12,5 %! Die Apulier selbst verbrauchen allein an die 550 000 Doppelzentner jährlich. Der Rest geht meist in Tanks in die anderen Regionen Italiens, wird also dort abgefüllt und endvermarktet. Damit wird der Hauptgewinn außerhalb der Region erzielt. Als bestes Olivenöl Apuliens gelten die Produkte aus Bitonto und Andria sowie Cerignola und dem Gargano.

Weil die apulischen Tafeloliven mit 60 % an Fetten, Eiweißen und Kohlenhydraten sowie wichtigen Mineralien und Vitaminen als besonders gesund gelten, ist die Erweiterung des Anbaus von Speiseoliven auf einer Fläche von etwa 500 ha geplant.

Die Europäische Kommission hat 1996 erstmals fünf kleinen Olivenölgebieten einen Ursprungssiegel verpaßt, darunter einem Olivenöl aus Apulien mit der D.O.C.-Bezeichnung *Colline di Brindisi.* Bei diesem Produkt ist der Ursprung und die Herstellung nach vorgeschriebenen Verfahren ebenso garantiert wie Farbe und Geschmack, die den regionalen Kriterien entsprechen müssen.

Teppiche rosa-violett blühender, windgeduckter und von Schafen geschorener Thymianbüsche oder hellblauer Rosmarin. Zu den typischen Bäumen, die in den wenigen Wäldern zu finden sind, gehören Ahorn und Kiefer, Linde und Buche, Eiche und Kastanie. Der einzige bedeutende Wald Apuliens steht unter Naturschutz: die Foresta Umbra auf der Gargano-Halbinsel.

Die flachen Küstenebenen im Süden bedeckt nur für kurze Zeit der weiße Affodill mit seinen stolzen ›Kerzen‹, während etwa zur gleichen Zeit die blutroten Blüten des Klatschmohns die Ölbaumplantagen der Murge in rote Felder verwandeln. Eher in kleinen Gruppen wachsen die Teufelskrallen, deren Zwiebeln ein schmackhaftes Gemüse zum Einlegen abgeben.

Die wichtigste Nutzpflanze dürfte der Ölbaum (s. o.) sein, gefolgt von den ebenfalls uralten, ausladenden Feigen- sowie Mandelbäumen und Weinreben.

Bei so wenig Vegetationsvielfalt ist es kein Wunder, daß auch die Fauna nicht sehr artenreich ist. Vereinzelt gibt es noch ein paar Wölfe und Wildschweine, Füchse und Dachse. Niederwild (Hasen und Kaninchen) wird ebenso erbarmungslos gejagt wie Vögel (Fasane und Wachteln). Bei Wanderungen ist Vorsicht geboten, festes Schuhwerk ist unabdingbar, denn in unberührten Landstrichen sollen noch immer giftige Nattern im Gebüsch und unter Steinen leben.

Wirtschaft: Standbein Landwirtschaft, Hoffnung Tourismus

Apulien ist stark von der Landwirtschaft geprägt und abhängig, weshalb die *Cassa per il Mezzogiorno* (s. S. 24f.) zum Ausgleich vor allem die Ansiedlung von Großindustrie vorsah. Jene Projekte haben lediglich, wie das geradezu verheerende Beispiel der Eisenverhüttung und der Petrochemischen Industrie in Taranto zeigt, die Landschaft verschandelt, die Luft verpestet und die Fischgründe sowie die Muschelbänke gefährdet, von denen Hunderte von Familien leben. Die Arbeitsplätze sind mehr denn je bedroht, die Industrieansiedlung zum Scheitern verurteilt. Experten haben inzwischen errechnet, daß die Kosten für einen Arbeitsplatz etwa in der Eisenindustrie zehnmal höher sind als in der Landwirtschaft, eine Tatsache, die nachdenklich machte und in der Region Stimmen laut werden ließ, zurück zur Agrarindustrie zu finden. Gefördert werden muß die schon immer regionaltypische Landwirtschaft, allerdings unter Einsatz moderner Maschinen, mit modernem Management und vor allem einer gesicherten Vermarktung der erzeugten Produkte.

Zur Zeit der Großgrundbesitzer ernährte sich die einfache Bevölkerung zwangsweise relativ einseitig von Brot und Pasta. Sie verfügte über wenig eigenes Land, um darauf notwendige Vitaminspender wie Obst und Gemüse anzubauen. Das ist jetzt vorbei: Zahlreiche landwirtschaftliche Betriebe, zum größten Teil Kleinbauern, bebauen mehr als 1,5 Mio. ha Land. Vorrang hat der Getreideanbau (mit einem Anteil von rund 30 %), gefolgt von Ölbäumen (23 %) und dem Anbau von Obst, Gemüse und Blumen (ca. 15 %). Das restliche Land benötigt man für den Anbau anderer Produkte wie Wein- und Tafeltrauben, Mandeln etc., aber auch als Weideland für die Viehzucht.

70 % aller Trauben Italiens, die in den Export gehen, kommen aus den Anbaugebieten in Apulien. Mehr als 50 % aller Mandeln und 25–30 % der Obst- und Gemüseernte Italiens (Wassermelonen, Sellerie, Frühkartoffeln, Tomaten, Zitrusfrüchte, Kirschen, Feigen, Blumenkohl und Salat) stammen aus Apulien. Auch die weiterverarbeitende Industrie nimmt einen großen Stellenwert ein: Tomatenmark, eingemachte Tomaten etc.

Besonders die Strände am Gargano locken Badegäste an

aus Apulien fehlen in fast keinem europäischen Land. Dies ermöglichte erst eine neue Gesetzgebung, die speziell den weiterverarbeitenden Sektor fördert, um ihn in Apulien seßhaft zu machen. Denn ein Großteil der landwirtschaftlichen Produkte der Region wird bislang noch immer außerhalb ihrer Grenzen verarbeitet. Immerhin haben sich viele Landwirte in Verbänden zusammengeschlossen, um ihre Erzeugnisse gemeinsam zu vermarkten.

Neue Großprojekte beziehen sich fast grundsätzlich auf den Bau von Stauseen und den Ausbau des Bewässerungsnetzes, denn nur der Gargano verfügt über genügend Grundwasser.

Mit der Agrarreform gehen auch die Bestrebungen einher, einen naturnahen und umweltschonenden Tourismus zu fördern, z. B. kleine Hotels in historischen und restaurierten Gemäuern *(Masserie)* oder Ferienwohnungen in Trulli und anderen Strukturen der lokalen Architektur einzurichten.

Auf dem Tavoliere um Foggia wird der begehrte Hartweizen für die echte italienische Pasta angebaut. Weite Flächen der Provinz Lecce sind mit Tabakpflanzen bedeckt. An der Küste, besonders intensiv am Adriatischen Meer, wird Obst und Gemüse angebaut, was erst durch die Wasserleitung vom Norden Italiens *(Acquedotto Pugliese)* möglich wurde. Landeinwärts an den Abhängen der Murge wachsen Mandeln, Wein- und Tafeltrauben sowie Feigen und Oliven.

Die Schafzucht durch Wanderweidewirtschaft wird nur noch in kleinem Umfang praktiziert. Schafherden begegnet man vor allem noch auf dem Gargano. Wasserbüffel sind fast ausgestorben, obwohl die Tradition der Büffel-*Mozzarella* immer noch anzutreffen ist (wird nun meist aus Kampanien importiert).

Die Fischgründe vor der langen Küstenlinie der Region, vor allem in den Provinzen Bari und Brindisi und zwischen dem Gargano und den Tremiti-Inseln, sind noch relativ reich. An den kleinen Seen im

Norden des Gargano bzw. des Tavoliere sowie in den beiden ›Meeren‹ von Taranto am gleichnamigen Golf leben die meisten Fischer von den Muschelbänken, deren Erträge recht ansehnlich und für den ›Export‹ in ganz Italien von Bedeutung sind.

Noch jung ist die Entwicklung Baris zu einer Handelsmetropole mit den Niederlassungen großer europäischer und außereuropäischer Firmen. Die großen Häfen von Bari und Brindisi gerieten zwar immer wieder in die Schlagzeilen wegen albanischer oder kurdischer Flüchtlinge, sind aber bedeutende Fährhäfen für den Verkehr mit Griechenland und dem östlichen Mittelmeer. Tarantos Hafen ist für die Eisenverhüttung und die Petrochemische Industrie der Stadt genauso wichtig wie für den traditionellen Handel.

Der regionale und der nationale Tourismus haben sich zu einem bedeutenden Wirtschaftsfaktor entwickelt, der internationale steckt allerdings noch in den Kinderschuhen. Aus Deutschland, Österreich und der Schweiz kommen jährlich etwa 85 000 Touristen nach Apulien, sie bleiben im Schnitt nicht einmal eine Woche (rund 524 000 Übernachtungen).

Die Flughäfen von Bari und Brindisi werden – zumindest im Sommerhalbjahr – regelmäßig auch von Chartermaschinen angeflogen, um Touristen in die doch ziemlich weit im Süden Italiens gelegene Region zu befördern.

Gargano: Ziegen- und Schafzucht spielen nur noch eine geringe Rolle

Fischer in Mola di Bari

Bevölkerung

In der Region Apulien leben rund 4 Mio. Menschen. Nur noch wenige arbeiten hauptberuflich in der Landwirtschaft. Da viele Bauen die Landwirtschaft nur noch als Nebenerwerb betreiben, was heute mit technischen Hilfsmitteln kaum noch ein Problem ist, existieren darüber nur unsichere statistische Erhebungen (s. S. 13).

Mit der Agrarreform in den 1950er Jahren begann für viele Apulier die Wende. Die Besitzrechte der Großgrundbesitzer wurden aufgehoben, das Land verschenkt oder für einen geringen Betrag an Kleinbauern verkauft, die vorher fast wie Leibeigene unter den Fittichen des Adels gehalten wurden. Doch der zugeteilte Boden reichte den meist kinderreichen Familien nicht. Sie schickten die Jungen ins Ausland, meist als ›Gastarbeiter‹ (wie es damals hieß) nach Deutschland. Einen Großteil ihres Verdienstes schickten sie nach Hause, um Haus und Hof zu erhalten.

Bei der Bodenreform war die Grundvoraussetzung für die Verteilung des Ackerlandes an die Bauern, daß man das zugeteilte Land mindestens 30 Jahre lang nicht verkaufen durfte. Wer es dennoch tat, mußte dafür zahlen. Jetzt sind viele Familien froh, ihr Land behalten zu haben, auch wenn sie in der Zwischenzeit die Landwirtschaft nur im Nebenerwerb betrieben hatten: Die Bodenpreise sind enorm gestiegen, und von der EU gibt es Förderprogramme für die regionale Entwicklung und die Erhaltung von Landschaften und typischen Strukturen, etwa der Trulli.

Im Süden Italiens spielt die Großfamilie zwar immer noch eine große Rolle, doch auch hier zerfällt sie zusehends durch den Mangel an Arbeitsplätzen, der einzelne Familienmitglieder zum Wegzug vom heimatlichen Ort zwingt. Auch eine eingeheiratete Ausländerin wird sich in das noch immer strenge Matriarchat einfügen müssen. Die Mutter des Mannes hat generell auch heute noch mehr zu sagen als die Ehefrau. Das gilt speziell im Haushalt und bei der Kindererziehung, aber auch dann, wenn es etwa um die Entscheidung geht, ob die Angetraute einer Beschäftigung nachgehen darf oder nicht. Die Ehe ist heilig – auch wenn der Gatte einem Seitensprung nicht unbedingt aus dem Weg geht. Aber wehe die Frau tut es ihm gleich!

Zu Hause wird die Pasta, die apulischen *orecchiette,* noch immer per Hand gemacht. Die meisten Ehemänner verlangen dies, auch wenn die Frau berufstätig ist. Haus oder Wohnung müssen blitzblank geputzt sein. Apulien wirkt tatsächlich ›wie geleckt‹, die Häuser wie die von Menschenhand beackerte, gepflegte Landschaft.

Praktisch jede Familie, die in der Stadt oder im Landesinneren lebt, besitzt ein Haus an der Küste, und sei es noch so klein. Die Städter halten es im Sommer sonst vor Hitze nicht aus, und die Landbewohner wollen das Meer ebenfalls nicht missen. Normalerweise lebt die Frau und Mutter mit den Kindern den ganzen Sommer über (fast drei Monate Schulferien!) am Meer, der Ehemann kommt am Wochenende oder abends dazu, je nach Entfernung des Ferienhauses vom Wohnort bzw. Arbeitsplatz.

Fast alle Italiener sind römisch-katholisch getauft, auch wenn der Katholizismus seit dem Konkordat vom 12. Februar 1984 zwischen Staat und Vatikan nicht mehr als Staatsreligion gilt. Damit wäre zwar auch der Religionsunterricht keine Pflicht mehr, aber das ist nur Theorie. In den Kirchen wird man auch in Apulien wie überall in Italien fast ausnahmslos alte Frauen in schwarzer Kleidung sehen. Bei der Jugend beschränkt sich der Kirchenbesuch meist auf besondere kirchliche Festtage, Hochzeit und Taufe.

Im allgemeinen haben die Apulier ein großes Interesse am Familienleben und den Problemen der Mitmenschen. Auch von Fremden lassen sie sich gerne ausfragen. Man wird als Fremder im Gegenzug von der Direktheit so mancher Frage, etwa nach dem beruflichen Erfolg, überrascht sein. Die Apulier hören nichts lieber als Lob – also sollte man damit auch im Urlaub ihnen gegenüber nicht sparen, ebenso mit Komplimenten, die aber nicht zudringlich sein dürfen.

Staat und Verwaltung

Am 2. Juni 1946 wurde durch ein Referendum die Monarchie abgeschafft und die Verfassunggebende Nationalversammlung gewählt. Am

Die Mezzogiorno-Förderung

Nach dem Gesetz vom 10. August 1950 wurde die *Cassa per il Mezzogiorno* zur Angleichung des ›armen Südens‹ an den ›reichen Norden‹ Italiens geschaffen. Gemeint waren sowohl die wirtschaftliche als auch die soziale Anpassung. Nur zehn Jahre waren – leichtsinnigerweise – dafür vorgesehen, doch erst nach 35 Jahren (im März 1986) wurde das Koordinationsamt aufgelöst, ohne daß die Probleme des Südens und damit auch Apuliens wirklich gelöst worden wären. Immerhin wurde im trockenen Apulien, dem eigene Süßwasserquellen und Wasserläufe fast völlig fehlen, die Wasserversorgung durch den *Acquedotto Pugliese* sichergestellt, der aus dem Norden kommend die gesamte Region mit dem kostbaren Naß versorgt. Sein Endpunkt ist Léuca am südlichsten Zipfel des italienischen ›Absatzes‹.

Zahlen über das Investitionsvolumen, das sich vor allem auf industrielle Großanlagen bezog, besagen eigentlich nichts, denn allzu viel ist in Seitenkanälen verschwunden. Auch die sichtbaren Investitionen gerieten zu ›Kathedralen in der Wüste‹, wie es der »Corriere della Sera« im Februar 1998 nach einem erneuten Anlauf zur Förderung des Südens formulierte: Die Projekte stellten sich als Fehlinvestitionen heraus, weil sie durch starke und zunehmende Automatisierung nur wenige und immer weniger Arbeitsplätze schufen und schaffen. Sie gefährdeten sogar den Wirtschaftszweig, auf den Apulien heute neben der Landwirtschaft am meisten setzen kann: den Tourismus. Umweltvergiftende Großindustrien, wie die inzwischen privatisierte ›Italsider‹ in Taranto, ›Montedison‹ in Brindisi oder die Düngerfabrik in Manfredonia, und häßliche Fabriken, aus denen giftige Rauchschwaden und -dämpfe aufsteigen, irritieren nicht nur die Besucher, sondern setzen zudem die Gesundheit der Bevölkerung aufs Spiel. Noch erschrecken-

18. Juni wurde die Italienische Republik ausgerufen, deren Verfassung am 1. Januar 1948 in Kraft trat.

Anders als in der Bundesrepublik Deutschland hat der Staatspräsident eine starke Position, was allerdings immer mehr kritisiert wird. Er kann das Parlament auflösen, Minister vorschlagen und von seinem Vetorecht bei Gesetzesentwürfen Gebrauch machen. Das Parlament (mit Sitz in Rom) besteht aus zwei Kammern, der Abgeordnetenkammer und dem Senat, für den seit 1993 der Mehrheitsentscheid gilt.

Die Abgeordneten der Regionen können seit 1975 ab dem 18. Lebensjahr gewählt werden, die Sena-

der ist die inzwischen gewonnene Erkenntnis, daß so mancher Anleger nur investierte, um die staatlichen Hilfsmittel zu kassieren, die rund 40 % (!) der Gesamtinvestitionen ausmachten. Und auch wenn die Fabriken funktionierten und die Produktion gut anlief – wer kümmerte sich wirklich um den Absatz?

Die *Cassa per il Mezzogiorno* wurde schließlich aufgelöst, ohne die Hausaufgaben wirklich erledigt zu haben. Als neue Organisation trat 1987 die *Agenzia per il Mezzogiorno* auf den Plan, die 1998 in die *Agenzia per lo sviluppo industriale e dell'occupazione* (Asio) eingegangen ist und im Volksmund IRI 2 genannt wird (als Nachfolgerin der eigentlich aufgelösten IRI, der italienweit operierenden staatlichen Holding). Sie hat neben den bereits bestehenden Institutionen fünf neue eingerichtet. Deren Hauptaufgaben zur Förderung des Südens sind: wirtschaftliche Sanierung kleiner und mittlerer Betriebe (ITAINVEST), Förderung von Forschung und Anhebung des technologischen Standards (ENISUD), Planung und Überwachung der Finanzierung (INSUD), Förderung von Industrieansiedlungen (IPI) sowie Unterstützung bei der Umwandlung landwirtschaftlicher Betriebe (RIBS).

Unter den fünf älteren Institutionen verdienen zwei besondere Beachtung, denn sie kümmern sich um die Schaffung notwendiger Arbeitsplätze im sozialen Bereich und um die Integration der Arbeitslosen (ITALIA LAVORO) ebenso wie um junge Unternehmer, um vor allem der Jugendarbeitslosigkeit vorzubeugen.

Schließlich hat die *Mezzogiorno*-Förderung auch den Tourismus entdeckt. In diesem Zusammenhang liegt das Hauptaugenmerk auf der Förderung von Programmen, die den Umweltschutz, kulturelle Veranstaltungen und die Infrastruktur (Hotels, ›Urlaub auf dem Lande‹ vor allem in restaurierten historischen Gebäuden) betreffen. Eine wichtige Aufgabe ist die Steigerung des Bekanntheitsgrades der schönen, aber so weit vom Norden Europas gelegenen Region im Ausland.

toren erst mit 40 Jahren. Vom Staatspräsidenten können ehemalige Präsidenten und andere Rechtsträger zu Senatoren auf Lebenszeit ernannt werden. Dieser Status kann ihnen bei unehrenhaftem Verhalten wieder aberkannt werden.

Apulien, in fünf Provinzen eingeteilt, ist eine der 20 Regionen Italiens. Mit dem gesamten Süden gehört sie zum Entwicklungsgebiet der *Cassa per il Mezzogiorno* (s.o.) bzw. ihrer Nachfolgeorganisationen. Zum ›armen Süden‹ zählen außer Apulien die Abruzzen und Molise, Kampanien und die Basilikata sowie Kalabrien und die Inseln Sizilien und Sardinien.

Geschichte, Kunst und Kultur

Kulinarische Vielfalt in Apulien

Daten zur Geschichte

300 000	Älteste archäologische Funde aus dem älteren und mittleren Paläolithikum.
40 000–20 000	Zahlreiche Funde aus der jüngeren Altsteinzeit; Jägerkultur (Romanelli-Kultur).
7000 v. Chr.	Hinweise auf feste Tierhaltung, älteste Keramik Italiens.
um 5000 v. Chr.	Erste Rundhüttendörfer entstehen neben Grottensiedlungen.
4.–3. Jt. v. Chr.	Bevölkerungsexplosion, systematischer Ackerbau.
15.–12. Jh. v. Chr.	Griechische Kolonisation durch Spartaner und Lakonier.
13./12.–10. Jh. v. Chr.	Besiedlung durch Völker von jenseits des Adriatischen Meeres: aus Illyrien und Epirus. Die Griechen nannten die Siedler später Japigi/Japyger (auch Messapier genannt). Sie trafen hier mit den Peuketiern zusammen, die eventuell schon früher angekommen waren. Nördlich, im heutigen Gebiet der Provinz Foggia, siedelten Daunier: Sie waren alle Bauern und Hirten.
12.–8. Jh. v. Chr.	Japigi und Griechen leben nebeneinander, die Japigi im Norden, die Griechen an der Ionischen Küste, wo sie die Hochkultur *Magna Graecias* entwickeln (Zentrum Taranto).
7.–4. Jh. v. Chr.	Die Messapier leisten gegen die Griechen Widerstand.
ab 3. Jh. v. Chr.	Eroberung Apuliens durch Rom, Durchsetzung der lateinisch-römischen Sprache, Aufoktroyierung der römischen Gesetze; Ausbau der Heeresstraßen nach Brindisi, *Via Appia* und *Via Traiana,* und des Hafens von Brindisi für den Güteraustausch mit dem Orient.

Die Ausgrabungen in Egnazia brachten altapulische und vor allem römische Funde zutage

Zeitwende	Blühender Handel mit dem Orient. Die Apulier leben vor allem von Landwirtschaft, Viehzucht und Fischfang.
4.–5. Jh. n. Chr.	Verbreitung des Christentums und Entstehung zahlreicher Bischofssitze; Herrschaft der Ostgoten.
535–553	Die Griechen versuchen auf Befehl Kaiser Justinians, Apulien wieder an das Oströmische Reich anzugliedern.
7. Jh.	Apulien wird z. T. von den Langobarden aus Benevent erobert, nur das Salentino bleibt byzantinisch.
9. und 10. Jh.	Apulien wird zwischen Byzanz und dem Weströmischen Reich zerrieben, dennoch nimmt die Bevölkerung durch Zuwanderungen zu (Juden, Slawen, Griechen, Sarazenen). Bari wird nach der Wiedereroberung durch Byzanz Sitz des byzantinischen Statthalters, Militär- und Verwaltungszentrum.
nach 1000	Starke wirtschaftliche Entwicklung Apuliens: Aufschwung des Handels mit Dalmatien, Venedig und dem Orient. Die Städte wachsen, das Land wird gezielt bewirtschaftet, ein Mittelstand entwickelt sich.
1043	Der erste normannische Graf übernimmt die Herrschaft in Apulien, Wilhelm von Altavilla.
1059	Robert Guiscard, Herzog von Apulien, befreit 1071 Bari und Brindisi von der byzantinischen Herrschaft. Ganz Apulien wird normannisch.
1087	Der Leichnam des hl. Nikolaus, der Bischof von Myra in Kleinasien war, wird von baresischen Matrosen nach Bari gebracht. Die Stadt wird zum Wallfahrtszentrum.
1130	Beginn der normannischen Monarchie (Ruggero II) mit der Hauptstadt Palermo/Sizilien; Friedenszeit, wieder aufblühender Handel mit dem Orient, Baubeginn vieler Schlösser und Kathedralen.
1194	Mit Heinrich VI. Beginn der Herrschaft der deutschen Staufer in Süditalien und auf Sizilien (bis 1268).
1220	Der Staufer Friedrich II. wird in Rom zum Kaiser gekrönt und versteht es, aus dem Normannenreich einen straff organisierten Staat zu machen. Er beherrscht ihn zwar absolutistisch, fördert aber gleichzeitig Kunst und Wissenschaft, restauriert oder baut neue Städte. Seine Feldzüge kosten die Bewohner seines Reiches hohe Steuern.
1250	Mit dem Tod Friedrichs II. beginnt der Niedergang Apuliens.
1265	Das französische Adelsgeschlecht der Anjou erhält von Papst Clemens IV. Apulien als Lehen.
1268	Karl I. von Anjou läßt den erst 16jährigen Konradin, den letzten Nachkommen der Staufer, in Neapel enthaupten.

1282 ›Sizilianische Vesper‹: Sizilianische Barone revoltieren gegen die französische Vorherrschaft. Peter III. aus dem spanischen Haus Aragon übernimmt in Sizilien die Herrschaft.

ab 1500 Spanier und Franzosen bekämpfen sich auf apulischem Boden, die Bevölkerung wird zwischen ihnen zerrieben, verarmt zunehmend.

1503–1707 Apulien gerät unter spanische Herrschaft und wird von Neapel aus von einem Vizekönig verwaltet (bis 1707). Die Bevölkerung stöhnt unter der Steuerlast, die vor allem dem Handel schadet. Vernachlässigung auch der Landwirtschaft, Vorrang der Viehzucht, Malariaseuchen suchen die Küstengebiete heim, die Apulier ziehen sich ins Landesinnere zurück.

1735 Nach den Wirren des Spanischen Erbfolgekriegs wird das Königreich Neapel-Sizilien, zu dem auch Apulien gehört, von den spanischen Bourbonen regiert.

1806 Nach der französischen Revolution wird Neapel von napoleonischen Truppen erobert. Joaquin Murat, der Schwager Napoleons, wird zum König von Neapel und Statthalter von Apulien erhoben. Die neuen französischen Ideen führen zu Reformen, die auch die kulturelle Entwicklung Apuliens fördern. In der napoleonischen Zeit dürfen apulische Politiker in Justiz und Verwaltung mitreden.

1814/15 Wiener Kongreß: Europa wird neu geordnet bzw. die früheren Kleinstaaten wiederhergestellt.

ab 1815 Risorgimento, die Bewegung zur Befreiung und nationalen Einigung Italiens; viele Apulier sterben in den Kämpfen.

1848/49 Revolution in Italien und auf Sizilien, geführt von König Carlo Alberto von Sardinien, der nach dem Sieg des österreichischen Feldmarschalls Radetzky bei Custoza (Lombardei) und Novara (Piemont) zugunsten seines Sohnes Vittorio Emanuele II abdankt.

1859 Sieg der Verbündeten Sardinien und Frankreich gegen Österreich bei Magenta und Solferino in der Lombardei, die an Napoleon III. geht. Er tritt sie gegen Nizza und Savoyen an Sardinien ab.

1860 Garibaldi besiegt die Bourbonen und besetzt den Kirchenstaat. Durch Volksabstimmungen schließen sich die einzelnen Regionen Sardinien an: Einigung Italiens; Ende der Feudalherrschaft in Apulien.

1861 Vittorio Emanuele II wird König des geeinten Italien, die erste Hauptstadt des Königreiches Italien ist Florenz.

1870 Rom wird endgültige Hauptstadt, der Vatikanstaat wird als Hoheitsgebiet des Papstes ausgeklammert.

bis 1915 Bis zum Ersten Weltkrieg (1915–18) werden in Apulien Sümpfe trockengelegt und Straßen gebaut, viele Ortschaften und Städte zum neuen Leben erweckt. Die Landwirtschaft wird allmählich wiederbelebt, obwohl der Boden in den Händen der Großgrundbesitzer liegt, die den Bauern kaum genug zum Überleben abtreten. Viele Apulier wandern nach Amerika und später nach Deutschland aus.

1927 Die Provinzen Brindisi und Taranto werden von Lecce *(Terra d'Otranto)* abgetrennt.

1939–45 Zweiter Weltkrieg. Rückschlag auch der apulischen Wirtschaft. 1943 wird Mussolini gestürzt.

1946 Abdankung Vittorio Emanueles III. Per Volksabstimmung wird Italien am 18. Juni Republik. Starkes Gefälle zwischen dem ›reichen Norden‹ und dem ›armen Süden‹ des Landes.

1950 Enteignung vieler Großgrundbesitzer zugunsten der Kleinbauern.

ab 1957 Erneute, starke Auswanderungswelle nach Oberitalien und in die anderen europäischen Länder.

1975 Übereinkunft zur automatischen Lohnanpassung *(scala mobile)* zwischen Gewerkschaften und Arbeitgeber.

1977 Italiens Regionen werden politisch endgültig abgesegnet, einige mehrsprachige erhalten Sonderstatus; Apulien ist eine Region mit normalem Status.

1983 Teilreform der *scala mobile,* Unterzeichnung eines Sozialpaktes zur Bekämpfung der Rezession.

1984 Ein Konkordat vom 12. Februar zwischen der Republik Italien und dem Heiligen Stuhl legt fest, daß der Katholizimus als Staatsreligion ausgedient hat, Rom gilt nicht mehr als ›heilig‹.

1990 Verabschiedung eines Mediengesetzes, wonach sowohl die staatlichen als auch die privaten Fernsehanstalten höchstens drei flächendeckende Sender betreiben dürfen.

1998 Verfassungsreform mit Schwerpunkt auf der Stärkung der Exekutivorgane und Dezentralisierung des Staates. Italiens Einstieg in den Euro ist durch strikte Sparmaßnahmen und Sondersteuer gesichert.

1999 Der in ganz Italien beliebte, wundertätige apulische Priester Padre Pio wird vom Papst selig gesprochen.

2000 Ein Stuttgarter Fan-Club stellt an Friedrichs Todesort Castel Fiorentino ein Denkmal für den Staufer-Kaiser auf.

Kunst und Kultur

Grabstelen und Felsengräber, Dolmen und Menhire

Schon die Menschen des älteren Paläolithikum (vor etwa 300 000 Jahren) haben Reste von Pfahlbauten und Gefäßteile u. a. in Grotten entlang der garganischen Küste hinterlassen. 1994 wurde bei Altamura (Grotte von Lamalunga) ein 250 000 Jahre altes Menschenskelett gefunden. 20 000–40 000 Jahre alt sind die Funde aus der jüngeren Altsteinzeit, darunter zahlreiche Fels- und Knochenritzungen, aber auch geschmückte Skelette und Grabbeigaben (Grotta Paglicci, Grotta delle Veneri, Grotta Romanelli, Grotta Zinzulusa). Im Mesolithikum (um 5000) lebten die Menschen hier vielfach bereits in Gruppen von Rundhütten, doch auch Grotten wurden weiterhin genutzt wie in Molfetta und Altamura, teils zu Wohnzwecken, teils zu reinen Kultzwecken wie in Porto Badisco mit den großartigen Felsmalereien, die als der größte bislang entdeckte Fund dieser Art in Europa gelten: Mehr als 60 Menschen- und Tiergruppen sind dargestellt. Hatten diese Menschen bereits Kontakt zu anderen Völkern? Die Funde von Schneidewerkzeug aus Obsidian könnten darauf hinweisen.

Im ausgehenden 2. Jt. v. Chr. war das Gebiet des heutigen Apulien wirtschaftlich und kulturell ein fe-

Dolmen von Montalbano

ster Bestandteil der illyrisch-griechischen Welt. Die Japigi/Japyger sollen die historischen Nachfahren der Kreter gewesen sein, die hier ansiedelten – jedenfalls ist ihr Name griechischer Herkunft.

Ihre Nachkommen, vor allem die Daunier und die Messapier, kannten einen hochentwickelten Totenkult. Die Daunier hinterließen z. T. erstaunliche Zeugnisse dieser Kultur, die man konzentriert auf dem Vorgebirge des Gargano, generell in der Provinz Foggia findet. Aus dem 1. Jt. stammen die teilweise großen daunischen Stelen als Grabmäler mit ihren symbolträchtigen Ritzungen. Sie erzählen vom Leben des Verstorbenen und geben außerdem mit Hilfe des Stelen-Aufsatzes Auskunft über sein Geschlecht: mit Kette, Fibeln oder Gürtel für weiblich, mit Brustschild und/oder Schwert für männlich. Besonders schöne und attraktiv beleuchtete Stelen sind in einem speziellen Raum des Museums von Manfredonia (in der Festung) untergebracht. Eine der schönsten Grabstelen kann man in der Apotheke von Mattinata bewundern. Sie gehört zur großartigen Privatsammlung von Matteo Sansone (s. S. 57 f.).

In Egnazia nahe Fasano, also ziemlich genau zwischen Bari und Brindisi, wurde eine große Ansammlung von Felsengräbern entdeckt, und zwar in zwei verschiedenen Varianten: in unterirdische Grotten hinein gehauene Grabkammern sowie große Grabstätten, die wie Riesenwannen aus dem Boden geschlagen und dann mit gigantischen Felsplatten bedeckt wurden – ein Musterbeispiel für viele andere Hypogäen bzw. Nekropolen, die nicht so einfach erreichbar sind.

Man glaubt sich nach Irland oder in die Bretagne versetzt: Dolmen und Menhire in Apulien? Tatsächlich findet man sie auch in dieser Region. Ein besonders schöner Dolmen findet sich in einem Oliven-, Feigen- und Mandelgarten bei Montalbano zu Füßen von Cisternino (Provinz Brindisi). Menhire stehen u. a. in der Provinz Lecce (z. B. in Muro Leccese) und im Industriegebiet von Modugno südlich von Bari. Sie sind aber bei weitem nicht so eindrucksvoll wie die Dolmen.

Magna Graecia

Griechen siedelten auch an den südlichen Küsten Apuliens ab der zweiten Hälfte des 8. Jh. v. Chr. Sie vertrieben meist die dort ansässigen Japyger und gründeten die drei wichtigsten Hafenstädte der heutigen Provinz Lecce: Taranto, Otranto und Gallípoli. Von ihren Bauten ist wenig übrig geblieben. Großartig sind die erst bei Bauarbeiten für die Vergrößerung der Stadt Taranto gemachten Funde von Terrakotta und Skulpturen, vor allem aber der berühmte Goldschatz von Taranto, der die Stadt als Modezentrum des 4.–2. Jh. v. Chr. präsentiert und im dortigen Archäologischen Museum zu bewundern ist.

Sasso Caveoso in Matera (Basilikata)

Rom baute Straßen und Amphitheater

›Apulia et Calabria‹ hieß der Süden Italiens, als Kaiser Augustus sein Imperium ordnete. Die wichtige Handels- und Heerstraße von Rom, die *Via Appia antica,* ließ der Censor Claudius Appius 312 v. Chr. bis Capua bauen. Sie wurde später verlängert und führte über Taranto bis nach Brindisi mit den beiden berühmten Endsäulen. Eine wird nach ihrer Restaurierung wieder an ihrem ursprünglichen Standort stehen, die andere wurde nach Lecce gebracht.

Das schöne Stück gepflasterte Straße aus dem 1. Jh. n. Chr. in Egnazia, *Via Traiana,* ist ein Rest der ›internen‹ Abzweigung. Besonders entlang der *Via Appia* haben die Römer zum größten Teil bereits bestehende oder untergegangene altapulische Städte wieder aufgebaut.

Von den römischen Tempeln ist nicht viel stehen geblieben, aber dafür so Imposantes wie das Amphitheater von Lecce. Mitten in der Stadt und höchstens zur Hälfte ausgegraben, zeugt es von der Bedeutung des Ortes für die Römer, nachdem sie es geschafft hatten, auch im Salento Fuß zu fassen. Ein zweites Amphitheater steht in Lucera, in Egnazia u. a. ein römisches Forum.

Felsenkirchen und -wohnungen

In der Frühgeschichte lebten die Menschen Apuliens in natürlichen Grotten und Höhlen, die sie später weiter ausbauten oder ihnen Bauten vorsetzten. Ihre Toten bestatteten sie aufwendig mit Grabbeigaben in Felsen- oder Erdgräbern. Auch die ersten Mönche zogen sich in Höhlenwohnungen zurück. Aus ihnen entstanden die Felsenkirchen und Felsenklöster, um die herum sich Ansiedlungen gruppierten. Die ›Erfinder‹ solcher Ortschaften waren Byzantiner, die sich während der Zeit der Bilderstürmer in Kleinasien auf apulischem Gebiet und in der benachbarten Basilikata vor allem in den Schluchten *(Gravine)* nahe dem Ionischen Meer mit ihren vielen natürlichen Grotten in Sicherheit brachten. So entstanden die überaus sehenswerten Höhlenstädte Matera (in der heutigen Basilikata, ein interessantes Ausflugsziel für Apulien-Reisende) und auf apulischem Gebiet vor allem Massafra.

Apulische Romanik: Eigenständige Formen

Die größte eigenständige künstlerische Leistung erbrachte Apulien in der Romanik im 11. Jh., vor allem mit dem Bau der Basilika San Nicola in Bari, des ›Prototyps‹ der apulischen Kathedralen. Die Basilika (Baubeginn 1087) sollte die Reliquien des hl. Nikolaus aufnehmen, die aus dem lykischen Myra an der kleinasiatischen Küste von Bareser Seeleuten geraubt worden waren. Die Pilgerkirche wurde danach mehrfach kopiert, denn fast jede apulische Stadt, die es sich leisten konnte, wollte eine Kirche zu Ehren des beliebten hl. Nikolaus haben und diese möglichst in Nachahmung der Basilika von Bari, in deren Krypta bis heute die Gebeine des Heiligen aufbewahrt werden. Das auffälligste Merkmal dieser romanischen Kirchen ist, daß ihre halbrunden Chorabsiden von außen nicht sichtbar sind. An der Ostfassade der Basilika San Nicola sind sie hinter einem geraden Abschluß verborgen. Diese Maßnahme war in Bari eine Notwendigkeit, da der Raum für Vorwölbungen fehlte. In den Nachfolgebauten übernahm man dieses Merkmal. Sind die Absiden aber sichtbar, bestechen sie aufgrund ihrer klaren, halbrunden Formen. Besonders schön ist dies an der Meereskathedrale von Trani, San Nicola Pellegrino, zu sehen, weil sie auch noch die Unterkirche bzw. Krypta einbeziehen, also sehr hoch und schlank ausgefallen sind. Das Querschiff reicht nur ganz minimal über die Langhauswände hinaus, und dieses Wenige wird noch versteckt, indem dem Langhaus gleich tiefe Nischen vorgesetzt sind.

Eine architektonische Besonderheit Apuliens sind auch die Kuppelkirchen mit ihren schönen, akkurat mit Steinplatten bedeckten Einzeldächern wie in Molfetta (Alter Dom).

Wundervoll gearbeitet sind manche der Bronzetüren an apulischen Sakralbauten: z. B. in Canosa di Puglia (Mausoleum von Bohemund), Troia und Trani.

Viele apulische Kirchen bestechen im Innern durch ihre skulptierten Kapitellen, die mit Tier-, Mensch- oder ornamentalen Motiven verziert sind. Eine Kostbarkeit stellen auch die Altarziborien (Bari, Canosa) und Bischofsstühle dar (Canosa, Troia, Monte Sant'Angelo, der Elias-Thron der Basilika San Nicola in Bari), die so fein aus dem Stein gemeißelt sind, als sei er ein ganz weiches Material.

Überhaupt erweist sich Apulien auch für den flüchtigen Betrachter schnell als das Land der Steine. Steine als Last auf den Äckern: Um die Felder bestellen zu können, müssen die Bauern die vielen Feldsteine erst entfernen. Aus diesen Feldsteinen entstanden die akkuraten ›Aufhäufungen‹, die man als Steinschuppen, Trulli oder Zisternen kennt. Steine sind ein begehrtes Baumaterial, wie der weiche Lecceser Sandstein *(pietra leccese),* ohne den der verspielte Barock von Lecce nicht denkbar wäre; der härtere, hellgelbe bis fast weiße Kalkstein von Trani, der in den Kathedralbauten zu finden ist; der Filet-Marmor von Fasano mit seiner feinen rosafarbenen Maserung als Dekorationselement, heute ein Exportartikel. Ganz gleich welcher Stein: Die Menschen in Apulien machten sich schon früh damit vertraut und vollbrachten wahre Meisterleistungen in seiner Verarbeitung.

Kirche San Nicola in Bari: Elias-Thron

Als apulischer Bildhauer tritt, nur mit Künstlernamen bekannt, ein gewisser Acceptus auf, dessen Werkstatt nach Meinung der meisten Kunsthistoriker in Bari (etwa zwischen 1039 und 1060) gestanden haben soll. Er schuf wundervolle, fast vollplastische Reliefs und Kanzelfiguren, sehr klar und präzise herausgearbeitet. Seine schönsten erhaltenen Werke sind die Kanzeln von Canosa (Kathedrale), die Fragmente in Monte Sant'Angelo und in Siponto sowie die Seitenportale von Baris Kathedrale.

Der vielleicht schönste *pulpito* (Kanzel) Apuliens befindet sich in der Kathedrale von Bitonto, ein fein ausgearbeiteter Adler mit ornamental gestaltetem Federkleid über einer menschlichen Figur. Beide lehnen an die Kanzel mit ihren tief aus dem Stein herausgehauenen Kassetten, in deren Mitte jeweils eine aufgeblühte Blume gemeißelt ist.

Ein sehr schönes Beispiel typisch apulischer ›Außenhaut‹ einer Kirche sind die tiefen Nischen, die außen den Seitenschiffen vorgesetzt sind und darüber eine feine Arkadengalerie zeigen, so wie man es sonst von den Matronäen bzw. Emporen im Kircheninnern kennt. Auch hierin ist Bitontos Kathedrale eine Nachbildung der Basilika San Nicola und der Kathedrale in Bari, jedoch ist es hier fast noch schöner ausgearbeitet. In der apulischen Romanik legte man auch großen Wert auf die Gestaltung der Außenflächen, die man am einfachsten mit relativ flachen Lisenen erzielte, jenen senkrechten, nur leicht vorstehenden Wandstreifen.

Teppich aus Stein: Die Fußbodenmosaiken von Otranto

Der Mosaikfußboden der Kathedrale von Otranto gilt als der besterhaltene Apuliens und als das größte zusammenhängende Mosaikbild der Romanik. Geschaffen hatte es im 12. Jh. ein Mönch namens Pantaleone. In all seiner Schlichtheit ist es dennoch beeindruckend, allein wegen seines guten Zustandes. Otranto ist zudem einfach zu erreichen. Schwieriger ist es, aber nicht minder lohnend, auf die Tremiti-Inseln überzusetzen und dort auf der früheren Hauptinsel San Domino die alte Kathedrale oben auf der Festung zu besichtigen. Auch sie war einst wohl völlig mit Mosaiken ausgelegt, von denen schöne Teile im Chorbereich erhalten geblieben sind.

Die Burgen Friedrichs II.

Eine profane Sonderform der apulischen Romanik zeigt sich zwischen 1220 und 1240 (später umgearbeitet bzw. vergrößert) im Festungsbau, genauer in den Kastellen, die der Stauferkaiser Friedrich II. (häufig über bereits vorhandenen Normannenfestungen) in Auftrag gab. Meist sind es klare, zur Verteidigung geeignete Festungen wie in Bari und Manfredonia, Barletta und Conversano, Gioia del Colle und Trani, Brindisi und Oria.

Krönender Schlußakkord aber ist das Castel del Monte, die achteckige Festung mit ihren trutzigen, 25 m hohen Eckbastionen. Die Burg, von der man bis heute nicht wirklich weiß, was Friedrich II. damit vorhatte und ob er jemals dort einzog, überragt eindrucksvoll und von weitem sichtbar die schöne Murge-Landschaft – eine wahre ›Krone Apuliens‹, wie Castel del Monte gerne tituliert wird.

Masserie, die befestigten Gutshöfe

Manche meinen, die *masserie* gingen sogar auf die Römer zurück. Wahrscheinlicher ist jedoch ihre Entstehung zur Zeit Friedrich II., der die Gutshöfe oder Meiereien, die von den Feudalherren verpachtet wurden, zu landwirtschaftlichen Musterbetrieben ausbauen ließ. Ein paar Jahrhunderte später wurden sie wegen der Sarazenenüberfälle und anderer Räuber (17./18. Jh.) wieder bedeutend und daher erheblich verstärkt und sogar zu kleinen, völlig autarken Festungen ausgebaut. Apulien ist voll von solchen, häufig sehr phantasievollen Strukturen mit Kapelle, Ölmühle, Weinkeller und Stallungen, die mitten in den Ölbaumpflanzungen, Weingärten, oder auf den Äckern stehen und das Landschaftsbild prägen. Einige dieser Gutshöfe wurden bereits saniert und umgestaltet: historische Mauern für einen modernen Fremdenverkehr – von ländlich-bescheiden bis luxuriös ist alles dabei (s. S. 205).

Der Barock von Lecce

Der weiche Sandstein von Lecce und Umgebung mußte die Steinmetzen geradezu herausgefordert haben, mit ihm zu spielen und phantasievolle, blüten- und rankenreiche Portaleinfassungen, Brunnenrahmen und Fassaden zu gestalten. Säulen wurden nicht nur ›gedreht‹, sondern noch mit Ranken verziert, den Putten zart gearbeitete Flügel gegeben und Granatäpfel aus Stein zum Platzen gebracht (ein typisches Lecceser Motiv). Balkone wurden den Stadtpalästen vorgesetzt, auch diese entweder aus Stein gehauen oder in feiner Schmiedeeisenarbeit geformt. Diese gestalterischen Merkmale sind so intensiv und vielfältig in Lecce zu finden (s. S. 174 ff.), daß man vom Lecceser Barock spricht. Aber auch anderswo, sogar in kleineren, meist von Feudalherren beherrschten Städten, die sich die Steinmetzkünstler leisten konnten, trifft man auf den Lecceser Barock. Martina Franca ist solch ein schönes Beispiel. Oder Locorotondo, wo allerdings vieles, wie so oft im daher ›weißen‹ Apulien, im Laufe der Jahrhunderte mit Kalk übertüncht wurde, so daß man kaum noch die schönen Originalarbeiten erkennen kann.

Die Trulli von Alberobello

In den Murge zwischen dem Adriatischen und Ionischen Meer, etwa in Höhe von Brindisi und Bari, entstand diese Sonderform des Hausbaus: Trulli (Singular *trullo*). Die größte Ansammlung findet man im Itria-Tal, einen ganzen Stadtteil aus Trulli in Alberobello (s. S. 125 ff.).

Angepaßte Neuzeit

Die Zeit vom 18.–20. Jh. hat nicht viel Eigenständiges hervorgebracht, weder in der Architektur noch in der bildenden Kunst. Die Künstler, die in Apulien geboren wurden, zogen aus ihrer verarmten Heimat dorthin, wo sie ein Auskommen und Anerkennung fanden. Der Maler Giuseppe De Nittis (1846–84)

Apulische Küche

Da Apulien als die Kornkammer Italiens gilt und von hier ein hervorragender Hartweizen kommt *(grano duro,* wichtig für die Pasta), zählen Teigwaren und das oft safrangelbe Brot mit kräftiger Kruste zu den Grundnahrungsmitteln. Unter den stets frisch handgemachten Nudeln sind die *orecchiette* (›Öhrchen‹) die Königinnen. Sie sind unter den verschiedensten Bezeichnungen zu haben, klein oder groß geformt mit einer stets aufgerauhten Oberfläche, weshalb sie sich besonders dazu eignen, die leckeren *salse* (Soßen) aufzusaugen: Kleine *orecchiette* nimmt man für leichte Soßen, etwa aus Tomaten, große und dickere für die winterlichen, schweren Soßen, z. B. Wild.

Vor die Pasta setzt die Speisefolge die *antipasti.* Bessere, reichhaltigere und phantasievollere Vorspeisen als in Apulien, vorwiegend aus dem Gemüsegarten oder aus dem Meer, dürfte man sonst nirgendwo finden: ob gebacken oder gedünstet, frittiert oder sauer bzw. in Olivenöl eingelegt *(sott'olio).* Unter dem Gemüse wird man unbekanntere Sorten finden: Die leicht bittere Zichorie *(cicoria)* etwa, die im Frühjahr als Püree mit *fave,* frischen, grünen Saubohnen zubereitet oder als Gemüse gereicht wird. Mit gedünsteter *cicoria* werden auch gerne Nudeln gefüllt. *Fave* liebt man auch roh zu Käse und Wein.

Kichererbsen *(ceci)* und Artischocken *(carciofi)* sind ebensowenig wie Paprika *(peperoni),* in allen Farben als *peperonata* gebraten und mit Olivenöl beträufelt, Zucchini *(zucchine)* und Auberginen *(melanzane),* Tomaten *(pomodori)* und Zwiebeln *(cipolle)* vom Speisezettel wegzudenken. Wichtig ist natürlich der Knoblauch *(aglio).* Endlich eine Region, die sich nicht scheut, auch Fremden ordentlich mit Knoblauch gewürzte Gerichte vorzusetzen!

In Apulien wachsen so viele Wildkräuter, daß man sich mit dem natürlichen Würzen nicht schwer tut. Die apulische Küche verwendet auch Wildgemüse, das man sonst kaum noch als solches kennt: z. B. Rucola, Wildfenchel *(finocchio selvatico)* und Wildspargel *(asparago),* gereicht als Gemüse oder *frittata* als Eieromelett. *Lampascioni,* eine Art Teufelskralle bzw. deren kleine Zwiebel, schmeckt sauer eingelegt, kalt oder warm köstlich-knackig.

In den Murge, im Salentino und in der Provinz Taranto wird Pferde- und Eselfleisch gegessen. Die Tiere werden dort speziell dafür gezüchtet. Obwohl in Apulien noch viele Schafe gezüchtet werden, gilt Lammfleisch als eine Delikatesse. Von den großen Büffelherden der einst weitläufigen Sümpfe ist nicht viel übriggeblieben, denn die Feuchtgebiete wurden trockengelegt. So wird die *mozzarella* heute meist aus Kuhmilch produziert, der übliche Käse wird aus Schafmilch gewonnen, z. B. der frische *ricotta* oder der gereifte *pecorino.*

Am Meer wird vorwiegend Fisch gegessen und alles andere, was aus den Gewässern vor der Küste kommt. Besonders beliebt sind die kleinen Tintenfische *(moscardini)* und Oktopus *(polipo di scoglio* oder *polpetti),* die möglichst einfach zubereitet werden: gegrillt, gebraten oder gedünstet als ›Soße‹ zur Pasta. Die beliebten *cozze,* schwarze Miesmuscheln, werden im Mar Piccolo von Taranto und in den Lagunen am nördlichen Gargano gezüchtet (s. S. 72 f.). Natürlich wird in Apulien auch Pizza gegessen, meist am Abend, wenn der Holzofen angefeuert wird, bevorzugt mit Meeresfrüchten oder Gemüse belegt.

Abgesehen von den unglaublich süßen Nachspeisen, deren Ursprünge wohl im Orient zu suchen sind, wird zum Nachtisch gerne Obst aus der Region aufgetischt: Kirschen, Aprikosen, Mandeln, Feigen, Pfirsiche und Trauben. Auch Käse liebt man zum Nachtisch, jung oder gereift, auf jeden Fall aus Apulien, möglichst aus der Umgebung.

stammt aus dem apulischen Barletta, er malte jedoch hauptsächlich in Paris, wo er auch seine letzte Ruhe fand. Dort wurde er von den Impressionisten beeinflußt, gehörte zum Freundeskreis von Degas und Manet und war ein begehrter ›Salonmaler‹. Fast hundert seiner Bilder, und das ist ein großer Teil seiner Werke, hat die Familienstiftung seiner Heimatstadt überlassen. Sie sind in der schön restaurierten Festung ausgestellt.

Im Neoklassizismus wie im Historismus (19. Jh.) haben die Apulier wieder einen kleinen Höhepunkt erlebt, speziell mit einigen Palästen und maurisch-orientalischen Villen wie in Léuca oder Santa Cesarea Terme oder an der Kathedrale von Ugento. Die Zeit des Jugendstils ist noch an einigen schönen Villenfassaden vom Anfang des 20. Jh. in Francavilla, Manduria und Corigliano lebendig.

Sprache und Literatur

In Apulien wird Italienisch in mehreren Dialekten gesprochen, die mit ihrem fast singenden Klang und den ›verschluckten‹ Endungen typisch süditalienisch sind.

Kaum einer der großen Reisenden des 18. und 19. Jh. kam nach Apulien, da es ihnen, wie so vielen ›Nordlichtern‹ auch heute noch, einfach zu weit entfernt lag. So gibt es nur wenige Reisebeschreibungen. Immerhin reiste jedoch **Ferdinand Gregorovius** 1875 an den ›Absatz‹ Italiens und schwärmte in »Wanderjahre in Italien« (erschienen erst 1953) vor allem über das Castel del Monte: »Der Kaiser Friedrich II. liebte sie vor vielen anderen Städten; in ihrer Nähe erbaute er das schönste seiner Jagdschlösser, Castel del Monte.« Gregorovius meinte damit das Städtchen Andria, auf das der Kaiser vom Kastell aus hätte schauen können.

Der große römische Tragödiendichter **Marcus Pacuvius** wurde 220 v. Chr. in Brindisi geboren und starb um das Jahr 130 v. Chr. in Tarent. Sein Werk, das neben Tragödien auch Satiren umfaßt, ist nur in Fragmenten erhalten.

Der Dichter **Vergil** erkrankte auf seiner Rückreise aus Griechenland an Fieber und starb 19 v. Chr. in Brindisi. Dieses Thema griff **Hermann Broch** 1943 in seinem Werk »Der Tod des Vergil« auf.

Einen Roman, der die Schlacht von Barletta zwischen Frankreich und Neapel (1503) zum Thema hat, verfaßte 1833 **Massimo Taparelli d'Azeglio:** »Ettore Fieramosca oder Die Herausforderung von Barletta«.

1885 kam in San Cesario di Lecce **Michele Saponaro** zur Welt (gestorben 1959 in Mailand), der sich in seinen fiktiven Werken mit Apulien beschäftigte. Ins Deutsche übersetzt erschien 1955 »Jesus. Eine Erzählung«.

Die zeitgenössische Literatur behandelt im allgemeinen die wirtschaftlichen und sozialen Probleme der Region. Der Arbeiterschriftsteller **Tommaso Di Ciaulas** wurde 1941 in Adelfia in der Provinz Bari geboren und hatte in Modugno bei Bari zunächst in einer Fabrik gearbeitet. 1978 erschien in deutscher Übersetzung sein Buch »Der Fabrikaffe und die Bäume«, das auch verfilmt wurde. 1981 verfaßte er »Das Bittere und das Süße«, 1982 in deutscher Fassung erschienen, – ein Roman über die Liebe sowie das Scherenschleifen und andere vergessene Berufe.

Guido Piovene behandelt in seinen Reisebeschreibungen »18 mal Italien« aus dem Jahre 1957 (deutsche Fassung erst 1968) neben Bari und Brindisi auch Foggia, Otranto und Tarent. Die Stadt Lecce und ihre eleganten und gebildeten Bewohner gefielen ihm besonders gut.

In Rodi Garganico wurde 1926 **Giuseppe Cassieri** geboren, der als Verfasser zahlreicher Erzählungen, Komödien und Fernsehserien später in Rom lebte, aber mit Beschreibungen der Landschaften und Menschen Apuliens begann.

Schließlich **Horst Stern:** 1986 verfaßte er das lesenswerte Pseudo-Tagebuch Friedrichs II. mit dem Titel »Mann aus Apulien«. Darin werden dem neugierigen Leser vermeintlich private Papiere offengelegt.

Duomo Vecchio San Corrado, Molfetta ▷

UNTERWEGS IN APULIEN

Die schönsten Routen Apuliens, zwischen der Kornkammer Italiens im Norden mit dem rauhen Vorgebirge des Gargano und dem sanften Salento im Süden

Die Provinzhauptstädte Foggia und Bari, Brindisi und Taranto sowie Lecce

Die Provinz Foggia

Foggia: Provinzhauptstadt und Landwirtschaftszentrum

Rings um Foggia

Die reizvollen Fischerdörfer des Gargano, seine Grotten und Heiligtümer

Der weite Golf von Manfredonia

Italiens größte Salinen

Rodi Garganico

Foggia, Italiens heißeste Provinz

Das Gesicht Dauniens und damit ziemlich genau der Provinz Foggia bestimmen die weiten Felder und Weiden des Tavoliere. Nach Westen von den höchsten und doch gerade die Eintausendmarke überschreitenden Bergen der Region begrenzt und im Nordosten wieder aufsteigend im Vorgebirge des Gargano. Mit seinen hübschen alten Fischerdörfern, die pure Idylle versprechen, ist der Gargano allsommerlich fest in Touristenhand: Apuliens beliebtestes Urlaubsgebiet.

Provinzhauptstadt Foggia

»Kein Mensch fährt freiwillig nach Foggia«, behaupten viele Apulier, sogar manche aus Foggia selbst, und wundern sich, wenn sich neugierige Fremde dennoch bewußt in die immerhin knapp 160 000 Einwohner zählende Provinzhauptstadt begeben, die mitten im Tavoliere, Italiens größter Kornkammer liegt. Dabei führen viele Wege nach Foggia, das ein echter Verkehrsknotenpunkt ist. Wer nicht unbedingt nach Foggia hineinfahren möchte, kann die Stadt über die Ringstraße im Abstand von 4–5 km zum Zentrum umfahren. Die Verkehrsführung in der Stadt ist sehr aufreibend, man muß lange und auf Umwegen dem Hinweis »Centro, Duomo, Museo« folgen, um ins Zentrum zu gelangen.

Viele gut erhaltene Paläste aus dem 18. und 19. Jh. und das Viereck des Palazzo Dogana, in dem die Provinzialverwaltung ihren Sitz hat, lohnen dennoch einen Abstecher in die Stadtmitte.

Foggia, in 70 m Höhe und strategisch hervorragender Zentrallage, wurde wahrscheinlich von Flüchtlingen aus der etwa 8 km entfernten alten Hauptstadt Dauniens, *Arpi,* gegründet. Im 11. Jh. wird erstmals *Fovea* erwähnt. Der Name, der ›Behälter zur Konservierung von Lebensmitteln‹ bedeutet, spricht für die schon damals guten Weidegründe ringsum. Man konservierte das Fleisch, um damit Tauschhandel treiben zu können.

Friedrich II. hatte in Foggia neben Neapel und Palermo auf Sizilien

Piazza Umberto Giordano in Foggia

seine dritte kaiserliche Residenz auf italienischem Boden. Er ließ Foggia reich mit Palästen schmücken und errichtete hier ab 1222 seine Residenz. Wie die meisten Kunstdenkmäler der Stadt wurde auch sie durch Erdbeben zerstört, die die Stadt mehrmals heimsuchten: 1456, 1534, 1731 (besonders schlimm) und 1943. Nur ein kleines, zugemauertes Portal des Schlosses hat an der Piazza Nigri auf der Seite des Museums die Zeiten überdauert.

Erhalten blieb die **Kathedrale Santa Maria Icona Vetere** vom Ende des 12. Jh. Sie wirkt geradezu schmalbrüstig in ihrer strengen Romanik mit den Blendarkaden, wie sie auch die viel imposanteren Kathedralen von Troia und Siponto schmücken, und ist reich an Skulpturen. Der obere Teil der Fassade wurde zwar vorsichtig barockisiert, die von ihren Speichen ›befreite‹ Rosette wirkt nun wie ein großes schreiendes Maul.

Der **Palazzo Arpi** mit dem Rest des Palastes Friedrichs II. an der Piazza Nigri beherbergt das **Museo Civico e Pinacoteca Comunale** (Mo–Fr 9–13, Di–Fr auch 17–19, So nur 9–13 Uhr). Hier sind neolithische bzw. daunische und römische Funde ausgestellt: Vasen, Gebrauchsgegenstände, Grabbeigaben sowie Skulpturen und Münzen. Die Pinakothek zeigt zeitgenössische Bilder, darunter Werke von Guttuso, und neapolitanische Malerei des 18. und 19. Jh.

Einem ihrer bekanntesten Mitbürger hat die Stadt ihr neoklassizi-

stisches Theater von 1825 und ein überlebensgroßes Bronzedenkmal auf dem ovalen, ebenfalls nach ihm benannten Platz gewidmet: dem Musiker Umberto Giordano, dessen Hauptwerke von 1892 (Malavita) bis 1929 (Il Re) im Oval der **Piazza Umberto Giordano** symbolhaft dargestellt sind.

Foggia ist außer an den Wochenenden und in der heißen Sommerzeit eine geschäftige Stadt. Ende April/Anfang Mai findet hier eine große Landwirtschaftsmesse statt.

71100 Foggia (FG)

Information: Provinzialstelle APT di Foggia, Via Perrone 17, Informationsstelle ✆ 08 81-72 36 50, Fax 08 81-72 55 36.

Unterkunft: *Gehobene Mittelklasse:* **Cicolella,** Viale XXIV Maggio 60, ✆ 08 81-68 88, Fax 08 81-77 89 84; komfortables Haus nahe am Bahnhof gelegen, mit gutem Restaurant. **White House,** Via Monte Sabotino 24, ✆ 08 81-72 16 44, Fax 08 81-72 16 46; nett, bahnhofsnah, ohne Restaurant.
Mittelklasse: **President,** Via degli Aviatori 130, ✆ 08 81-61 80 10, Fax 08 81-61 79 30; Richtung Flughafen im Süden Foggias gelegen. **La Villa dei Gourmets,**

Provinz Foggia

Traversa Viale Virgilio-Cep, ✆ 08 81-63 28 15, Fax 08 81-63 45 09.
Preiswert: **Centrale,** Corso Cairoli 5, ✆ 08 81-67 18 62; **Venezia,** Via Piave 40, ✆ 08 81-77 09 03.

Restaurants: Il Ventaglio, Via Postiglione 6, ✆ 08 81-66 15 00; von Michelin mit einem Stern bedachtes Restaurant am südöstlichen Stadtrand mit verfeinerter apulischer Küche. **Giordano/Da Pompeo,** Vico al Piano 14, ✆ 08 81-72 46 40; zentral nahe der Piazza Battisti gelegen, beliebte gehobenere Trattoria mit familiärer Atmosphäre und typisch apulischer Küche. **Antica Foggia,** Via Graticola 137, ✆ 08 81-67 23 43; preiswerte, solide Trattoria.

Tip: Wer allen Unkenrufen zum Trotz ein Wochenende in Foggia oder im Umland plant, sollte auf das Angebot »**Week-end in Provincia di Foggia**« der Handelskammer zurückgreifen, bei dem zahlreiche Hotels und Restaurants mitmachen. Sie sind im jeweils aktuellen Faltprospekt zu finden. Information unter ✆ 08 81-72 17 32.

Züge zwischen Foggia und Bari (ca. 1 Std.) und weiter nach Lecce (nochmals 1,5 Std.) verkehren mehrmals zu den Hauptverkehrszeiten.

Busse: Foggia–Lucera, Bahnbusse ab/bis Foggia Bahnhof nur werktags, Fahrt 30 Min., sehr früh morgens, mittags und am frühen Abend; Busse von Privatunternehmen fahren die Strecke Foggia–Lucera mehrmals tgl.; Foggia–Manfredonia werktags mehrmals tgl., So und feiertags nur zweimal (früh und am späten Vormittag) über San

Giovanni Rotondo und San Marco in Lámis, Verbindung nach Manfredonia direkt und weiter bis Monte Sant'Angelo werktags mehrmals tgl., Fahrtzeit ca. 45 Min., So und feiertags nur zweimal um die Mittagszeit.

Rund um die Provinzhauptstadt

Capitanata oder *Daunia* wird das Gebiet genannt, ein historischer Kreuzpunkt der Kulturen und vieler Wege. Kein Wunder also, daß man hier viele kleine und doch sehenswerte Ortschaften findet. Sie wirken heute vielleicht eher verschlafen, aber in anderen Epochen waren sie von großer wirtschaftlicher, kultureller oder religiöser Bedeutung. Es ist ratsam, in Foggia Quartier aufzuschlagen und von dort aus Ausflüge zu unternehmen.

Lucera

18 km westlich von Foggia liegt auf einem 257 m hohen Hügel Lucera (36 000 Ew.), die höchste Erhebung der weiten Karstebene. Man sieht es Lucera nicht gleich an, daß es einst die bedeutendste Stadt im Norden Apuliens war. Es war bereits frühgeschichtlich besiedelt, in der griechischen Mythologie war es Sitz eines Aphrodite-Heiligtums und Aufbewahrungsort der goldenen Rüstung des Diomedes. Auch zur Zeit der Daunier spielte der Ort eine wichtige Rolle. Ab 314 v. Chr. war er römische Kolonie, die erste im Gebiet Apuliens. Unter Konstantin d. Gr. wurde er Provinzhauptstadt und war auch bei den Langobarden von Bedeutung.

Unter Friedrich II. erlebte Lucera seine Blütezeit, als der Kaiser seine sizilianischen Sarazenen hierhin umsiedelte und sie in den Zeiten der Kreuzzüge unter seinen Schutz stellte. Die Sarazenen dankten ihm, indem sie seine treuesten Anhänger wurden. Sie stellten die persönliche Leibwache des Kaisers und bewachten sogar den Staatsschatz. Lucera wurde zu einer blühenden muselmanischen Stadt, bis es 1300 von Karl von Anjou zerstört wurde. Nach dem Wiederaufbau war es bis 1806 Verwaltungszentrum der Capitanata (und von Molise).

Auf einem eigenen Plateau, dem höchsten Punkt der Stadt (Monte Albano), hockt im Westen recht wirkungsvoll die **Fortezza Sveva-Angioiana.** Karl von Anjou ließ die Festung im Zuge des Wiederaufbaus Luceras auf den Fundamenten der zerstörten Sarazenenfestung Friedrichs II. errichten. Sie ist von einer mächtigen, 900 m langen und 14 m hohen sowie bis zu 2 m dicken, fünfseitigen Backsteinmauer mit 15 (von einst 24) Wachttürmen und vier Toren umgeben. Innen sind heute nur einige Reste erhalten: von Brunnen und Zisternen sowie einer Franziskanerkirche. Auf der stadtzugewandten Seite ist eine trutzige, wiederum von einer Steinmauer umgebene Burg mit zwei imposanten Rundbastionen (Bastione del Leone und der noch mächtigere Bastione del Re mit 25 m Höhe!) eingelassen. Bei diesem Anblick fällt es nicht schwer, sich in das waffenklirrende Mittelalter zurückversetzt zu fühlen: Es ist der integrierte Palast Friedrichs II. Wenn man den Wächter mit dem Schlüssel erwischt (Zugang von außen, Mo geschl.), überraschen im Innern die großen Fenster, da sie außen nur noch als schmale Schießscharten zu erkennen sind. Das schwere Quadrat, das auf einem abgeböschten Sockel ruht, verändert sich im Obergeschoß zum Achteck, wie an den Resten seiner Gewölbekonstruktion zu erkennen ist.

Lucera ist eine lebhafte, fast nur aus Backstein errichtete Stadt mit vielen jungen Menschen und Schulen und einem sehr weitläufigen Stadtpark, der **Villa Comunale.** Von der Festung aus gesehen am entgegengesetzten Ende (ausgeschildert) befindet sich das **römische Amphitheater** (mittags kurz, Mo u. feiertags ganz geschl.). Es wurde in den 1930er Jahren ausgegraben und teilweise falsch zusammengesetzt. Dennoch lohnt sich der Besuch wegen der hübschen Lage und der Ruhe, die man hier normalerweise genießen kann, da kaum andere Besucher kommen. Auf den Resten einer römischen Siedlung zur Zeit Kaisers Augustus (1. Jh.) mit den Maßen von 131,2 mal 99,2 m erbaut, ist es das einzige erhaltene Amphitheater Dauniens. Ringsum wurden Pinien und Zypressen ge-

Römisches Amphitheater in Lucera

pflanzt, die an glutheißen Sommertagen ein wenig Schatten spenden.

Auf ihren *Corteo storico,* den historischen Umzug mit dem *Torneo delle Chiavi,* der im Rahmen des *Ferragosto lucerino* am 14. August stattfindet, sind die Bewohner besonders stolz. Wer sich im heißen August hierher traut, wird sich an dem farbenfrohen Fest erfreuen. Es erinnert an den Sieg der Anjou über die Sarazenen, in dessen Folge die **Kathedrale Santa Maria Assunta** (1301–17) errichtet wurde, die man im Laufe der Jahrhunderte mit kostbaren Fresken und Bildwerken ausstattete. Französische (Anjou-) Soldaten defilieren, sarazenische Sklaven werden ›verkauft‹ und Wettkämpfe abgehalten.

71036 Lucera (FG)

Information: Comune di Lucera, Assessorato alla Cultura, Corso Garibaldi 35, ✆/Fax 08 81-54 86 26. Für die Kunststädtchen rings um Foggia hat die Provinzialverwaltung ein Faltblatt herausgegeben und informiert innerhalb von Italien (in Italienisch) über eine kostenlose Telefonnummer *(Numero Verde),* ✆ 16 77-25 22 25.

Restaurants: Alhambra, Via De Nicastri 10/14, ✆ 08 81-54 70 66; elegantes Restaurant mit Fischspezialitäten, aber auch guten lokalen Lammgerichten. **La Taverna di Federico II,** Via Federico II 43, ✆ 08 81-54 18 28; auf mittelalterlich getrimmtes Lokal mit international angehauchter Küche.

Busse: von/nach Foggia, s. S. 49 f.

Abstecher nach Castel Fiorentino

Vielleicht 18 km (je nach Streckenwahl) sind es weiter nach Nordwesten zu einem Hügel, den sich niemand entgehen lassen sollte, der auf den Spuren Friedrichs II. durch Apulien reist. Auch wenn es chronologisch merkwürdig sein mag, von Norden kommend gleich zu Beginn der Reise den Ort aufzusuchen, an dem der Staufer seinen Tod fand: Castel Fiorentino. Friedrich II. mied es wie die Pest, in die Toscana zu reisen, in ein ›florentinisches Kastell‹, weil man ihm geweissagt hatte, er werde an einem solchen Ort den Tod finden. An den Ort in Daunien hatte er aber nicht gedacht!

Aus Luceras Zentrum fährt man zunächst Richtung San Severo und wählt dann die mittlere der drei Straßen Richtung Torremaggiore. Etwa 12 km nach einem Hügel namens Montedoro biegt man links und nach etwa 3 km wieder rechts nach Norden ab. In Höhe eines einsamen Bauernhauses, das links der Straße steht, führt rechter Hand ein Feldweg auf die Rückseite eines Hügels, genauer an das Ende eines langgezogenen Plateaus, auf dem, nur noch in Resten vorhanden, das **Castel Fiorentino** steht. Man kann in wenigen Minuten hochwandern, aber auch mit dem Wagen über Stock und Stein zur Burgruine gelangen.

Die frei zugängliche Ruine ist ordentlich restauriert und gesichert. Schön akkurat gearbeitet sind zwei große, langgestreckte Räume. Man tritt auf Minze, die sich mit einem betäubenden Duft ›revanchiert‹, geht im Frühsommer durch fast mannshohe, weißblühende Affodill und kann Rucola naschen oder große blaue und kleine gelbe Disteln bewundern. Seit Winter 2000 steht in dieser schönen, wilden Landschaft ein ›schwäbisches Monument‹: ein 2,60 m hoher Gedenkstein von Markus Wolf aus Stuttgart. Wunderschön sind die Ausblicke ringsum.

Weiter nördlich Richtung **San Severo,** das für seine Weinkulturen bekannt ist, fährt man durch flache Weingärten und Getreidefelder.

Kathedrale Santa Maria Assunta in Troia mit kunstvoller Radrosette

Troia

Man könnte nun entlang des Apennin-Kammes, der die Grenze zu Kampanien bildet und die höchsten Erhebungen Apuliens aufweist, ganz gemütlich mit dem Auto fahren und von Westen die nächste Station anpeilen. Oder zurück nach Lucera fahren und von dort in fast gerader Linie die 18 km nach Troia zurücklegen. Von Lucera kommend fährt man erst einmal in die flache Ebene hinab, um dann wieder, jetzt sogar in Serpentinen, auf den 439 m hohen Hügel mit dem hübschen Städtchen zu steigen. Parken kann man rings um die langgestreckte Altstadt, die den Fußgängern vorbehalten bleibt. Die römische Vorläuferin von Troia, *Aecae,* war eine wichtige Station an der *Via Traiana* und wurde 1019 als byzantinische Festung neu errichtet. Danach tagten hier allein vier Konzile (1093, 1115, 1120 und 1127). Weil Lucera zu Papst Gregor hielt, ließ es Friedrich II. zerstören.

Im Zentrum finden sich viele bescheidene Paläste des 15.–18. Jh. Nicht alle wurden restauriert, aber alle gemeinsam bilden ein homogenes, harmonisches Stadtbild, wenn auch im Kleinformat. Am Corso Regina Margherita steht die **Kathedrale Santa Maria Assunta,** ein wahres Meisterwerk der Romanik (1093–1127 und bis ins 13. Jh.). Man weiß gar nicht, wo man zuerst hinschauen soll, überall bleiben die Augen an schönen und interessanten Details hängen. Vor der Fassade an der hübschen **Piazza Episcopale** mit Dom, bescheidenem Bischofspalast und der alten Universität von Troia (1583) könnte man lange verweilen. Besonders sehenswert ist das bronzene Hauptportal des Doms mit den körperhaft ausgeformten Drachen und anderen Figuren, die ursprünglich Oderisio da Benevento im Jahre 1119 schuf; die Bischöfe von Troia sind Ergänzungen aus dem 16. Jh. Das kleinere bronzene Seitenportal stammt ebenfalls aus der Hand Oderisios (1127). Eine Besonderheit ist auch die große Radrosette, die am äußeren Rand schon gotische Formen zeigt! Die Räume zwischen den Speichen sind mit den unterschiedlichsten Ornamenten gefüllt. Keines gleicht dem anderen, alles wirkt wie feine Klöppelarbeit. Auffällig sind auch die Chorabsiden mit ihren markanten, zweistöckigen Rundpfeilern, die nur mit ihren Kapitellen die Wand berühren. Die gesamte, mit verschiedenfarbenen Steinen in den Rundbögen geschmückte ›Außenhaut‹ des Doms wirkt mit ihrer starken Gliederung fast pisanisch, der Grundriß der dreischiffigen Basilika zeigt ein stark ausgeprägtes Querschiff und eine großzügige Chorapsis.

Im Innern steht erst seit 1959 die schöne, auf vier Säulen mit korinthischen Kapitellen ruhende, mit Ornamenten skulptierte Kanzel von 1169. Sie stammt ursprünglich aus der frühromanischen **Kirche San Basilio** ein paar Gassen entfernt (selten zugänglich).

Information: Ufficio Turistico Comunale, Piazza Cattedrale, 71029 Troia, ✆ 08 81-97 82 45.

Manfredonia, das Tor zum Gargano

Knapp 40 km nordöstlich von Foggia breitet sich Manfredonia am gleichnamigen Golf aus. An der fast schnurgeraden S.S. 89 dorthin steht ca. 10 km vor der Stadt rechts die dreischiffige Kirche **San Leonardo** (11./12. Jh.), die mit reichem Skulpturenschmuck außen (vor allem am Portal der Langhauswand) und innen (Kapitelle mit Menschengruppen und zarte Reliefs) glänzt. Eine Besonderheit sind die beiden mehreckigen Kuppeln über dem Hauptschiff. Ebenfalls rechter Hand zwingt 3 km vor der Stadt die **Kirche Santa Maria di Siponto** (Mo–Fr 9–12, 16–19, Sa/So 9–13, 15–19 Uhr) zum Halt. Sie ist das einzig Sehenswerte, was von dem römischen *Sipontum,* dem einst wichtigsten Hafen Nordapuliens geblieben ist. Seit dem 5. Jh. ist es als Bistum erwähnt, im 11. Jh. wurde es Erzbistum und 1223 ein Opfer des Erdbebens. Niedrig gebaut, mit einem kleinen offenen Glokkenstuhl und einer vorwitzig aufragenden, sehr schmalen Laterne, hat die Kirche etwas Rührendes. Ihre

Hauptfassade ist klar mit Blendarkaden gegliedert. Zart ausgearbeitete Ornamente begeistern den Betrachter, besonders schön am nur leicht vorspringenden Portal, dessen Rundpfeiler auf Löwen ruhen. Der Innenraum (11. Jh.) überrascht mit quadratischem Grundriß, seine byzantinische Kuppel kam beim Erdbeben abhanden. Das Löwenportal und die Krypta, die einem Säulenwald ähnelt und ein paar hübsche ornamentale Kapitelle besitzt, gehören zum ›Neubau‹ von 1117. Zu den Schätzen der Kirche (in der Kathedrale von Manfredonia zu bewundern, s. u.) zählen eine byzantinische, auf Zedernholz gemalte Ikone der Santa Maria di Siponto mit dem segnenden Kind und eine fast lebensgroße, bäuerliche Holzskulptur der »Madonna mit Kind« (11. Jh.), die hier liebevoll »Sipontina« oder »Madonna der starren Augen« genannt wird. Links der Kirche gelangt man zu den Ruinen der frühchristlichen Basilika (5. Jh.) mit einem Mosaikfußboden, dessen Reste heute eine der Kirchenwände zieren.

Manfredonia (58 000 Ew.) wirkt wie auf dem Reißbrett geplant. Tatsächlich wurde die Stadt 1256, nachdem ein Erdbeben 1223 Siponto zerstörte, von Manfred, dem Namengeber und dem Lieblingssohn Friedrichs II., an einem vermeintlich sicheren Ort aus dem Boden gestampft. So zeigt sich Manfredonia mit geraden, rechtwinklig zueinander verlaufenden Straßen. Nur an der Küste folgt die Stadtmauer dem natürlichen, gezackten Verlauf. An der Nordostecke ragt das **Castello Svevo** heraus (tgl. 8.30–13.30 und 15.30–19.30, Sa 9 Uhr bis Mitternacht, jeden 1. und letzten Mo im Monat geschl.). Das Friedrich-Kastell mit den stark befestigten vier Flügeln im Kern und zusätzlicher Außenbefestigung ist Manfredonias bedeutendste Sehenswürdigkeit. Hier befindet sich das **Museo Archeologico Nazionale del Gargano** mit der großartigsten Sammlung daunischer Stelen aus dem 6. und 7. Jh. v. Chr., untergebracht in der Bastione dell' Annunziata (mit behindertengerechtem Zugang!). Dabei ist hier nur ein Bruchteil der vielleicht 1500 gefun-

Die Kirche San Leonardo di Siponto bei Manfredonia

denen Stelen ausgestellt. Zahlreiche Fundstücke stammen aus den Grabungen auf der Coppa Nevigata, am Monte Saraceno und am Monte Aquilone.

Über den Corso Manfredi, eine Flanierzeile mit schönen Modegeschäften, gelangt man ins Stadtzentrum. Die Via Arcivescovado führt nach rechts zur architektonisch nicht sonderlich interessanten **Kathedrale.** Sie beherbergt jedoch u. a. die beiden Kunstschätze aus der Kirche von Siponto (s. S. 54 f.).

Busse: s. Foggia, S. 49 f.

Ein Vorgebirge voller Überraschungen: Der Gargano

Der Gargano ist einer der schönsten Nationalparks Italiens, in dem nicht nur die Naturschönheiten geschützt werden, sondern das ganze Vorgebirge mit seinen Dörfern und Städtchen und Kulturschätzen als ein nationales Kulturgut angesehen wird.

Mattinata

Keine 20 km von Manfredonia, in geschützter Lage inmitten alter Olivenpflanzungen, liegt etwas landeinwärts das frühere Fischerdorf Mattinata. Sein Strand besteht aus einem sehr schmalen Streifen Kies mit ein paar Badebuden und Lokalen. Der Hafen ist Startpunkt für herrliche Bootsausflüge entlang der Gargano-Küste (s. S. 63 f.). Mattinata selbst in 77 m Höhe ist von einem ganz besonderen Zauber – ein lebendiger Ort, ohne übertriebene Geschäftigkeit. Abends füllt sich die Passeggiata-Meile mit Einheimischen und nur vereinzelten Fremden, die in den wenigen Betten der einfachen bis mittelklassigen Hotels Platz gefunden haben. Gargano pur, könnte man von Mattinata sagen, das sich als Ausgangspunkt für Ausflüge hervorragend eignet oder einfach zum Genießen noch echt italienischer Lebensweise. Denn bis 1990 blieb Mattinata vom Tourismus fast unberührt.

Dennoch leben die Bewohner des Städtchens wohl recht gut. Manche behaupten sogar, sie verdienten in den beiden Monaten Juli und August durch ›Fast-Nichtstun‹ mehr als andere ein ganzes Jahr durch harte Arbeit: durch Vermieten ihrer Schattenplätze unter den Olivenbäumen an Strandgänger. So versteht es sich, daß die Olivenbäume selbst nicht mehr die Hauptverdienstquelle sind und daher auch nicht mehr von allen abgeerntet werden. Viele früheren Bauern und Fischer haben sich neue Häuser am Ortsrand gebaut, nicht unbedingt schöne, aber funktionellere als im alten Kern. Dort findet man statt dessen immer mehr Lokale und Läden, die z. B. Typisches aus dem Gargano und ganz Apulien zum Verkauf anbie-

Ein Apotheker als Sammler

Der 1992 verstorbene Dr. Matteo Sansone war ein leidenschaftlicher Sammler daunischer Kultur. Sohn Giuseppe, der heutige Apotheker, und dessen Sohn Antonio führen die Tradition zumindest im Erhalt der unglaublich reichen Sammlung fort. In der **Farmacia Sansone** am Corso Matino 114 (✆ 08 84-55 95 37) kann man die schönsten Stücke bewundern, vor allem eine komplett erhaltene daunische Stele und daunische, geometrisch gezeichnete Keramiken (5./6. Jh. v. Chr.) sowie zahlreiche figural geschmückte Keramiken aus dem 4. Jh. v. Chr. Die große daunische Stele, der ganze Stolz der Apotheker-Familie, zeigt in klaren Ritzungen den Lebensweg des Verstorbenen. In Archäologenkreisen wird vermutet, daß der Mann – die Stele hat einen kreisrunden, ›männlichen Aufsatz‹ – seinen ›Grabstein‹, zumindest teilweise, selbst geschaffen hat.

Matteo Sansones Großonkel soll an der Familien-Passion Schuld tragen: Er besaß bereits eine kleine archäologische Sammlung, mit der sein Neffe spielen durfte. Das wirkte ansteckend. 1934 wurde Matteo Sansone mit 18 Jahren Aufseher der Ausgrabung der Kirche von Siponto bei Manfredonia, erst 1939 erwarb er die Apotheke aus dem

19. Jh., die er trotz Modernisierung original erhalten hat. In diesem Jahr hatte der italienische Staat ein neues Gesetz gegen Privatbesitz archäologischer Funde erlassen. Wer aber nachweisen konnte, daß die Fundstücke bereits vor 1939 in seinem Besitz waren, durfte sie behalten.

Schon bald, so Antonio Sansone, sollen die Sammlungen seines Großvaters (2695 Objekte!) in einem kleinen Privatmuseum ausgestellt werden. Die Räumlichkeiten, ebenfalls am Corso Matino weiter zum Zentrum hin gelegen, sind bereits hergerichtet und restauriert. Dann wird man auch die gesammelten neapolitanischen Krippenfiguren zu sehen bekommen. Herzenswunsch der Sansone: ein ›Museo Nazionale‹ mitten in Mattinata!

ten. Der frühmorgendliche Markt oben im Ortskern mit seinen schönen, breiten Treppengassen zwischen altehrwürdigen, weiß getünchten Häusern, zieht auch viele Bewohner des Umlandes an.

71030 Mattinata (FG)

Information: Agenzia Palumbo, Corso Matino 98, ✆/Fax 08 84-55 92 80; Reisebüro mit Buchungsmöglichkeit von Hotels und Campingplätzen, Bustickets und Bootsausflügen.

Unterkunft: *Mittelklasse:* **Alba del Gargano,** Corso Matino 102, ✆ 08 84-55 07 71, Fax 08 84-55 07 72; freundliches, größeres Haus am Corso, mit gutem Restaurant. **Apeneste,** Piazza Turati 3-4, ✆ 08 84-55 07 43, Fax 08 84-55 03 41; gepflegtes Hotel mit Pool inmitten von Olivenbäumen, Privatstrand. *Preiswert:* **Coppa di Cuoco,** Corso Matino 213, ✆ 08 84-55 00 55; 1970 erbaute Pension mit gutem Fischrestaurant an der Flaniermeile. **Marjanne,** Corso Matino 100, ✆ 08 84-55 06 54; kleines Haus direkt an der Bummelmeile.

Restaurants: Dal Saraceno, Via Amicarelli 33, ✆ 08 84-55 98 45; angenehme kleine Pizzeria mitten im Ort (im Sommer mit Tischen auch in der Gasse) mit Holzofen und traditioneller Küche. **La Lanterna,** Piazza Turati 10, ✆ 08 84-40 07; am Ortsrand mit wenigen Plätzen, im Sommer auch Pizzeria mit Tischen im Freien, gute und preiswerte heimische Küche und lokale Weine. **Trattoria dalla Nonna,** Mattinata Mare, ✆ 08 84-55 92 05; die Trattoria mit der ›Küche der 30er Jahre‹ hat sich einen Michelin-Stern erkocht sie gehört dem Landgut Monte Sacro (s. S. 59 f.).

Tip: Olivenöl und andere typische Produkte vom eigenen Landgut verkaufen im dekorativen Laden **Bisceglia** und Söhne an der Piazza Aldo Moro 3, ✆ 08 84-55 10 03. Ähnlich gut sortiert ist das Geschäft des Landgutes **Monte Sacro** (s. S. 59 f.) am Corso Matino 141, ✆ 08 84-42 01 und 08 84-494 33.

Die blauen Busse der Ferrovia del Gargano und der SITA pendeln ständig zwischen Manfredonia und Mattinata bzw. Foggia und Mattinata.

Monte Sacro

Im Halbkreis umgeben drei Berge das hübsche Mattinata: Monte Sacro im Nordwesten, Monte Sant'Angelo im Westen und Monte Saraceno im Südwesten – den Osten nimmt die Küste des Golfes von Manfredonia ein.

Von Mattinata fährt man zunächst ca. 12 km über die kurvenreiche Landstraße 89, die zwischen alten Olivenbäumen und windgeduckten Pinien über das Innere des Promontorio del Gargano, wie die bergige Halbinsel genannt wird, nach Vieste führt. Weiter oben stehen Mandelbäume auf weiten Terrassen. Man fährt an rauhkantigen Kalkfelsen, Ziegen, weidenden Kühen und Pferden vorbei, auch an Büffeln, die hier früher, als die Gegend noch sehr sumpfig war, die perfekte Lebensgrundlage fanden. Auch heute noch wird der Büffelkäse, *Mozzarella di bufala,* hergestellt, wenn auch nur noch aus Tradition. Spätestens ab dem kleinen Landgut Monte Sacro (s. u.) geht es dann zu Fuß weiter durch dichte Steineichenwälder und herrliches, saftiges, terrassiertes Weideland mit wundervoll blühenden Wildblumen hinauf zum 874 m hohen Monte Sacro. Hier steht die romantische und sehr sehenswerte Ruine der **Badia Santissima Trinità,** des Klosters der Heiligen Dreifaltigkeit.

Die Wanderung vom Landgut zum Kloster dauert hin und zurück nur etwa zwei Stunden (reine Wegstrecke). Für die Besichtigung sollte man ruhig etwas mehr Zeit einplanen, allein schon, um die Größe der einstigen Benediktinerabtei aus dem 11.–13. Jh. zu erfassen. Beim ersten Mal sollte man möglichst in Begleitung wandern, da man sich – trotz der gelb-roten Wegmarkierung – aufgrund der zahlreichen Abzweigungen und Weggabelungen leicht verirren kann. Seit einigen Jahren forschen und sichern Archäologen von der Universität Nürnberg zusammen mit dem Denkmalamt Apuliens das bedeutende Ruinenfeld. Mehrere Brunnen sicherten die Wasserversorgung der Klosteranlage. Besonders schön ist die dreiteilige Vorhalle der Kirche gleich am Ende des Wanderweges.

Da man oben auf dem Monte Sacro, der sicher schon in vorgeschichtlicher Zeit ein heiliger Berg war, meist alleine ist, sollte man vor allem im Sommerhalbjahr genügend zu trinken mitbringen. Und wer Proviant für ein Picknick einpackt, kann dort oben einen sehr angenehmen Tag verbringen. Oder hungrig absteigen und auf dem Gut Monte Sacro am Fuße des Berges typisch apulisch speisen.

Unterkunft/Restaurant: Monte Sacro, Mattinata, Contrada Stinco, ✆ 08 84-55 89 41; 12 km von Mattinata im hügeligen Hinterland zu Füßen des Monte Sacro gelegenes, kleines Landgut, in dessen einfacher Trattoria man typisch ländlich zu günstigen Preisen speisen (am besten vorher anrufen!) und im kleinen Laden die Eigenprodukte kaufen kann. Ein paar Zimmer mit Blick auf die Oliven- und Mandelplantagen werden außerdem vermietet; sehr beliebt bei Reitern und Wanderern.

Monte Saraceno

Der etwa 3 km südlich von Mattinata gelegene, recht flache Monte Saraceno ist übersät mit daunischen Felsengräbern. Man erreicht sie von Mattinata ab der Abzweigung nach Monte Sant'Angelo (und weiter zur Foresta Umbra), in dem man dort links die *strada bianca,* den leicht ansteigenden Staubweg hinaufgeht. Am Ende der leichten Wanderung wird man mit herrlichen Aussichten aufs Meer und auf Mattinata belohnt und mit der Möglichkeit, die weitläufige **Nekropole** ungestört auf eigene Faust zu erkunden. Man begegnet höchstens dem Hirten Matteo mit seiner Ziegenherde, der hier seinen Verschlag hat, oder anderen Neugierigen. Achtung: Man sollte hier nicht unvorsichtig herumlaufen, da man leicht in die tief in die Felsen eingelassenen Gräber stolpern könnte.

Monte Sant'Angelo

Etwa 14 km vom Monte Saraceno nimmt das aufregend-schöne Monte Sant'Angelo mit seinen teils recht merkwürdigen Steinhäusern einen 796 m hohen Hügel völlig ein. Die Häuser sehen seltsam aus, da viele von ihnen, vor allem im sogenannten Junno-Viertel am unteren Stadtrand, eigentlich Reihenhäuser sind. Ihre Einzelgiebel sind zur Straße hin gerichtet, und sie wirken wie kleine Spielzeughäuser, die nebeneinander gestellt wurden. Das blitzblank saubere Monte Sant'Angelo (14 000 Ew.) ist eines der wichtigsten Pilgerziele. Wie schon der Name verrät, pilgert man zur Kirche des Erzengels Michael, **San Michele Arcangelo,** deren achteckiger Turm (1273/74) aus dem Gassengewirr herausragt und genau die Stelle anzeigt, unter der sich tief unten (85 Stufen) die **Michaelsgrotte** befindet.

Die weitläufige Grotte, die man durch eine großartige Bronzetür (1087) mit Darstellungen der Taten des Erzengels betritt, ist in der Nachfolge heidnischer Sitten seit dem 5. Jh. ein christlicher Wallfahrtsort und somit der älteste des Abendlandes. Der Sage nach soll der Erzengel Michael schon in vorgeschichtlicher Zeit den Gargano von der großen Schlange befreit haben. Im 5. Jh. entdeckte ihn der Bischof von Siponto wieder und brachte eine Pilgertradition in Bewegung, die erst mit dem Ende der Kreuzzüge im 13. Jh. abflachte. Italiener lieben Wallfahrtsorte, so ist Monte Sant'Angelo stets gut besucht. In der Grotte finden täglich von 8–12.15 und 15–17 Uhr ununterbrochen Messen statt. Das **Museo Devozionale** mit seiner reichen Devotionaliensammlung im Kirchenkomplex ist von 8.30–12 und 14.30–17/19 Uhr geöffnet.

Tritt man aus der Kirche heraus, führen auf der gegenüberliegenden

Monte Sant'Angelo

Seite Treppen nach links hinab ins *centro storico*. Gleich zu Beginn stehen die drei sehenswertesten Bauten des historischen Zentrums dicht beisammen: Hinter einer mit einer Rosette geschmückten Fassade öffnet sich ein weiter Hof, in dem links die relativ kleine, sogenannte **Tomba di Rotari** mit ihrer überdimensional hohen Kuppel (23 m) steht. Die Bedeutung des Kuppelbaus, den man lange für die Grabstätte des Langobardenkönigs Rothari hielt, ist bis heute nicht geklärt. Er stammt aus dem 12./13. Jh. und besitzt ein romanisches Passionsrelief über dem Eingang.

Direkt daran schließt sich die Apsis der romanischen **Kirche San Pietro** an. Zwischen Apsis und Westfassade steht man im Freien, so daß die schöne Rosette in einer regelrechten ›Windfassade‹ steckt. Der eigentliche Kirchenraum existiert nicht mehr. Die Tomba di Rotari diente wahrscheinlich als Baptisterium der Kirche San Pietro.

Rechts der Apsis von San Pietro steht die **Kirche Santa Maria Maggiore** aus dem 12. Jh. Sie ist wie der gesamte Komplex gegen Trinkgeld zugänglich. Das wunderschöne Eingangsportal mit feinen Steinmetzarbeiten wird von zwei Greifen bewacht. Innen erkennt man auffallend schmale Seitenschiffe und eine überreiche Freskierung (12.–13. Jh.).

Steingepflasterte Gassen führen von hier weiter abwärts zwischen schmalen und auch recht klobigen hohen Häusern hindurch. Man gewinnt Einblick in kleine Höfe, die für mehrere Häuser einen gemeinsamen ›Salon‹ bilden, in dem sich Frauen zum Gemüseputzen, Häkeln oder Stricken treffen, gleichzeitig Kleinkinder beaufsichtigen und darüber plaudern, was sich so im Städtchen tut. Die Balkone sind sehr schmal, Blumenschmuck ist kaum auszumachen, aber auf Sauberkeit wird, wie fast überall in Apulien, besonders geachtet. Stets wirken die Gassen und Treppen, als habe man sie gerade mit Seifenwasser geschrubbt.

San Giovanni Rotondo und San Marco in Lámis

25 km weiter westlich liegt **San Giovanni Rotondo.** Der moderne Wallfahrtsort in 557 m Höhe erstreckt sich zu Füßen des 1055 m hohen Monte Calvo. Über dem Grab des 1999 selig gesprochenen Padre Pio (1887–1968) wurde die große Basilika errichtet. In der Nähe ließ der wundertätige Mönch aus Pietralcina das Krankenhaus **Casa Sollievo della Sofferenza** erbauen. Auf der Fahrt dorthin überschaut man immer wieder Manfredonia. Kriechrosmarin hängt von den steilen weißen Kalkfelsen herab, dazwischen die dunkelrosafarbenen Spornblumen-Blüten.

Nur noch 10 km in westlicher Richtung sind es bis **San Marco in Lámis,** das im 11. Jh. in 550 m Höhe inmitten von zahlreichen Grotten und Dolinen (die Dolina di Pozzantino ist eine der größten Italiens) und Wallfahrtskapellen entstanden ist. Es liegt in der Nähe des **Klosters San Matteo,** das bereits im 6. Jh. von Langobarden errichtet wurde und damals Johannes dem Täufer geweiht war. Wie eine trutzige Burg wirkt das schöne, langgestreckte Kloster mit Innenhof, das zahlreiche Votivbilder und eine wundervolle Bibliothek besitzt.

Restaurant: Il Sombrero, Corso del Popolo 20, Borgo Celano/San Marco in Lámis, ✆ 08 82-83 21 92; freundliches Lokal Richtung San Giovanni Rotondo mit guter einheimischer Küche (Fleisch vom Grill und Gemüse).

Busverbindungen: von/nach Foggia, s. S. 49 f.; von/nach Margherita di Savoia, s. S. 79.

Panoramastraßen zu den schönsten Orten des Gargano: Vieste und Peschici

Nördlich von Mattinata beginnt die Küste, die den Gargano berühmt und als Urlaubsziel beliebt gemacht hat, mit alten Fischerorten, die erst in den letzten Jahrzehnten eine Umwandlung in Urlaubsoasen erlebt haben.

Die Küstenstraße, *Strada provinciale litoranea,* führt beinahe durchweg die Küste entlang, mal direkt darüber, mal sich ein wenig ins Landesinnere hineinschlängelnd. In Höhe von Mattinata berührt sie fast die *Strada statale* 89, die etwas weniger kurvig Mattinata

Bootsfahrt zum ›Kopf des Gargano‹

Bereits am frühen Morgen startet man vom kleinen Fischereihafen von Mattinata, z. B. mit dem Fischer Matteo, der mittlerweile vermutlich kaum noch auf Fischfang geht. Hinter einer schmalen Kiesbucht ragt ein gelblicher Fels ins strahlend blaue, glasklare Wasser und begrenzt die hübsche **Baia Rossa.** Oben klammern sich dort, wo ein wenig Humus den Felsen bedeckt, nur mühsam aufgerichtet, kleine Pinien fest. Die weißen Felsen sind von Wellen und Wind ausgehöhlt, manche wirken mit ihren übriggebliebenen, fast schwarzen ›Stützen‹, als stünden sie auf Elefantenbeinen.

Die **Baia delle Sirene** versteckt sich hinter einer schräg gestellten Felswand und wird abgeschlossen durch die ›Grotte der Ledigen‹. Die nächste, schmale Sand- und Kiesbucht verspricht einsame Stunden, ist sie doch nur vom Meer her, also per Boot zugänglich. Dort, wo fast immer zahlreiche Möwen über den Felsen schwirren, breitet sich tatsächlich die ›Möwenbai‹ aus. Davor hat man Muschelbänke festgemacht – ein Beweis für absolut sauberes Wasser.

Eine halbe Stunde ist seit der Abfahrt vergangen, nun kann man in der größeren Kiesbucht von **Mattinatella** anhalten, wo ein kleiner Anlegeplatz aus ein paar Felsen gehauen wurde. Im Sommer und an warmen Wochenenden hat hier eine Art Freiluft-Café geöffnet.

Die nächste Bucht markiert ein Feigenbaum, der in halber Höhe am Felsen klebt. Die Felswände der **Baia del Fico** wirken wie die Knetmasse von Marmorkuchen. Dann nähert sich das Boot der **Baia del Pescecane,** der ›Bucht des Hais‹, danach folgt die **Punta del Nago,** die ›Nadelspitze‹. Vielleicht 50 m hoch sind die Fialen der ›**Kathedrale von Mailand**‹, wie die nächste Felswand genannt wird, gefolgt von der **Grotta delle Rondine,** ›Schwalbengrotte‹, so bezeichnet, weil die Löcher an den Wänden aussehen, als hätten darin Schwalben genistet. Die Felswand wölbt sich weit über die kiesige Bucht, weiß, sandfarben und grünlich gestreift durch dunkle Einlagerungen. Davor das türkisfarbene Wasser – ein herrliches Bild! Dann die ›Pfeifen‹, Felsformationen, die wie Orgelpfeifen aussehen.

Die Grotten werden immer gewaltiger, und die schönste Bucht steht uns noch bevor: **Baia delle Zagare** – trotz des Hotels, das obenauf thront und durch häßliche Beton-Aufzüge seine Gäste an den Strand entläßt. »Wer durch den natürlichen, im Wasser stehenden Felsbogen fährt, wird sich am selben Tag verlieben«, sagt Matteo und blinzelt in die Runde.

Zagare soll aus dem Arabischen kommen und ›Orangenblüten‹ bedeuten. Am Ende der Bucht erkennt man eine mäanderartige, dunkle Streifung der weißen Felswände, die hier wieder höher sind, von zahlreichen Grotten durchbrochen, in die kleine Boote hineinfahren können.

Die schönste Bucht des Gargano: Baia delle Zagare

Mehrere Grotten formen die **Baia del Leone,** an deren Ende ein brüllender Löwe im Fels zu erkennen ist. Schwarze, rote, graue und olivgrüne ›Füße‹ hat die **Grotta della Campana,** eine tiefe dunkle Grotte, deren Ende wie eine riesige Glocke aussieht. Sie ist bis zu 60 m hoch. Ihre Wände sind grün und rot-grau, als seien sie aus Bronze gegossen.

Die ›**Fledermaus-Grotte**‹ ist schmal, niedrig und recht dunkel. Rote Seetomaten kleben an ihren Rändern knapp unter der Wasseroberfläche, innen schlafen am Tag viele Fledermäuse. Aus der nächsten, hellen Kiesbucht namens **Vignanotica** führt ein Maultierpfad aufwärts. Am Wochenende und im Sommer ist hier die Hölle los.

Die nächste Bucht, **Cala della Pergola,** ist als einzige in diesem Küstenabschnitt auch für Autos zugänglich (bei Pugnochiuso). Dann folgt endlich der ›Kopf des Gargano‹, **Testa del Gargano,** ein durchbrochener Fels, der ins Meer ragt. Spätestens hier wendet der Bootsführer, normalerweise macht er jedoch schon kurz hinter Mattinatella kehrt, was schade wäre (also den Ausflug vorher genau aushandeln!). Auskünfte über Bootsausflüge erteilen die Touristenbüros der Küstenorte.

direkt mit Vieste verbindet (42 km). Besonders schön ist die Küstenstraße zwischen Mattinatella und **Pugnochiuso,** das einen Abstecher lohnt. Die Ferienanlage ist zwar relativ häßlich verbaut, sie ist jedoch in eine duftende, herrliche Landschaft eingebettet. Bei Pugnochiuso führt von der Küstenstraße noch einmal eine kurvenreiche, 14 km lange Straße zu den Buchten mit Camping- und Badeplätzen. Vor allem im Frühsommer sieht man unglaublich blaue Hänge: blühender Rosmarin, fast bis zum Meer abwärts! Wanderer kommen der intensiv duftenden Natur noch näher, genießen die terrassierten Hänge mit Oliven- und Mandelbäumen, ein paar Feigenbäume und die dichte Macchia, zwischendurch mit Besenginsterbüschen, deren Blüten keck auf den Spitzen der langen Stiele sitzen. Zur Testa del Gargano fährt man lange Zeit mit Blick auf die herrliche **Bucht von Zagare,** wo man auf der Terrasse des Hotelrestaurants darüber eine Pause einlegen kann.

Zwischen Testa del Gargano und Vieste (11 km) erstreckt sich die mit Inselchen geschmückte **Spiaggia di Castello,** auf die man zunächst von oben durch ausladende Pinien hindurch einen großartigen Blick hat. Viele Bars und Restaurants, Hotels und davor, jenseits der Straße, Badeplätze zeugen von der Beliebtheit dieses Strandabschnittes. Auch die ambulanten Verkäufer mit riesigem Angebot an eingelegtem Gemüse und Obst finden am Wochenende und im Hochsommer kauflustige Kundschaft. Den Abschluß bildet die **Spiaggia del Pizzomunno** (im lokalen Dialekt ›Welt-Spitze‹) mit dem 26 m hohen Felsen von Vieste, der sich ganz nahe den steilen, weißen Klippen einsam aus dem Wasser erhebt.

Unterkunft: *Mittelklasse:* **Baia delle Zagare,** ✆ 08 84-55 01 55, Fax 08 84-55 08 84; großartiger, leicht renovierungsbedürftiger Hotelkomplex mit Tennisanlage und Pool über der schönen, gleichnamigen Bucht, die mit zwei Aufzügen erreichbar ist; mit Terrassen-Restaurant mit Blick aufs Meer. Das Hotel ist nur Ende Mai bis Ende Sept. geöffnet, während der übrigen Zeit Buchungsstelle: Piazza Cavour 4, 71100 Foggia, ✆/Fax 08 81-72 36 43. **Bungalowanlagen: Bellavista Bungalows,** mit Bar-Trattoria **Pane e Pomodoro,** Strada Mattinata–Vieste, km 4, ✆/Fax 08 84-55 97 48, 08 84-55 10 83; 2,8 km vom Strand von Mattinata und 4 km von Mattinata entfernt, kleine preiswerte Reihenbungalows für Selbstversorger inmitten von Olivenbäumen in Panoramalage. **Villaggio Azzuro,** 71030 Mattinatella, Litoranea Mattinata–Vieste, ✆ 08 84-55 04 91 (im Winter ✆ 08 84-55 93 64); einfache Strandbungalows unter Ölbäumen, familiäre Leitung, Vermietung von Wohnwagen für 2–5 Personen, Bar-Restaurant.

Campingplätze: Baia dei Gabbiani, Contrada Vignanotica, ✆ 08 84-55 97 83 (im Winter ✆ 08 84-55 08 71); wunderschön gelegener Platz unter schattenspendenden Pinien und Olivenbäumen über der Badebucht von Vignanotica (Minibus-Transfer), mit Bungalows, Restaurant und Minimarkt,

Spielplatz und Strandeinrichtungen. **Fontana delle Rose,** ✆ 08 84-40 28 (im Winter ✆ 08 84-56 44 90); in der gleichnamigen Bucht, 10 km von Mattinatella, Platz unter Olivenbäumen, Bar-Restaurant und Minimarkt.

Vieste

Auf einem Felsvorsprung thront in 43 m Höhe eine Bilderbuch-Altstadt mit steilen Treppengassen zwischen weiß getünchten kleinen Häusern. Mitten im Ort steht die sehenswerte Kathedrale, beschützt durch das **Castello Svevo,** das militärisch genutzt und nicht zugänglich ist. Das schöne Fischer- und Hafenstädtchen (13 700 Ew.) lädt zu einem mehrtägigen Aufenthalt ein. Vieste ist mit vielen Hotels, Geschäften, Restaurants und Bars der lebhafteste Ort des Gargano.

Vieste geht bereits auf das 10. Jh. v. Chr. zurück. Es war griechische Kolonie und anschließend römisches *Municipium,* von 993–1817 sogar Bischofssitz. Friedrich II. ließ hier 1240 eine Burg bauen, die 1537 umgestaltet wurde.

Kommt man vom Süden nach Vieste, so läßt sich der **Burgberg** recht einfach auf der Straße (gleich rechts hinauf Richtung Hotel Svevo) erklimmen. Von oben hat man einen herrlichen Blick zurück auf den langen Strand sowie auf die Altstadt und den Hafen von Vieste. Man kann seinen Rundgang beginnen, indem man sich durch das Altstadtgewirr treiben läßt, mit dem Turm der Kathedrale im Blick.

Die **Kathedrale** im romanisch-apulischen Stil stammt aus dem 11./12. Jh. und wurde im 17. Jh. mit Fresken ausgestattet, die man wie die ursprünglichen Kapitelle bei der völligen Umgestaltung im 19. Jh. wieder zum Vorschein brachte. Das schöne Nordportal ist eines der wichtigsten Beispiele früher romanischer Plastik in Apulien. Im Oratorium organisiert eine Gruppe von Frauen im Sommer Klavierkonzerte und Liederabende.

An der winzigen Piazza del Duomo nördlich der Kirche beginnt jenseits der lebhaften Via Duomo der zweite Teil der Altstadt, der sich bis zur Punta San Francesco hinzieht. Die langen Treppengassen führen zwischen einladenden Restaurants und Trattorien und kleinen Läden recht steil abwärts. Hält man sich nordwestlich, also leicht links, kommt man an der Doppelpiazza Vittorio Emanuele bzw. della Libertà heraus, die sich in den quirligen **Viale Italia** ergießen. Nahe dem Meer und der **Marina Piccola** vor dem gleichnamigen Strand stellen die Cafés ihre Tische in der warmen Jahreszeit weit auf den Bürgersteig hinaus.

Am nördlichen Ende des Viale kann man den neueren, akkurat in Vierecke eingeteilten Ortsteil an seiner schmalsten Stelle schnell durchqueren, auf dessen Rückseite sich der nicht besonders attraktive **Fähr- und Fischereihafen** befindet. In seiner Verlängerung führt der Lungomare Europa an der Spiaggia di San Lorenzo vorbei Richtung Peschici.

Spiaggia di Castello bei Vieste

71019 Vieste (FG)

Information: AA, Piazza Kennedy, und (speziell für Unterkunft) Unione Operatori Turistici Vieste/Gargano, Corso Lorenzo Fazzini 37, ✆ 08 84-70 88 06 und 08 84-70 11 00, Fax 08 84-70 74 95.

Unterkunft: *Gehobene Mittelklasse:* **Pizzimunno Pineta** und **Pizzimunno Vieste Palace,** Spiaggia di Pizzimunno, ✆ 08 84-70 87 41, Fax 08 84-70 88 43; zwei zusammengehörige Hotels in schöner Bauweise, die Flaggschiffe Viestes jenseits der Meeresstraße, nur April–Sept. geöffnet.
Mittelklasse: **Lido Molinella Residence,** Litoranea Vieste–Peschici, km 3, ✆/Fax 08 84-70 55 37 (✆ 08 84-70 51 31 im Winter); Bungalows und kleine Villen unter Eukalyptusbäumen, Pinien und Akazien, wenige Meter von der Molinella-Bucht entfernt, mit Surf- und Katamaran-Schule, Restaurant. **Sfinalicchio,** Litoranea Vieste–Peschici, km 10, ✆ 08 84-70 65 29, Fax 08 84-70 20 10; freundliches, neueres Familienhotel mit Privatstrand, Tennisanlage und Spielplatz sowie gutem Restaurant. **Svevo,** Via Bandiera, ✆/Fax 08 84-70 88 30; sehr freundliches, familiäres, renoviertes Altstadthotel nur mit Frühstück, Parkplatz, nahe der Festung, direkt über dem Pizzimunno-Felsen, Ende Mai bis Mitte Okt. geöffnet.
Preiswert: **Al Centro Storico,** Via Mafrolla 32, ✆/Fax 08 84-70 70 30; renovierungsbedürftige Familienpension in einer alten *locanda* nahe dem Kirchlein San Pietro di Alcantara in der Altstadt. **Al Torrente,** Vorort Scialara, ✆ 08 84-70 09 45, und 08 84-70 11 59; familiäre Pension, 2,5 km südlich von Vieste gegenüber der Spiaggia del Castello, bestehend aus kleinen Bungalows mit

Garten, Restaurant mit typischer Gargano-Küche, Spielplatz, Parkplatz; davor freier Sandstrand und Badeanstalt (gegen Gebühr). **Vela Velo,** Lungomare Europa 19, ✆ 08 84-70 63 03, Fax 00 84-70 14 62; nette, preiswerte Pension an der Meeresstraße.

Residence Agriturismo: Fara del Falco, Vorort Delfino, ✆ 08 84-70 57 96, Fax 08 84-70 12 13; eine Art ›Urlaub auf dem Bauernhof‹ in komfortablen Appartements für 2–6 Selbstversorger (wochenweise zu mieten) einer neuen Anlage, nur 1,8 km von der Foresta Umbra und 5 km vom Meer entfernt.

Campingplätze/Bungalows: Eine Kombination von Campingplätzen und Bungalowanlagen ist typisch für den Gargano, vor allem zwischen Vieste und Peschici.
Mittelklasse: **Centro Vacanze Oriente,** Vorort Santa Maria di Merino, Litoranea Vieste–Peschici, km 6, ✆ 08 84-70 77 09, Fax 08 84-70 63 71; große Ferienanlage direkt am Meer mit Bungalows und Plätzen für Zelte und Wohnmobile unter Pinien, Restaurant, Pizzeria, Bar, Diskothek sowie reichlich Sportmöglichkeiten (Tennis, Windsurfen, Segeln und Tauchen). **Residence Club Oasi,** Vorort Scialara, S.S. 89 Mare 137, ✆ 08 84-70 85 28 und 08 84-70 80 38; Bungalows nahe dem Sandstrand mit ca. 40 m^2 großen Appartements sowie Stellplätzen für Zelte und Wohnwagen, mit bewachtem Parkplatz, 300 m vom Lido Oasi und 4 km von Vieste, mit Bar-Restaurant, Supermarkt, Spielplatz, April–Mitte Okt. geöffnet). **Spiaggia Lunga,** Vorort Santa Maria di Merino, Litoranea Vieste–Peschici, km 7, ✆ 08 84-70 61 71, Fax 08 84-70 53 08; Platz an einem der – laut ADAC – schönsten Surfreviere Italiens mit eigener Tauchschule und 5 Tennisplätzen, mit Mobilheimen.
Preiswert: **Lido Molinella,** Vorort Molinella, Litoranea Vieste–Peschici, km 4, ✆ 08 84-70 55 37, Fax 08 84-70 54 29; direkt am Meer, in einer felsenumrahmten Sandbucht gelegener Campingplatz mit Bungalows für 3–6 Personen, Bar-Restaurant, Pizzeria, Supermarkt und Spielplatz, Parkplatz, Möglichkeit zum Windsurfen, kleiner Bootshafen.

Restaurants: Al Dragone, Via Duomo 8, ✆ 08 84-70 12 12; nettes Altstadtrestaurant. **Al Duomo,** Via Alessandro III 23, ✆ 08 84-70 82 43; typisches, recht uriges Lokal an einer Treppengasse der Altstadt (mit Tischen im Freien), u. a. mit Spezialitäten aus dem Meer. **Enoteca Vesta Osteria,** Via Duomo 14, ✆ 08 84-70 64 11; feines, klimatisiertes Lokal mit Weinverkostung und typischen apulischen Gerichten.

Bar-Gelateria: Sottozero, Piazza Kennedy 9; einladende Eisdiele mit Tischen im Freien.

Wichtig für Autofahrer: Zu Füßen der Altstadt zwischen den beiden Felsnasen Punta San Francesco (mit der gleichnamigen Kirche) und Punta Santa Croce befindet sich ein großer Parkplatz, ein anderer auf der Punta Santa Croce in der Nähe des Hafens, im Ort selbst ist das Parken schwierig und zeitlich begrenzt.

Busse: Die Strecke Vieste–Mattinata–Manfredonia–Foggia und zurück wird werktags fünfmal, So und feiertags nur einmal am Tag bedient.

In Vieste hat man gute **Schiffsverbindungen** mit Manfredonia, Peschici und Rodi Garganico sowie zu den Tremiti-Inseln. Von Vieste bis zu den Inseln sind es 35 Seemeilen, von Peschici aus nur 27, ab Vieste kann man jedoch zusätzlich die Nordostküste genießen. Buchung in jedem der Reisebüros, s. auch Tremiti-Inseln, S. 77.

Peschici

Die knapp 20 km lange Strecke entlang der Küste zwischen Vieste und Peschici ermöglicht großartige Ausblicke. Doch auch die Staatsstraße durch das Landesinnere (23 km) ist nicht zu verachten: Sie bietet mit dem 303 m hohen **Monte Coppo dei Fossi** einen kleinen ›Höhepunkt‹, den es zu umfahren gilt – ein Vorgeschmack auf die dunkle Foresta Umbra (s. S. 70).

Entlang der Küstenstraße locken rechter Hand immer wieder Badebuchten mit Ferienanlagen oder kleinere wilde Buchten, die man über Trampelpfade erreichen kann. Zu den schönsten zählt die **Bucht von Manacore,** fast 2 km lang und z. T. den Gästen des Hotels Gusmay & Rotonda vorbehalten. Der Name der weiten und für den Gargano recht tiefen Bucht hatte früher einen schlimmen Klang: ›Manacore‹ klang wie *mano al cuore,* Hand auf's Herz, aber vor Angst, denn hier gingen *briganti,* Räuber, an Land. Es sollte von einem Wachtturm beschützt werden, doch diesen Turm wagte niemand zu betreten. Die Einheimischen nannten ihn deshalb im Dialekt *usmai,* ›niemals in Gebrauch‹. So entstand der Name des Hotels Gusmay (s. S. 70).

Peschici selbst (4400 Ew.) ist eine kleine Bilderbuch-Schönheit an der nördlichsten Stelle des Gargano auf einem weit ins Meer ragenden, 90 m hohen Felssporn. Der kleine historische Kern mit seinen niedrigen Häusern wirkt fast orientalisch. Im Westen liegt der schöne Sandstrand. Dazwischen befindet sich der kleine Hafen.

Gegründet wurde Peschici um 970 von einem Slawenführer namens Sueripolo. Später kam es in den Besitz einiger Mönche von den Tremiti-Inseln, die sich aufs Festland zurückgezogen hatten. Die kleine Burg wurde im 17. Jh. wieder aufgebaut.

Das historische Zentrum beginnt an der Piazza IV Novembre mit der Via Roma, die mit einem Rechts-

Peschici

knick zur kleinen Pfarrkirche und weiter über die Via Castello zur miniaturhaften Piazza Castello mit der kleinen **Burgruine** führt. Alles wirkt etwas restaurierungsbedürftig, aber besitzt irgendwie einen besonderen Charme, der schon viele Apulien-Reisende für Peschici eingenommen hat. Hier befindet sich auch die einladende Trattoria von Lina Veccera (La Locanda/Al Castello, s. u.), wo man unbedingt einkehren sollte.

Fußgänger können die Stufen zum kleinen **Hafen** hinabsteigen, der bei Sonnenuntergang wegen der merkwürdigen Lage des ›Sporns‹ eine Überraschung parat hat: Die Sonne geht hier, im Osten des italienischen Stiefels, unter! Hinter dem Hafen, in dem man Bootsausflüge buchen kann, beginnt der schöne Sandstrand, an dem man im Hochsommer garantiert keinen freien Platz findet, wenn man zu spät aufsteht. Italiener lieben das Gedränge, also sollte man den Strand ihnen überlassen und lieber eine der vielen kleinen Buchten rechts und links von Peschici aufsuchen.

Ausflug in die Foresta Umbra

Der dunkle, ja fast schon finstere ›schattige Wald‹ ist genau das Richtige für die Flucht aus der glühendheißen Sommersonne. Die unter Naturschutz gestellte Foresta Umbra erstreckt sich zwischen dem hübschen Vico del Gargano und dem Monte Sacro in 950 m Höhe. Auf rund 11 000 ha finden sich von Efeu umrankte, hohe Buchen und Ahorn, Wildkirschen und Silberpappel, hohe Zerr- und dichte Steineichen, dazwischen viele Holunderbüsche. Überall wurden Picknickplätze angelegt. Im Sommer sind auch ein kleines Naturkundemuseum, der Wildpark und ein Besucherzentrum geöffnet. Die Foresta Umbra wird ergänzt durch die angrenzenden Wälder von Jacotenente, Monte Barone und Quarto, die zusammen nochmals 2800 ha Fläche ausmachen.

71010 Peschici (FG)

Information: In den Hotels und Restaurants sowie im Sommer im Besucherzentrum der Foresta Umbra.

Unterkunft: *Gehobene Mittelklasse:* **Gusmay & Rotonda,** Vorort Manacore del Gargano/Peschici, ✆ 08 84-91 11 26, Fax 08 84-91 10 03 (im Winter ✆/Fax 08 84-96 41 94); architektonisch ausgefallene Anlage mit geschwungenen Außenrampen nach Plänen von Marcello D'Olivio, mit gutem Restaurant im dichten Pinienwald, bestehend aus zwei Hotelbauten, Haupthaus jenseits der Straße, Rotonda direkt am Meer an der schönen Manacore-Bucht, die Zimmer des Haupthauses sind relativ eng.
Mittelklasse: **Elisa,** Via Marina 20, ✆ 08 84-96 40 12 (im Winter ✆ 08 84-96 40 12), Fax 08 84-96 20 71; Strandhotel nahe dem Hafen unterhalb des Altstadtkerns. **Morcavallo,** Via Marina 6, ✆ 08 84-96 40 05, Fax 08 84-96 20 81; Strandhotel in der Nähe des kleinen Hafens, westlich der Altstadt.
Preiswert: **La Locanda/Al Castello,** Via Castello 29, ✆ 08 84-96 40 38; freund-

liche Familienpension über einem urigen Restaurant (s. u.) in der Altstadt, in schwindelnder Höhe auf dem Castello-Felsen über dem Meer, mit herrlichem Blick über die Hafenbucht.
Ferienwohnungen und -zimmer vermittelt AGITUR, Viale Kennedy 2, ✆ 08 84-96 49 91, Fax 08 84-96 22 08.

Restaurants/Pizzerien: La Locanda/Al Castello, (s. Hotel); hervorragende apulische Kost bereiten seit mehr als 50 Jahren, als das Lokal gegründet wurde, die Frauen der Familie Veccera, die auch eine kleine Pizzeria nebenan betreiben. **Grotta delle Rondine,** über dem Hafen von Peschici, ✆ 08 84-96 40 07; nette Pizzeria in einem gewölbeartigen Lokal.

Parken sollte man, von Vieste kommend, am besten auf dem ersten Parkplatz links zwischen Friedhof und Schule, die kleineren Parkplätze nahe dem Zentrum sind schnell belegt.

Bootsausflüge: Agenzia Motobarca Peschici, Corso Garibaldi 53, ✆ 08 84-96 28 42; Ticketverkauf auch am Kiosk am Strand von Peschici und bei den Bademeistern an manchen Stränden der Umgebung; Grottentouren und Fahrten zur Baia delle Zagare. **C.T.M.,** Corso Garibaldi 116, ✆ 08 84-96 49 19. Im Sommer tgl. Direktverbindungen mit den Tremiti-Inseln.

Feste: Peschici feiert seine Heiligen am liebsten mit einem großen Feuerwerk. So auch das Fest der Madonna di Loreto am Montag nach Ostermontag (mit Prozession) sowie am 12./13. Juni Sant'Antonio, am 19.–21. Juli den Stadtpatron Sant'Elia und am 21. September das Fest für San Matteo, das gleichzeitig den Herbst ankündigt.

Rodi Garganico und die Lagunen

15 km von Peschici entfernt liegt der Ort **Rodi Garganico,** zu dem eine schön zu befahrende Küstenstraße entlang einfacher Badeorte führt. Die kretische Gründung (ca. 8. Jh. v. Chr.) gehörte im Mittelalter verschiedenen Geschlechtern, sie wurde 1632 unter den Sanfelice sogar Herzogtum. Davon ist eigentlich nichts mehr zu sehen. Seit Jahrzehnten lieben viele italienische Familien den Ort, vor allem wegen der kleinen Badeanstalten am schmalen Strand. Mitten aus dem Dorf ragt die kleine Kirche **San Pietro,** deren Holzstatuen aus dem 16. Jh. man nur während der Messe zu Gesicht bekommt.

Gleich hinter Rodi Garganico, das auch mit der Bahn von San Severo und Foggia aus erreichbar ist, beginnt die eindrucksvolle Lagunenlandschaft des **Lago di Varano** und weiter westlich des Lago di Lesina. Es lohnt sich, den Lago di Varano von der Meeresseite her zu erkunden. Möglich ist dies von einem schmalen Damm aus, den man hier **L'Isola** nennt. Er trennt den Binnensee vom Meer, die Mündung von Varano (Foce di Varano). Hinter den größeren, nicht unbedingt schönen Hotels des Lido del Sole werden in einfachen Häusern Zimmer vermietet. Dort befindet sich auch der kleine Hafen von Bonifacio. Links öffnet sich unvermittelt der große Lago di Varano, rechts führen Sandpisten zwischen

Die Muschelzucht von Varano

Alle Fischer der Lagune von Varano haben eine eigene kleine Bootsstelle, neben ihr eine meist mit Stroh überdachte Veranda, der eigentliche Arbeitsplatz: Hier ordnet der Fischer von September bis Weihnachten die Kleinmuscheln, bündelt sie in Netzen, um sie dann im See zu verankern, wo sie gedeihen sollen. Es ist sozusagen die Saat, die aufgehen soll. Fünf bis sechs Monate bleiben die Miesmuscheln im See verankert, dann werden sie auf neue, größere (Nylon-)Netze gezogen und ins Meer vor der Lagune verpflanzt. Sonst würden sie einander im wahrsten Sinne des Wortes die Luft nehmen und ersticken.

In den vier Gemeinden rund um die Lagune, die durch zwei Kanäle mit dem Meer verbunden ist und daher reines Meerwasser hat, leben 150 bis 200 Fischer von der Muschelzucht. Manche, daher die schwankende Zahl, gehen auch auf Hochseefang. Am frühen Morgen herrscht am Kanalhafen reges Treiben: Verschiedene Fische, darunter Aale, werden verkauft und Kühlwagen transportieren Muscheln ab ...

Wer sich die Frage nach der Hygiene in der Muschelzucht stellt, braucht sich hier inzwischen kaum Gedanken zu machen. Italienweit wird nach den katastrophalen Vergiftungsfällen im Golf von Neapel (in den 80er Jahren) in den Restaurants durch die Gesundheitsbehörde strenger denn je die Herkunft der Muscheln kontrolliert. Genauer: Kein Wirt darf Muscheln bei den Fischern direkt kaufen und verarbeiten bzw. seinen Gästen servieren. Die empfindlichen Meerestiere

Pinien und hohen Eukalyptusbäumen auf den Dünen zum Meer. Im See finden sich viele Muschelbänke, eine bedeutende Erwerbsquelle für Apuliens Fischer (s. o.).

Der **Lido di Torre Mileto** zwischen den beiden Seen, bewacht vom gleichnamigen Turm, wird vom 260 m hohen Monte d'Alio etwas weiter ins Meer gedrückt. Der lange, nicht besonders schöne Strand ist bei den Einheimischen dennoch sehr beliebt und im Hochsommer sowie an Wochenenden oft überfüllt. Hier finden sich einfache Hotels und Campingplätze und, bei Hochbetrieb, zahlreiche Jahrmarktbuden.

Der Damm des **Lago di Lesina** wird fast vollständig von der großen Siedlung **Marina di Lesina** bedeckt. Die Straße führt parallel zur Südseite des Sees vorbei an weiten Getreidefeldern, Gemüsegärten, ein paar Weingärten und Sonnenblumenfeldern nach **Lesina,** einem kleinen Landwirtschaftszentrum. Der einstige Bischofssitz

müssen durch die spezielle Reinigungswäsche gegangen, d. h. geklärt, sein *(cozze depurate).*

Wer für die Ferienzeit Selbstversorger ist, ob auf dem Campingplatz oder in einer Ferienwohnung, sollte auch beim Einkauf darauf achten, nur gereinigte Ware zu erhalten. Sie wird durch mehrere Waschvorgänge mit Frischwasser gefiltert, und damit vollständig von möglichen Rückständen befreit.

(1014 bis 16. Jh.), umgeben von zahlreichen prähistorischen Siedlungsresten (Jungstein-, Bronze- und Eisenzeit; Funde in den Museen verstreut), zeigt sich heute recht gesichtslos, aber mit vielen Cafés und Bars. Auch hier gibt es vor allem am Lungolago Muschelbänke und Aalzucht. Von Lesina ist es ein Katzensprung zur Autobahn-Anbindung bzw. zur Staatsstraße nach San Severo und Foggia (hier lassen sich die Ausflüge in den Tavoliere anschließen, s. S. 50 ff.).

Die Tremiti-Inseln

Ob von Vieste, Peschici oder Rodi Garganico, die Überfahrt auf die Tremiti-Inseln lohnt auch für nur einen Tag. Freunde sauberer, wilder Felsbuchten kommen hier ebenso auf ihre Kosten wie Reisende, die sich für die Zeugnisse der Kultur Zeit nehmen und länger bleiben wollen, etwa um die Klosterkirche Santa Maria a Mare auf San Nicola, zu bewundern. Viele Urlauber kommen zum Baden, Schnorcheln und Tauchen – oder einfach zum Sonnenbaden.

Von den fünf Kalkinseln des nur etwas mehr als 3 km^2 großen Archipels, als Nationalpark unter Naturschutz gestellt, sind nur zwei bewohnt: San Domino (208 ha), das touristische Zentrum, und San Nicola (auch Tremiti genannt, 42 ha), das historische Zentrum. Capraia (auch Caprara genannt, 45 ha), ist unbewohnt, ebenso die winzige Insel Il Cretaccio (zwischen San Domino und San Nicola) und die kleine Insel Pianosa, ›die flache‹, zwölf Seemeilen abseits der Hauptgruppe. Zudem gibt es noch versprenkelt kleine und größere Felsen, die nur von Möwenkolonien bewohnt werden und teilweise schöne, großkiesige Badebuchten besitzen. Das Wasser ringsum ist kristallklar, je nach Untergrund von blauer oder smaragdgrüner Farbe.

Der Sage nach gehörten die *Insulae Diomedae* dem griechischen Helden Diomedes, der hier bestattet sein soll. Doch handfeste Zeugnisse findet man erst von der Klostergründung auf **San Nicola** im Jahre 1045 durch Benediktinermönche aus Montecassino. So wurde die kleinste bewohnte Insel des Archipels zum religiösen und politischen Zentrum. Die starken Befestigungsanlagen stammen teilweise aus dem Mittelalter (von Karl von Anjou). Als sie jedoch im 14. Jh. den Piraten nicht widerstehen konnten, wurden sie ab 1412 von neuen Mönchen zu ihrer heutigen trutzigen Form ausgebaut. Schließlich hatten die Mönche eine Menge zu verteidigen, gehörten doch der Abtei Ländereien vom Gargano bis Bari und von Molise bis zu den Abruzzen. Das Kloster wurde nach seiner Auflösung durch Ferdinand IV. (1783) im Jahre 1792 in eine Strafkolonie umgewandelt, die es bis zur italienischen Faschistenzeit blieb: Politisch Unliebsame wurden auf die Insel verbannt.

Schon von weitem macht San Nicola neugierig, fest umklammert von seinen Mauern und mit einer hohen Kirchenfassade geschmückt. Bei genauer Betrachtung erkennt man die Zweiteilung der Festung: Vom kleinen Hafen steigt man steil aufwärts durch ein kleines Tor hinauf zum ersten Felsplateau. Gutes Schuhwerk mit rutschfester Sohle ist Grundvoraussetzung! Die Abtei steht auf dem zweiten, etwas höheren Plateau.

Im Dörfchen befindet sich ein kleiner Andenkenladen (»Laura«) mit dem Informationsbüro. Hier werden u. a. Spitzenarbeiten von Frauen verkauft, die diese alte Inseltradition wieder aufleben lassen. Auch das kleine Rathaus steht hier oben, zuständig für den Archipel mit seinen rund 400 Einwohnern.

Zum zweiten Plateau mit der Kathedrale gelangt man durch die noch dickeren Mauern der eigentlichen Klosterbefestigung. Sie wird von einem runden Wachtturm mit furchterregenden Pechnasen beschützt und war einst nur über die Zugbrücke erreichbar, die über einen Graben führt. Hinter dem

Fabelwesen: Mosaiken in der Kirche Santa Maria a Mare auf San Nicola

mehrteiligen, fein gearbeiteten Renaissanceportal von 1473, das Werk des Florentiner Bildhauers Niccolò di Giovanni Cocari, erhielt die **Kirche Santa Maria a Mare** im Innern durch die Restaurierung ihre ursprünglichen romanischen und frühgotischen Formen wieder. Der 20 mal 10 m große Raum wirkt trotz seiner an sich basilikalen Form überraschend wie eine Halle. Er ist jedoch von sehr schmalen, niedrigeren Seitenschiffen umgeben (wie ein Chorumlauf) und schließt mit einem ausgesprochen großen Chorraum ab. Der Boden ist bedeckt mit restaurierten Mosaiken. In der Mitte sind sie fast vollständig erhalten: Gezackte Kreise, Fische und vier Medaillons umgeben einen farbenprächtigen Greif. Den Mosaikfußboden des Chorraumes schmücken Fabelwesen. Das reich geschnitzte venezianische Polyptychon ist zart vergoldet.

Das schöne bemalte, 3,65 m hohe Holzkruzifix gleich beim Eingang links stammt nach neueren Deutungen aus dem 13. Jh., und zwar aus dem toscanischen Lucca. Obwohl der Stil mehr an byzantinische Kunst erinnert: Jesus mit langem, hagerem Körper und relativ kleinem Kopf, schmalen Schultern und großen Augen. Doch nach Meinung des Kunsthistorikers Alessandro Petrucci ist sogar die griechische Inschrift später von den Mönchen des Klosters hinzugefügt worden, eben um die Legende orientalischen Ursprungs zu festigen.

Drei Kreuzgänge sollen in den nächsten Jahren restauriert und zu einem Kulturzentrum umgestaltet werden. Die Nordspitze der Anlage markiert der **Torrione del Cavaliere;** das nördliche Ende der langgestreckten Insel mit ihren steil abfallenden Felswänden wird von einem kleinen Friedhof eingenommen. Die *Strada Comunale del Cimiterio* führt durch die ausgedehnte archäologische Zone mit dem sogenannten Grab des Diomedes (griechisch-römische Gräber) und einem türkischen Friedhof.

Badefans lieben die größte Insel im Bunde der Tremiti, **San Domino,** benannt nach einem Bischof, der als Märtyrer verehrt wurde. Zusammen mit dem Apostel Jakobus war ihm die Kirche geweiht, die noch im 16. Jh. auf der Insel stand. San Domino ist mit einem fast 100 ha großen Wald aus Aleppokiefern und Pinien bedeckt. Zahlreiche Buchten und Grotten machen sie zur beliebtesten Insel der Tremiti. Die größte Grotte, **Grotta del Bue Marino,** können Boote befahren. In ihrem Innern sind schöne Lichtreflexe zu bestaunen, fast wie in der berühmten Blauen Grotte Capris. Morgens erlebt man ähnliche Naturwunder in der **Grotta delle Viole,** nicht minder schön sind die Grotten mit den Namen Sale, delle Murene, del Coccodrillo und delle Rondinelle.

Tauchparadies: Tremiti-Inseln

Gleich in der Nähe des Hafens, hinter einer kleinen Landzunge, öffnet sich die beliebteste Badebucht, die **Cala delle Arene** (alle Buchten im Archipel tragen die spanisch-aragonesische Bezeichnung *cala*). Die Restaurants in der Nähe sind zugleich Auskunftsbüro, Buchungsstelle für Boote und Souvenirshop in einem. Man steigt recht steil auf das an seiner höchsten Stelle 116 m hohe Inselplateau. Die *Strada Comunale del Faro* führt zum **Colle dell'Eremo,** dem höchsten Hügel San Dominos. Hier liegt auch das schönste Wäldchen der Insel, die **Pineta di San Domino** mit den Ruinen der Einsiedelei. Die nur bis zu 2600 m lange Insel kann man problemlos zu Fuß erkunden. Hotelgäste können die hoteleigenen Transfers zu den wichtigsten Punkten (Strände, Hafen etc.) benutzen.

Zwischen San Nicola und San Domino, nur 200 m entfernt, liegt das Inselchen **Il Cretaccio,** ein höchstens 400 mal 200 m großes Zuhause für große, laute Möwen. Nördlich von San Nicola folgt **Capraia** der Linie der Hauptgruppe. Die zweitgrößte Insel (höchstens 1600 m lang) zieht sich ebenso von

Südwest nach Nordost. Zum großen Teil bedecken Kapernbüsche *(caperi)* die Insel, die ihr ihren Namen gaben. Es ist eine felsige, unbewohnte Insel, in deren kleinen Buchten Bootsurlauber gerne die Anker werfen.

71040 Isole Tremiti (FG)

Information: Pro Loco, Isola di San Nicola, ✆ 08 82-46 30 09 und 08 82-46 31 16, Fax 08 82-46 30 02; mit Auskunft über Bootsvermietung.

Unterkunft (nur auf San Domino): *Gehobene Mittelklasse:* **Hotel Kyrie,** ✆ 08 82-46 32 42, Fax 08 82-46 34 15; das Top-Hotel des Archipels mit nur 60 Zimmern (mit Reihenbungalows am Rande) liegt oberhalb des Hafens in einem ausladenden Pinienhain (Transfer), mit Pool und Sporteinrichtungen; sehr gutes Restaurant, freundlicher Service; Bootsausflüge möglich.
Mittelklasse: **Eden,** ✆ 08 82-46 32 11, Fax 08 82-46 32 71; größere, relativ günstige Hotelanlage im Pinienhain.
Preiswert: **Carluccetta,** ✆ 08 82-46 32 64; nette Familienpension im Ortskern, mit Restaurant (s. u.).

Bars/Restaurants auf San Domino: Carluccetta, (s. Hotel); einladendes Lokal im Ortskern. **Il Pirata,** Cala delle Arene, ✆ 08 82-46 34 09; Terrassen-Restaurant über der beliebtesten Badebucht; Souvenirverkauf, Badebedarf.
... auf San Nicola: La Conchiglia, ✆ 08 82-46 31 05; Terrassen-Restaurant am Hafen der kleinsten Insel. **Torrione,** ✆ 08 82-46 30 92; nettes Restaurant mit Terrasse nahe dem Hafen.

Tip: Während man auf dem apulischen Festland in normalen Bars und Restaurants erfreut feststellt, wie niedrig das Preisniveau ist, gehören die wenigen Wirte von **San Nicola** zu den ›Wegelagerern‹ des Tourismus. Wer im Sommer auf das Inselchen kommt, hat schnell Durst. Und den löscht man hier nur zu weit überhöhten Preisen! Also bei schmalem Reisebeutel vorsichtshalber **Getränke mitbringen!**

Tauchschule: Diving Center Isole Tremiti, ✆ 08 82-46 32 09 und 03 37-64 89 17.

Schiffsverbindungen: Adriatica Termoli, ✆ 08 75-70 53 41; Adriatica Isole Tremiti, ✆ 08 82-46 30 06 und 08 82-46 30 08; Navigazione Libera del Golfo Tremoli, ✆ 08 75-70 39 37 und 08 75-70 48 59; Überfahrt zur Insel San Nicola ab San Domino im Sommerhalbjahr ab 8.30 Uhr alle halbe Stunde, bei Bedarf sogar häufiger.

Margherita di Savoia

Auf dem Weg vom Gargano nach Süden liegt ca. 40 km von Manfredonia hinter den Salinen und kurz vor der Provinzgrenze mit Bari das einladende Margherita di Savoia. Das brom-jodsalzhaltige Thermalwasser des Kurortes lindert Beschwerden bei Frauenkrankheiten, Erkrankungen der Atemwege und des Gehörs, die Anlagen bieten Fango- und Thermaltherapie. In der Hauptsache aber ist es ein Ferien- und Erholungsort mit den für Italien so typischen, einladenden *Bagni,* vielen kleinen Badeanstalten mit ihren Bars, Eisdielen und Restaurants am herrlichen, langen

Die größten und ältesten Salinen Italiens

Bereits im 3. Jh. v. Chr. existierten in der Nähe des heutigen Margherita di Savoia Salinen, weil an dieser Stelle der wasserundurchlässige Boden und die klimatischen Verhältnisse für das Verdunsten des Meerwassers ideal waren (und sind). Interessant ist, daß die ersten Bemerkungen über die therapeutische Nutzung der Salinen bereits zu Hannibals Zeit, im Zusammenhang mit der Schlacht von Canne, ca. 10 km Luftlinie entfernt, gesichert sind. Hannibal, so heißt es, wollte sich nach der Schlacht erholen und fand den geeigneten Platz an einem Ort, der *Salapium* hieß – italienisch *Salpi* am nordwestlichen Ende der Salinen –, das später die Römer zerstörten (heute Ruinenfeld).

Diese Salinen, in ihrer damaligen Ausdehnung auch heute noch die größten Italiens, nutzten schon die Griechen. Sie wurden von den Römern übernommen und kamen im Mittelalter unter den Schutz der Fürstbischöfe. Später wurden sie staatlich und als »Saline di Barletta« der nächstgrößeren Stadt Barletta zugeschlagen. Erst 1880 bekamen sie unter dem Bourbonen Ferdinand I. ihre heutigen Strukturen, nachdem sie 1879 zu Ehren der Königin in Margherita di Savoia umbenannt wurden.

Die Salinen sind wohl die ältesten und wichtigsten Italiens. Von ihren 4500 ha sind etwa 4000 ha mit Wasser bedeckt – davon 3500 ha Verdunstungsbecken –, 500 ha bereits mit fertigem Salz. Den Rest der

Sandstrand. Die neue Meerespromenade ermöglicht ungestörtes Bummeln – ideal auch für Familien mit Kindern, die sorglos herumtollen können. Am **Porto Canale,** dem Kanalhafen, ankern neben den Fischkuttern im Sommer viele Urlauberboote. Margherita di Savoia bietet Wassersport und Tennis sowie Reitmöglichkeiten und eine Menge Unterhaltung. Auch die nähere Umgebung lädt zu kleinen Ausflügen ein.

Entstanden ist Margherita di Savoia als Salinenort. Seine Salinen haben immerhin eine Ausdehnung von etwa 20 mal 5 km. In ihren Verdunstungsbecken machen alljährlich Millionen von Zugvögeln Station auf dem Weg zwischen Afrika und Europa, darunter Flamingos – ein wahres Naturspektakel! Zum Schutz der Vogelwelt wurden deshalb 1978 genau 3871 ha Feuchtgebiet der Salinen zum Naturschutzpark erklärt.

Fläche nehmen Straßen und Wege zwischen den mehr als 500 Becken sowie Gebäuden ein. Den mit Salz gefüllten Becken wird ständig in den Verdunstungsbecken vorbereitetes Meerwasser zugefügt, um so auf 30 Bè zu kommen. A. Baumè, ein französischer Pharmazeut, hat die Aräometer-Skala für die Bestimmung der Dichte von Schwefelsäure bei 15 °C erfunden, ebenso anwendbar auf den Gehalt von Natirumchlorid, das bei der Salzgewinnung entsteht.

Die starken Maschinen der Salinen von Margherita di Savoia können in 24 Stunden rund 400 000 m^3 Meerwasser in die ersten Becken pumpen. Wieviel tatsächlich benötigt wird, hängt von der täglich verdunsteten Wassermenge ab. So werden für diese Salinen im Jahr durchschnittlich 30 Mio. m^3 Meerwasser umgesetzt. Das Meerwasser hat eine Dichte von 3,5 Bè, wird zuerst auf 25,7 Bè gebracht, wobei es dann nur noch ein Zehntel seines Volumens besitzt, um am Ende auf 30 Bè angereichert zu werden, was schließlich 1/40 des Volumens entspricht.

Die ergiebigste Salzgewinnung findet naturgemäß in den warmen bis heißen Monaten Juni bis August statt. Ende August beginnt man mit dem Sammeln des Salzes, das bis Ende November andauert. Die Jahresproduktion macht im Durchschnitt 5,5 Mio. Doppelzentner aus. Für den Haushaltsbedarf muß das Salz noch raffiniert und entsprechend verpackt werden.

Im **Museo Storico della Salina,** Via Africa Orientale 38, erfahren interessierte Besucher noch mehr Wissenswertes über die Salinen (Juli–Sept. tgl. 10–12 und 19–22 Uhr).

71044 Margherita di Savoia (FG)

Information: Ufficio Informazione e Assistenza al Turista, Via Cirillo 2, ✆ 08 83-65 40 12.

Unterkunft: Typisch für den Ort sind kleine Pensionen und die Vermietung von Zimmern, aktuelle Adressen beim Touristenamt (s. o.). *Gehobene Mittelklasse:* **Grand Hotel Terme,** Corso Garibaldi 1, ✆ 08 83-65 68 88, Fax 08 83-65 40 19; modernes Kur- und Ferienhotel am Strand mit eigenen Kureinrichtungen.

Bars/Restaurants: Fiamma, Corso Vittorio Emanuele 1, ✆ 08 83-65 50 86; die traditionelle Bar ist berühmt für ihre Eisspezialitäten in eigener Herstellung. **Invidia,** Via Oberdan 5, ✆ 08 83-65 66 64; einfaches, familiäres Restaurant direkt an der Meerespromenade.

Busse: von/nach San Marco in Lámis und San Giovanni Rotondo über Manfredonia tgl. morgens hin, mittags zurück, Fahrtzeit 1,5 Std.

Die Provinz Bari

Die großartigen Kathedralen am Meer

Friedrichs schönste Kastelle

Bari, Apuliens aufregende Metropole

Sanft gewellte Murge

Castellana: Grotten-Erlebnis

Giovinazzo

Die Provinz Bari

Jenseits des schmalen Flusses Ofanto beginnt die Provinz Bari mit ihren großartigen Meereskathedralen und den schönsten Kastellen Friedrichs II., allen voran Castel del Monte. Die Castellana-Grotte gilt als eine der größten Italiens, und Bari ist eine der aufregendsten Regionalhauptstädte des Landes. Wie Perlen an einer Kette liegen an der Küste die schönen Städte Barletta und Trani, Bisceglie und Molfetta, Giovinazzo und schließlich Bari, südöstlich davon Mola di Bari, Polignano und Monòpoli. Die leicht gewellten Murge prägen das Hinterland.

Barletta

Gleich hinter dem Fluß Ofanto, der selten viel Wasser führt, fährt man vom Gargano kommend durch Weinpflanzungen und ausgedehnte Gemüsefelder nach Barletta. Der Hafen der regen Industrie- und Handelsstadt am Meer mit ihren mehr als 91000 Einwohnern hat sich zu einem wichtigen Umschlagplatz für italienischen Wein entwickelt. Neben Bari, Brindisi und Trani ist Barletta eine der bedeutendsten Seestädte Apuliens.

Zwar wird die Stadt bereits im 3. Jh. v. Chr. erwähnt, doch zu Bedeutung gelangte sie erst unter den Normannen im 11. Jh. und später als Ausgangspunkt für die Kreuzfahrer. Sie war Hauptsitz des Deutschen Ritterordens auf italienischem Boden und unter Manfred zweite Hauptstadt des Südreiches. Seine höchste Blüte erreichte Barletta im 14. und 15. Jh. als Sitz der Krone von Nazareth, was es bis 1818 blieb. Zahlreiche Paläste bedeutender Familien wurden in dieser Zeit errichtet. 1459 wurde Ferdinand I. von Aragon in Barletta zum König gekrönt.

Besichtigung

Wie so manche andere Stadt Apuliens müßte man auch Barletta vom Meer her erleben, an dem es im Norden wie im Süden seine sandigen Hausstrände mit mehreren *lidi* hat. Auf jeden Fall sollte ein Rundgang am Kastell beginnen, das ebenso wie der Dom herrlich restauriert wurde und in einem Park liegt. Dieses ursprünglich normannische, von Friedrich II. wuchtig erweiterte **Castello Svevo** wurde 1259 unter König Manfred Residenz (Okt.–April Di–So 9–13 und 15–17 Uhr, Mai–Sept. Di–So 16–19 Uhr, feiertags geschl.). Unter Karl V. wurde die Burg 1532–37 um die weit vorspringenden, spitz zulaufenden Bastionen und den Graben erweitert. Dies gefiel dem Regisseur Zefirelli so gut, daß er hier 1985–86 seinen aufwendigen Othello-Film drehte. Im Innenhof finden im Sommer Konzerte und andere Veranstaltungen statt.

Die **Pinakothek** im ersten Stockwerk beherbergt eine interessante Sammlung des 1846 in Barletta geborenen Impressionisten Giuseppe De Nittis, der wohl eine Vorliebe für strenge Frauengestalten hatte. Er arbeitete jedoch mehr in Paris, wo er 1884 starb und beigesetzt wurde, als in seiner Heimat. Auch die Städtische Bibliothek von Barletta und das **Museo Civico** mit der einzigen authentischen Büste Friedrichs II. sind im Kastell untergebracht.

Die nahe **Kathedrale Santa Maria Maggiore** erreicht man besonders eindrucksvoll auf der Nordseite durch den Durchgangsbogen unter dem Campanile. Angesichts der geradezu anmutigen und doch klaren Formensprache ist sie eine beliebte Hochzeitskirche. Der romanische Teil, zu dem der 43 m hohe Campanile (außer dem obersten, nach einem Erdbeben 1743 restaurierten Teil) gehört, stammt aus dem Jahre 1152. Er wurde über einem Grottengrab aus dem 4. oder 3. Jh. v. Chr. sowie über einer frühchristlichen Basilika aus dem 6. Jh. errichtet. Aus finanziellen Gründen wurde der Bau erst in der Spätgotik, um 1450, schon mit einigen Renaissanceformen (vor allem das Westportal) vollendet.

Bereits von außen ist die abgetreppte Dachlandschaft aus Stein (die typisch apulische Kuppelkonstruktion) sehenswert, die man am besten aus einiger Entfernung be-

Provinz Bari: von Barletta bis Bari

Arè: der Koloß von Barletta

trachtet. Der bis 1996 großartig restaurierte Innenraum beeindruckt allein durch die Monumentalität der klaren, purifizierten, also von späteren Zutaten befreiten Steinwände. Der gesamte Chorraum mit Umgang und fünf Kapellen entstand in spätromanischer Formensprache. In der Mitte steht über dem schlichten Steinaltar ein wunderschönes Ziborium (13. Jh.) mit vielen, geradezu liebevoll ausgearbeiteten Details. Der ›Baldachin‹ ist wie ein säulengestütztes, achteckiges Baptisterium gestaltet, mit reich verzierten Kapitellen, wie durchbrochene, zarte Elfenbeinarbeit.

Vom Dom geht es die Via Duomo hoch und an der Kreuzung mit dem Corso Garibaldi in die schmale Via Cialdini, die ehemalige Via delle Carrozze, die von einigen schönen, spätmittelalterlichen Palästen gesäumt wird. Gleich in der Hausnummer 1 befindet sich links im fast düsteren apulisch-gotischen Palazzo De Gregorio (15. Jh.) die nicht als authentisch gesicherte **Cantina della Sfida.** Im kleinen Museum (Di–Sa 9–13 und 16–18, So 9–13 Uhr) kann man die schöne Architektur und die Ausstattung der Cantina mit den Wappen der 13 Kavaliere bewundern, die hier am 13. Februar 1503 zur Zeit der spanischen Herrschaft in Barletta mit 13 Franzosen aneinandergeraten sein sollen. Diese berühmt gewordene *Disfida di Barletta* (Herausforderung; der Zweikampf zwischen italienischen und französischen Rittern) soll sich jedoch auf dem Castello zugetragen haben.

Die dritte Sehenswürdigkeit der Stadt – von ihren zahlreichen historischen Palästen entlang der Corsi Garibaldi und Vittorio Emanuele abgesehen – ist mit Sicherheit der sogenannte Koloß. Man erreicht ihn über die Via Garibaldi oder weiter durch die Via Cialdini bummelnd. Weiter geht es dann gegenüber der barocken **Chiesa del Monte di Pietà** mit dem historischen Waisenhaus links in die Via Nazareth hinein, wo an der linken Seite die gleichnamige Kirche (früherer Sitz der Repräsentanten von Nazareth) direkt an den Bischofspalast anschließt. Von hier sieht man schon am Ende der Straße auf den 5,11 m hohen **Koloß von Barletta** (4. Jh.), der wahrscheinlich einen Kaiser (in Barletta meint man neuerdings, es handle sich um Theodosius) darstellt. Die Legende berichtet, die Bronzefigur sei im 13. Jh. von Venezianern in Konstantinopel geraubt worden. Als diese damit jedoch auf dem Heimweg Schiffbruch erlitten, verblieb die Statue in Barletta. Dominikaner schlugen ihr 1309 Beine und einen Arm ab, um aus der Bronze eine Glocke zu gießen. 1491 wurden die fehlenden Gliedmaßen wieder ergänzt. Die Barlettaner nennen den Koloß »Arè«, im Dialekt steht das für Herkules. Der Koloß, der zu ihrem Symbol geworden ist, steht vor der Breitseite der **Kirche San Sepolcro** (ab 12. Jh.), die wegen ihrer Fresken, u. a. Szenen aus dem Leben des hl. Antonius, einen Besuch wert ist.

Über den Corso Garibaldi, dann rechts die Via Conte di Cavour entlang, gelangt man wieder zum Ausgangspunkt des Rundgangs, zur Piazza Castello. Man kann noch einen Schlenker machen über den Corso Cavour bis zur Via Cialdini und weiter in die kurze Via Marina zur gleichnamigen Piazza. Hier steht Barlettas Eingangstor, die **Porta Marina** von 1751 (1979 restauriert). Es ist das einzige der sieben Tore in der Stadtmauer, das erhalten blieb. Nebenan beginnt der Stadtpark, der sich bis zum Castello hinzieht.

70051 Barletta (BA)

Information: AA, Via D'Aragona 95, ✆ 08 83-33 13 31, Fax 08 83-53 15 55.

Unterkunft: *Gehobene Mittelklasse:* **Hotel Artù,** Piazza Castello 67, ✆ 08 83-33 21 21, Fax 08 83-33 22 14; modernes Hotel am Kastell.

Restaurants: Baccosteria, Via S. Giorgio 5 73, ✆ 08 83-53 40 00; von Michelin mit einem Stern bedachtes Restaurant mit verfeinerter lokaler Küche. **Il Brigantino,** Litoranea del Levante, ✆ 08 83-53 33 45; gehobeneres Restaurant mit Terrasse, am Meer östlich des Castello, mit Strandeinrichtungen und Sportmöglichkeiten. Im Altstadtzentrum gibt es kleinere **Trattorien.**

Züge: s. Bari, S. 107.

Busse fahren ohne Halt die Strekke Barletta–Bari werktags zweimal vormittags hin und zweimal mittags zurück. Küstenstrecke s. Bari, S. 107.

Von Barletta zum Castel del Monte

Etwa 12 km südwestlich von Barletta befinden sich die Ausgrabungen von Cannae. 216 v. Chr. soll Hannibal in dieser Gegend in einem genialen Feldzug (Einkreisung der Feinde) acht römische Legionen (etwa 80 000 Soldaten) vernichtet haben. Wer historisch interessiert ist und trotz der unsicheren

Auslegung (handelt es sich tatsächlich um den Ort der Hannibal-Schlacht?) den heute **Canne della Battaglia** genannten Platz aufsuchen möchte, fährt über die S.S. 93 Richtung Canosa di Puglia und dann rechts in Richtung des Flusses Ofanto über eine schmale Straße zu dem Ruinenfeld. Ausgegraben wurden auf einem kleinen Hügel die Reste eines Stauferkastells, eine römische sowie eine mittelalterliche Stadt mit einer Basilika. 1997 kam ein kleines Museum dazu. Über die Straße dehnt sich ein großes Gräberfeld unter Olivenbäumen aus, das noch nicht vollständig freigelegt bzw. gesichert ist (Okt.–März tgl. 9–13.30 und 15 Uhr bis Sonnenuntergang, April–Sept. tgl. 9–13.30 und 16–19 Uhr).

Entlang der schmalen Provinzialstraße parallel zum Fluß, durch Weingärten mit hochstämmigen Pflanzen, geht es vorbei an Ölbäumen und Weiden, die den Lauf des Flusses markieren, des einzigen, der in Apulien ganzjährig Wasser führt. Man kann auch zurück auf die S.S. 93 und dann weiter nach Südwesten fahren, nach **Canosa di Puglia** (von Barletta direkt 22 km entfernt), das ganz plötzlich auf einem niedrigen Hügel (105 m) auftaucht. Treppengassen führen in den historischen Kern des 31 000 Einwohner zählenden Städtchens, dem man seine Bedeutung im Mittelalter nicht gleich ansieht. Leider könnte die unzureichende Beschilderung, z. B. zu den Ausgrabungsfeldern der Antike, und die willkürlichen Öffnungszeiten der Kirchen oder der sehenswerten Kathedrale dazu führen, daß die meisten Reisenden wohl ermüdet abziehen. Dabei ist Canosa di Puglia eines der ältesten Bistümer der Region. Die **Kathedrale** aus der ersten Hälfte des 11. Jh. beherbergt einen von Elefanten getragenen Bischofsstuhl und das Bohemund-Mausoleum mit fein gearbeiteter Bronzetür.

Etwa 14 km weiter südlich erreicht man **Minervino Murge** und damit den kaum merklichen Übergang von der Fluß- und Küstenebene zum Hügelland. Hier soll einst ein Tempel der römischen Göttin Minerva gestanden haben, ganz in der Nähe der heutigen Kathedrale, dort, wo sich die **Kirche Madonna della Croce** erhebt. Allein der herrlichen Panoramalage wegen lohnt sich die Ausdehnung des Ausfluges bis hierher, gilt doch Minervino in 444 m Höhe als der ›Balkon Apuliens‹ – obwohl das Castel del Monte (Luftlinie ca. 16 km), auf einem 540 m hohen Hügel thronend, eine weit markantere Lage besitzt und fast von überall im Westen der Provinz Bari zu sehen ist.

Castel del Monte

Es verwundert nicht, daß man seit der schwärmerischen Beschreibung von Gregorovius das Castel del Monte (Apr.–Okt. 9–19, Nov.–März 9–13 Uhr, z. T. auch im Sommer Mittagspause) mit dessen begeisterten Worten die ›Krone Apuliens‹

Friedrich II. privat

Geboren wurde Friedrich II. am 26.12.1194 als Sohn Kaiser Heinrichs VI. und der normannisch-sizilianischen Thronerbin Konstanze von Altavilla in Jesi bei Ancona. Er starb 1250 in Castel Fiorentino bei Lucera. Der Staufer wuchs im sizilianischen, kulturell zum Orient blickenden Palermo auf. 1196 wurde er zum deutschen König gewählt. Da er aber beim Tod seines Vaters 1197 nicht anerkannt wurde, ließ seine Mutter den Vierjährigen 1198 unter der Vormundschaft von Papst Innozenz III. zum König von Sizilien krönen. 1211 wurde er zum deutschen Gegenkönig (gegen Kaiser Otto IV.) gewählt, doch Friedrich fühlte sich in Deutschland nicht wohl. Er überließ 1220 die deutsche Krone seinem Sohn Heinrich, um nach Italien zurückkehren zu können, wo er im selben Jahr in Rom die Kaiserkrone empfing.

Er war und blieb ein Italiener, einer der aufgeschlossensten und geistreichsten Herrscher überhaupt. Friedrich sprach fließend Griechisch und Latein, Arabisch und ein provenzalisches Französisch, bei seinem Aufenthalt in Deutschland hat er zumindest Grundkenntnisse der deutschen Sprache erworben. Für Dante sollte Friedrich II. später als der Fürst gelten, der die italienische Volkssprache, das *Volgare,* literaturfähig machte. Philosophie und Naturwissenschaften galt sein persönliches Interesse. Er pflegte Briefwechsel mit arabischen Gelehrten, dichtete gerne und schrieb ein Buch über die Falkenjagd. Friedrich II. soll zahlreiche Burgen konzipiert haben, mit Sicherheit das Castel del Monte. Auch als Politiker war er weit vorausschauend. Auf Sizilien schuf er einen straff organisierten, zentralisierten und finanzkräftigen Beamtenstaat. Er war umgeben von arabischen Wissenschaftlern, und seine persönliche Leibgarde bestand aus arabischen Soldaten, die ihm treu dienten.

So lebte er selbst wie ein Muselmane und Freigeist, weshalb er erhebliche Probleme mit Papst Gregor IX. hatte: Dieser verdammte ihn als Antichrist und Ketzer. Auch deshalb, weil er zwar unter Druck 1228 einen Kreuzzug unternahm, jedoch statt Beute zu machen und ›Ungläubige‹ zu töten, mit ihnen einen Pakt schloß, der ihm ohne Blutvergießen (und Beutemachen!) den Zugang zum Heiligen Grab verschaffte.

Seine drei Ehen waren politisch klug eingefädelt: Konstanze brachte ein großes Heer mit, die 13jährige Französin Jolanda von Brienne die Krone von Jerusalem (sie starb mit 14 Jahren bei der Geburt seines Sohn Konrad IV.), die schöne Isabella von England eine große Aussteuer.

Die berühmteste Hinterlassenschaft des Staufers Friedrich II. in Apulien: Castel del Monte

nennt. Der Bauherr Friedrich II., dessen persönlicher Entwurf für Castel del Monte als gesichert gilt, hatte etwas übrig für gleichmäßige Formen, akkurate Vierecke, runde Bastionen und eben diese ›Krone‹. Ursprünglich ragten die acht Eckbastionen höher als der Hauptkörper in den Himmel, tatsächlich wie die Zacken einer Krone. Schon von weitem sieht das Kastell aus, als ruhe es in sich, ein steingewordenes Idealbild dessen, was der Staufer liebte: Gesetzmäßigkeit, Klarheit, Symbolik. Im flimmerndem sommerlichen Licht mag es manchem Betrachter schon im 13. Jh. wie eine Fata Morgana erschienen sein.

Kein Graben trennte die inzwischen wunderschön restaurierte, wieder honiggelb leuchtende Burg vom umgebenden, heute meist mit

Getreide angebauten Hügel. Denn sie war nicht als Verteidigungsposten gedacht, sondern zum Ruhm des Kaisers erbaut. Warum aber dann die im Erdgeschoß wie Kasematten ausgebauten acht Eckbastionen, die ebenfalls achteckig sind? Durch die oktogonale Form des Baus ergeben sich innen Räume in Trapezform mit markant ausgearbeitetem Kreuzgewölbe. Manche behaupten, Friedrich habe hier das größte Weltraum-Observatorium des Mittelalters bauen lassen.

Besonders eindrucksvoll ist der als Bauschmuck verwendete Stein: *breccia* oder Korallenschotter, ein Konglomerat aus derart dunklem Blutrot und Weiß, daß es, recht prosaisch ausgedrückt, fast wie eine Blutwurst mit reichlich Fettstücken aussieht. Das prunkvolle Eingangsportal in der Tradition der römischen Triumphbögen (mit zisterziensisch anmutenden Kapitellen) wurde z. T. daraus geschaffen ebenso wie Teile der Innenwandverkleidung, die Fenster- und Türrahmen und die Kamine des Obergeschosses. Wunderschön sind die wulstigen Rippengewölbe des Treppenhauses, das in das obere Stockwerk führt, auf fein skulptierte Konsolen gestützt. Doch wie in einer Festung betritt man durch den Haupteingang erst einen der düsteren, trapezförmigen Räume, geht rechts in den nächsten, um dann erst durch einen der drei Zugänge in den oktogonalen Innenhof zu gelangen.

Es bestehen nur zwei Belege für die Nutzung des Kastells, begonnen 1233 oder 1234: 1246 als Gefängnis, 1249 für eine Hochzeit. Doch über einen Aufenthalt des Kaisers selbst ist nichts zu finden. Obwohl man nach den letzten Restaurierungsarbeiten annehmen muß, daß es angesichts der luxuriösen sanitären Anlagen und der großen, doch wohnlichen Räume sehr wohl für einen kaiserlichen Aufenthalt konzipiert war. Herausragend ist der Thronsaal mit direktem Zugang zum Erdgeschoß, von der prunkvollen Fensterreihe ganz zu schweigen. Von hier hätte Friedrich II. einen phantastischen Blick auf seine Lieblingsstadt Andria gehabt – wenn er hier geweilt hätte.

Andria

Die S.S. 170 di Andria führt vom Castel del Monte abwärts direkt auf Andria (94 000 Ew.) zu. Die lebhafte Stadt ist eines der größten Landwirtschaftszentren Süditaliens. Bereits vorgeschichtlich bewohnt, war sie zur Römerzeit eine wichtige Station an der *Via Traiana.* Im Jahre 1064 wurde sie von dem Normannen Peter I. neu gegründet. Unter dem Staufer Friedrich II. schließlich, der Andria wegen seiner Treue zu ihm besonders geliebt haben soll, wurde die Stadt reich beschenkt. Hier wurde 1228 Friedrichs Sohn Konrad geboren.

In der Krypta der **Kathedrale Santa Maria Assunta** sind Friedrichs zweite und dritte Gemahlin, Jolanda von Brienne und Isabella von England, begraben. Die apsidiale Krypta stammt aus dem 9.–10. Jh., der schlanke Campanile aus dem 12.–14. Jh. Sonst zeigt sich die Kirche so, wie sie 1438–63 wieder aufgebaut wurde. Die reiche Ausstattung des Doms soll demnächst, zumindest teilweise, im **Museo Diocesano** im Bischofspalast Platz finden. Das einzige erhaltene Stadttor, die **Porta Sant'Andrea** im Westen, trägt die Inschrift, die Friedrich II. selbst diktiert haben soll. Sie heißt übersetzt: »Kaiser Friedrich an die Andrianer – Heil Dir treues Andria, unserem Herzen innig verbunden ...«

Santa Maria dei Miracoli heißt die Wallfahrtskirche ca. 2 km westlich des Tores, die im 16. Jh. über einer Basilianergrotte errichtet und im 17. Jh. u. a. mit einer prächtigen Kassettendecke ausgestattet wurde. Der Abstieg (52 Stufen) zur Grotte mit dem verehrten Fresko »Madonna mit Kind« (14. Jh.) ist im rechten Seitenschiff zu finden.

Unterkunft: *Mittelklasse:* **Principe Boemundo,** Corso San Sabino 86, 70053 Canosa, ✆ 08 83-61 24 24; einfacheres Hotel im Obergeschoß eines historischen Gebäudes am Marktplatz (Markt Do 7–12 Uhr), mit Restaurant.

Restaurants: Ostello di Federico, 70031 Castel del Monte/Andria, ✆ 08 83-67 98 77; Ausflugsrestaurant mit großer Veranda, Blick auf das Kastell, lokale Küche. **Taverna Sforza,** Castel del Monte/Andria, ✆ 08 83-56 99 96; Bar und Ausflugslokal mit Terrasse auf dem Weg zum Kastell.

Busse: Barletta–Andria nur einmal werktags über die Küstenorte aus Bari kommend. Andria–Trani mehrmals tgl., am So seltener.

Trani, die Kathedrale am Meer

Die Kathedrale von Trani liegt nur 13 km südöstlich von Barletta, die man besser auf der alten Staatsstraße 16 als auf der stark befahrenen Schnellstraße zurücklegen sollte. So gelangt man auch schneller ins Zentrum und zur Kathedrale in einzigartiger Lage auf einer Terrasse über dem Meer.

Trani, mit mehr als 53 000 Einwohnern eine der größeren Städte Apuliens, ist dennoch eine Bilderbuch-Schönheit mit einer tief liegenden, fast geschlossenen Hafenbucht. Die Kathedrale von Trani liegt genauso wie das Kastell direkt am Meer, scheinbar schutzlos feindlichen Gelüsten ausgeliefert. Trani war die erste Stadt Italiens, die sich – bereits im Jahre 1063 – ein eigenes Seerecht gab. Aufgrund der geographischen Lage und seines natürlichen Hafens entwickelte sich Trani zu einem bedeutenden Handelszentrum zwischen anderen adriatischen Städten und dem Orient. Ihre Blütezeit erlebte die Stadt unter Friedrich II., der zum Schutze des Hafens das Stauferkastell errichten ließ. Während der Machtkämpfe zwischen den Herrscherhäusern Anjou und Aragon

Trani 1 Kleines Fort 2 Palazzo Quercia 3 Kirche Ognissanti 4 Kirche Santa Teresa 5 Palazzo Caccetta 6 Kathedrale und Museo Diocesano 7 Palazzo Torres 8 Castello Svevo

erlebte sie ein Auf und Ab, verlor jedoch mit der spanischen Herrschaft im 15. Jh. ihre politische und wirtschaftliche Bedeutung. Zu Beginn des 17. Jh. genoß sie Ansehen durch eine juristische Universität. Aus ihrer Blütezeit stammen die vielen Kirchen und Adelspaläste.

Nicht zu übersehen ist, daß Trani heute (wie das benachbarte Barletta) hauptsächlich vom Weinhandel lebt, wie zahlreiche Plakate auf dem Weg in die Stadt verkünden. Bedeutende Erwerbsquellen sind ebenso der Tourismus und die Steinbrüche der Umgebung.

Besichtigung

In Trani sollte man sich für einen ausführlichen Bummel Zeit nehmen. Vom kleinen **Fort (1)** am Ende des Stadtparks hat man den besten Blick auf die Kathedrale und die Silhouette der Altstadt! Herrlich ist dieses Hafenrund, umgeben von zwei- bis dreistöckigen Häusern mit gußeisernen Balkonen. Dann kann man am Hafenrand entlang zur Kathedrale über das schöne Steinpflaster schlendern, vorbei am **Palazzo Quercia (2)** und auf die wunderbar gestaltete Chorseite der

Kirche Ognissanti (3) aus dem 12. Jh. des Templerkrankenhauses zu, deren doppeltes Portal unter einem breiten Portikus auf der stadtzugewandten Seite liegt. Danach folgen die **Kirche Santa Teresa (4)** und der **Palazzo Caccetta (5).**

Immer im Blick sind der Turm und zeitweise auch der hohe Baukörper der **Kathedrale (6).** Man sollte sich ihr von Osten her nähern, über die große Terrasse am Meer, um gleich vor ihrer beeindruckenden Chorpartie zu stehen. Den Kopf tief in den Nacken gedrückt, um ihre ganze Größe und Schönheit zu erfassen, auch um die feinen Steinmetzarbeiten im nur zartrosa getönten Stein von Trani *(pietra tranese),* dem wichtigen Handelsgut der Stadt, weit oben zu erkennen. Im Abendlicht bekommt dieser harte und wetterbeständige Stein einen geradezu leuchtenden Schimmer, als spiegele er die Wärme der Sonne wider, die er tagsüber aufgetankt hat. Kein Zweifel: Diese Kathedrale (Mo–Sa 8–12 und 15–19, So und feiertags 9–13 und 16–19 Uhr) ist eine der schönsten Kirchen apulischer Romanik überhaupt. Ihr fein gegliederter Campanile (13. Jh.) wirkt durch seinen spitzbogigen Durchgang gestelzt und dennoch geradezu anmutig.

Dieser San Nicola Pellegrino geweihte Dom wurde im 12. Jh. über der älteren Kirche Santa Maria (10. Jh.) errichtet. In deren dreischiffige, nun (wegen des Gewichtes der Oberkirche veränderte) niedrige Halle kann man gleich beim Eintreten durch das kleine Südportal absteigen. Ihre drei Absiden wurden abgerissen, um für die Krypta der Oberkirche als Grabstätte des Pilgerheiligen Nicola Platz zu schaffen. Sie liegt also in der Verlängerung nach Osten fast auf einer Ebene (vier Stufen abwärts). Noch komplizierter wird es, wenn man in die Krypta (7. Jh.) der Marienkirche mit dem Grab des hl. Leucio absteigt. Die San Nicola-Krypta gleicht einem Wald aus drei mal acht zierlichen Säulen mit korinthischen Blattkapitellen, zuzüglich den vier Säulen um das Grab des Heiligen in der mittleren Apsis. So wirkt die 36jochige Halle fast wie ein filigraner orientalischer Bau, der durch eigene Fenster etwas Tageslicht erhält.

Die Hauptkirche oben, zu der eine steile Treppe führt, wirkt nach dem Besuch der Krypta noch riesiger, als sie es ohnehin ist, und so lichtdurchflutet wie kaum eine andere apulische Kirche. Das Hauptschiff der dreischiffigen und siebenjochigen Basilika wird durch weite Arkaden getrennt, die sich auf hohe Doppelsäulen stützen. Die Wände darüber sind durch ausgeprägte Triphorien ›durchbrochen‹. Die Barockisierung hat unwiederbringliche Schäden verursacht und Verluste eingebracht (Bischofsstuhl und Ziborium, Chorschranken und Kanzel, Kapitelle und Wandschmuck). Bei der Restaurierung ab 1970 konnten aber Teile des Mosaikfußbodens (an der

Das schöne Hafenrund von Trani

Vierung) gerettet werden, darunter »Adam und Eva im Paradies«, ähnlich den Darstellungen des fast vollständig erhaltenen Mosaiks von Otranto (s. S. 170). Der Chor der Kathedrale ist nun postmodern eingerichtet: Chorgestühl und Bischofsstuhl in schöner Schreinerarbeit.

Das von Löwen und Atlanten getragene Hauptportal im Westen kann wegen seiner feinen Steinmetzarbeiten als Gesamtskulptur betrachtet werden – wohl das beste, was Apulien im 12. Jh. hervorgebracht hat. In das Portal wurde eines der schönsten Bronzewerke des Mittelalters gesetzt: die 1175–79 von Barisanus da Trani geschaffenen Türen. Nach ihrer Restaurierung sind sie nun im linken Seitenschiff zu sehen.

Das **Museo Diocesano** an der Piazza Duomo ist 9.30–12.30 bzw. auf Anfrage zu besichtigen (✆ 08 83-58 46 32). Es zeigt u. a. ein Lapidarium aus Materialien des 6. und 7. Jh., einen Altar von 1444 sowie einen französischen Altar aus Ebenholz und Elfenbein (14. Jh.), ein Geschenk Karls von Anjou. Hinter dem **Palazzo Torres (7),** der zwischen Piazza Duomo und Piazza Re Manfredi steht, dehnt sich der kompakte Baukörper des **Castello Svevo (8)** mit seinen quadratischen Eckbastionen aus. Nachdem das Stauferkastell (1233–49) nicht mehr als Gefängnis dienen mußte, wurde es restauriert.

70059 Trani (BA)

Information: Piazza della Repubblica, ✆ 08 83-58 88 25, Fax 08 83-58 88 30.

Restaurants: Osteria Caccianferno, Vicolo San Nicola 9, ✆ 08 83-58 59 78; gute lokale Küche unter den rauhen Steingewölben der rustikalen *osteria* nahe der Kathedrale. **Torrente Antico,** Via Fusco 3, ✆ 08 83-48 79 11; rustikal eingerichtetes, kleines Feinschmeckerlokal mit großer Weinauswahl im Zentrum.

Busse: Die Strecke Trani–Bisceglie–Molfetta–Terlizzi–Corato–Ruvo di Puglia wird werktags mehrmals tgl. bedient (nicht immer mit Halt in allen Orten); Molfetta–Bisceglie–Trani–Corato–Gravina in Puglia–Altamura jeweils zweimal werktags, morgens und mittags.

Abstecher nach Corato, Ruvo di Puglia und zum Dolmen

Schnurgerade führt die S.S. 378 von Trani ins 13 km südlich gelegene **Corato** auf einem 232 m hohen Hügel. Eine byzantinische Gründung, deren **Dom San Vito** aus dem 11./12. Jh. ein gutes, original erhaltenes Beispiel apulischer Kuppelkirchen darstellt. Daß sich Corato mit rund 45 000 Einwohnern als *Città dell'Olio extravergine* betrachtet, ist nicht zu übersehen, denn auf allen Zufahrtstraßen wirbt sie mit ihrem Olivenöl mit Prädikat.

9 km südöstlich breitet sich auf einem 256 m hohen Hügel **Ruvo di Puglia** aus, ein freundlicher Ort, städtebaulich besonders hübsch. Im Altertum war er für seine Keramik berühmt, unter Friedrich II. wurde er freie Reichsstadt. Viele der ca. 26 000 Einwohner leben heute vom Obst-, Oliven- und Weinanbau.

Den Bau der **Kathedrale** soll Friedrich II. persönlich gefördert haben. So wundert es nicht, daß sie besonders prächtig ausgefallen ist. Wie so oft in Apulien, ist die Westfassade mit dem Greifen-Portal, den beiden Seitenportalen und der schönen Radrosette von 1273 auf den dreieckigen (!) Platz gerichtet. Die dreischiffige Basilika ruht auf Bündelpfeilern mit figuralen Kapitellen, den Obergaden ziert ein schöner Fries mit romanischen Konsolenköpfen von Menschen und Tieren. Das Prunkstück ist das Ziborium im Chorraum, dessen vier Säulen mit wunderschönen Kapitellen abschließen. Ebenfalls im Chorraum sind rechts Freskenreste freigelegt worden (Maria mit Kind, Engeln und Märtyrern). Die Alabasterfenster des Chorraumes lassen ebenso wie das Biforium unter der Rosette im Westen nur diffuses Tageslicht in die Kathedrale. Gleich im Westen sind unter dem Glasboden römische und spätantike Ausgrabungen zu sehen.

Berühmt ist die Archäologische Sammlung des **Museo Jatta** (Mo–Sa 8.30–13.30, Fr/Sa auch 14.30–19.30 Uhr, So nur vorm.; freier Eintritt) an der Piazza Bovio 35. Es zeigt die Privatsammlungen der Feudalherren von Ruvo, die hier bis zur Bodenreform in den 1950er Jahren das Sagen hatten: neolithische Keramik und attische Vasen, attische und apulische Weingläser. Die meisten Funde wurden in direkter Nachbarschaft gemacht, vor allem in der altapulischen Nekropole von Ruvo (7.–3. Jh. v. Chr.), die nach wissenschaftlicher Sichtung im eigens dafür errichteten Gebäude vor Ort bleiben durften.

Über die *direttissima* von Ruvo erreicht man nach 15 km Bisceglie, das von Trani aus über die Küstenstraße 8 km entfernt liegt. Im Dreieck Bisceglie–Corato–Giovinazzo wurden einige Dolmen entdeckt. Der **Dolmen von Bisceglie** zählt zu den besterhaltenen Apuliens. Trotz der Ausschilderung ist er nicht einfach zu finden.

Unterkunft: *Mittelklasse:* **Appia Antica,** Strada Statale 98, 70033 Corato, ✆ 080-872 25 04, Fax 080-872 40 53; nettes Hotel mit Garten 3 km südlich von Corato. *Preiswert:* **Pineta,** Via Carlo Marx 5, 70037 Ruvo di Puglia, ✆/Fax 080-361 15 78; kleineres Stadthotel mit Restaurant.

Restaurants: Hostaria Pomponio, Vico Pomponio 3, Ruvo di Puglia, ✆ 080-82 99 70; ein besonders charakteristisches Lokal, das mittags nur auf Bestellung geöffnet hat. **Il Mulino,** Via Castel del Monte 135, Corato, ✆ 080-872 39 25; beliebtes Ausflugslokal in einer alten Mühle, 1 km südwestlich von Corato, mit einheimischer Küche, auch Meeresspezialitäten.

Fresken in der Kathedrale von Ruvo di Puglia: Maria mit Kind

Bisceglie

Nur 8 km trennen Trani von der fast gleich großen Hafenstadt mittelalterlichen Ursprungs. Bisceglie verdankt seinen Namen einer besonderen Eichenart, die *viscile* heißt. Trotz seiner rund 51 000 Einwohner konnte sich das Zentrum von Bisceglie seinen mittelalterlichen Charakter bewahren. An der **Normannenfestung** (um 1060), die nur in Resten vorhanden ist, findet ein lebhafter Gemüse- und Fischmarkt statt. Ringsum gibt es Tante-Emma-Läden und kleine Lebensmittelgeschäfte mit Käse- und Wurstspezialitäten. So wird sich mancher nicht so bald vom Markttreiben losreißen können, um den Hinweisen zur **Kathedrale San Pietro** (ab 1073, 1295 geweiht) zu folgen.

Im Barock wurde auch hier am romanischen Dom ›ganze Arbeit‹ geleistet: Kapitelle abgeschlagen, die Pfeiler stuckiert, die Triphorien der Emporen zugemauert, Vierungskuppel und Schiffsgewölbe durch eine flache Decke ersetzt. Mit *Mezzogiorno*-Geldern wurde einiges rückgängig gemacht. Es blieben die Barockaltäre und das barocke, fast schwarze Chorgestühl (in Teilen an der Südwand) sowie an der Westfassade das unförmige Fenster über den drei romanischen, reich skulptierten Portalen. Die Krypta für die Märtyrer Markus, Sergius und Pantaleo ruht auf acht zierlichen Granitsäulen mit Blatt- und Volutenkapitellen.

Recht malerisch ist der kleine natürliche Hafen, um den sich noch manche sanierungsbedürftige Häuser gruppieren und in dem ein paar Fischerboote und kleine Jachten dümpeln.

Wer sich für die Grabungsfunde der Umgebung interessiert, sollte sich das **Museo Civico Archeologico** im aufgelassenen Kloster Santa Croce, Via Frisari 5, anschauen (tgl. 9–12 Uhr, ✆ 080-395 01 11; Eintritt frei).

Unterkunft/Restaurants: *Mittelklasse:* **Salsello,** Via Siciliani 32/33, 70052 Bisceglie, ✆ 080-395 59 53, Fax 080-395 59 51; größeres Hotel mit Pool und Restaurant. *Preiswert:* **Memory,** Panoramica Paternostro 63, Bisceglie, ✆ 080-398 01 49, Fax 080-398 03 04; gutes Restaurant mit Terrassen-Service und 8 Zimmern.

Molfetta und Giovinazzo

Von Bisceglie sind es 9 km bis **Molfetta** (65 000 Ew.), das eine der größten Fischereiflotten der Adria besitzt. Das *centro storico,* das aus verwinkelten, nur vereinzelt sanierten Häusern besteht und nach Meersalz riecht, hat etwas Unwirkliches an sich. Vor dem großen, palmengeschmückten Platz schaukeln die Fischerboote am Hafen. Links davon, vom Wasser her gesehen, besitzt der **Palazzo Seminario** (18. Jh.) tiefe Balkone auf weit vor-

Alter Dom in Molfetta

kragenden Konsolen. Er beherbergt heute das Zollamt. Ihm schließt sich der frühere **Bischofspalast** an, der wiederum an den **Duomo Vecchio San Corrado** stößt.

Dieser Alte Dom (1150 bis Ende 13. Jh.) am Meer ist dem bayerischen Heiligen Konrad geweiht, der auch der Stadtpatron ist und in der Nähe von Modugno unweit Molfetta in Santa Maria della Grotta gestorben sein soll. Die Fassade der Kathedrale schaut auf den Hafen, ihre Nordflanke auf das Meer. Interessant sind die drei steinernen, unterschiedlich hohen Kuppeln über oktogonalen Tambouren, und schön die beiden fast gleichen Glockentürme, die den Chor flankieren. Der Innenraum wird nur von vier kreuzförmigen Pfeilern getragen und wirkt überraschend groß. Seine Chorapsis wird man außen vergeblich vorgewölbt suchen: Sie ist wie häufig in Apulien mit der turmflankierten geraden (Ost-)Fassade verkleidet, die man durch die Enge der Gasse kaum wahrnehmen kann.

Im Nordwesten liegt der **Molo Turistico,** im Südosten finden sich mehrere Strandbäder mit einladenden Restaurants – bei der einheimischen Bevölkerung sehr beliebt.

Nur 7 km sind es bis zur nächsten sehenswerten Hafenstadt: **Giovinazzo**. Die kleine Altstadt ist von einer Mauer aus dem 15. Jh. umgeben und ragt auf einer kleinen Landzunge ins Meer hinaus. Ihre altersgelben Steine wurden gereinigt und leuchten wieder fast weiß;

wenn die pralle Mittagssonne auf sie fällt, blenden sie das ungeschützte Auge. Giovinazzo ist eine wunderhübsche Miniaturstadt, besonders vom Südosten gesehen.

Dringt man zur **Piazza Duomo** vor, steht man vor dem romanischen, 1283 geweihten **Dom.** Die Westfassade mit ihrem relativ kleinen Portal wurde 1747 nur vorsichtig barockisiert, für Prachtentfaltung auf dieser Seite war kein Platz. Denn direkt davor erhebt sich die Westbastion der Stadt. Statt dessen wurde die Südflanke als Schauseite mit ausladender Radrosette über einem großen Biforienfenster ausgebildet. Auch dieser Chor ist, wie im Baresischen üblich (immer nach dem Vorbild der Basilika San Nicola von Bari), außen flach abgeschlossen als – sehr schöne, fensterreiche – Fassade. Von den zwei ungleichen Kathedraltürmen wurde nur der linke gegen Ende des 17. Jh. wieder aufgebaut.

Hinter der Westbastion öffnet sich der natürliche Hafen der **Baia San Giuseppe** mit einer römischen Säule und vielen Fischer- und Segelbooten. Die neuere Stadt darüber ist wie so oft neuzeitlich-gesichtslos mit einem schauderhaften *Municipio* an der **Piazza Vittorio Emanuele.** Der Platz mit Bars und Cafés, einem bronzenen Springbrunnen und einem hübschen Musik-Kiosk ist dennoch beliebter Treffpunkt der Einheimischen. Der **Arco Traiano** mit vier eingemauerten römischen Säulen markiert hier die Verbindung zwischen der Neu- und Altstadt. Spätestens jetzt begreift man, daß Giovinazzo zur Römerzeit bedeutend gewesen sein muß. Tatsächlich war es als *Juvenis Netium* bereits eine Festungsstadt, später, ab dem 5. Jh. Bischofssitz und das ganze Mittelalter hindurch wichtiges Handelszentrum. Besonders reizvoll ist heute vor allem die sehr gepflegte Altstadt mit ihren verwinkelten mittelalterlichen Gassen und ein paar schönen Renaissancegebäuden.

Ausflug nach Bitonto

In die Regionalhauptstadt Bari sind es an der Küste entlang, vorbei an Steinbrüchen und einer Werft, nur noch 18 km, doch 9 km landeinwärts sollte noch Bitonto auf dem Programm stehen. **Bitonto** (60 000 Ew.) war nicht nur ein bedeutendes peuketisches Zentrum, das im 4. Jh. v. Chr. eine Blütezeit erlebt haben muß. Als *Butuntum* war es römisches *municipium* und eine wichtige Station an der römischen *Via Traiana*. Seit Ende des 11. Jh. war die Stadt Bischofssitz. Heute ist sie eines der apulischen Zentren der Ölbaumkultur. In Bitonto, das eine angenehme Atmosphäre versprüht, sind in der Nähe der wichtigsten Sehenswürdigkeiten Tafeln aufgestellt, die anhand von Plänen des *centro storico* alles genau erklären und den Standort angeben.

Um zum Domplatz vorzudringen, muß man sich durch die mittelalterlich gewundenen, sehr engen Altstadtgassen zwängen. Man sollte deshalb den Wagen besser in der Nähe der großen **Piazza Marconi** lassen, wo die **Porta Baresana** Neu- und Altstadt verbindet.

Aus der Enge einer Gasse tritt man durch einen Torbogen auf die ausladende **Piazza Cattedrale** und schaut halb links auf die klassisch-schöne Fassade der apulisch-romanischen **Kathedrale San Valentino.** Sie wurde 1175–1200 in Nachahmung der Basilika San Nicola von Bari errichtet. Sie erhielt jedoch obendrein den schönsten, steingemeißelten Schmuck ihrer Zeit. Da sie nach der Entdeckung zweier frühchristlicher Kirchen unter dem Eingangsbereich, die nun ausgegraben werden, sicher länger geschlossen bleiben wird, sollte man sich mit dem sehenswerten Außenbau befassen.

West- und Südseite stehen frei auf der Piazza, die mit einer **Guglia dell'Immacolata** aus dem 18. Jh. geschmückt ist, einer Mariensäule der »Unbefleckten Empfängnis«. Diese beiden Seiten der Kathedrale sind als ihre Schauseiten harmonisch und vor allem auf der Südseite überreich durch Architekturelemente dekoriert: sechs tiefe Nischen mit je einem sechsteiligen Fenster darüber, die zusammen mit dem Querschiffarm eine Front bilden. Ringsum finden sich relativ flache Rundbogenfriese, die sich an der Westfassade fortsetzen. Mit drei schlichten Portalen und den Biforienfenstern am schmalen Mit-

Südfassade der Kathedrale von Bitonto

telschiff findet sie in einer fein ziselierten Rosette ihren Höhepunkt.

Auch die Nordseite ist ähnlich wie die Südseite gestaltet. Doch sie ist nicht immer zugänglich, da sie in den Komplex des **Bischofspalastes** integriert wurde. Von dort (Eingang an der Chorseite der Kathedrale) kann man auch während der Grabungsarbeiten in die Krypta hinabsteigen (nach dem Schlüssel bei der *Polizia Municipale* am Domplatz fragen). Hier befindet sich u. a. das romanische, großartig skulptierte Lesepult mit intarsierter Kassettendekoration und dem vollplastisch ausgearbeiteten Adler, der in Apulien als einzigartig gilt. Ein Werk des Magisters Nikolaus (im 18. Jh. neu zusammengesetzt), der 1229 auch die schöne Kanzel schuf und signierte.

Von Bitonto erreicht man Bari über **Modugno** (8 km östlich), eine gesichtslose Industriestadt und eine Art Vorort Baris, wo neben einer Farbrikeinfahrt (Richtung Bari links) an der S.S. 89 ein über 2 m hoher **Menhir** steht. Man kann auch direkt von Giovinazzo am Meer entlang nach Bari fahren.

Unterkunft: *Mittelklasse:* **Garden,** Via Provinciale Terlizzi, 70056 Molfetta, ✆ 080-334 17 22, Fax 080-334 92 91; Richtung Terlizzi gelegenes, ordentliches Hotel.

Bars/Restaurants: Bistrot, Via Dante 33, Molfetta, ✆ 080-397 58 12; typisches, preiswertes Restaurant mit frischen Meerespezialitäten und sehr guter Auswahl lokaler Weine, gegenüber der Altstadt. **La Tabernetta/Sala Dante,** Viale Papa Giovanni XXIII 163/E, 70032 Bitonto, ✆ 080-951 85 11; Restaurant-Pizzeria mit Terrassen-Service. **Ragno d'Oro,** Piazza Vittorio Emanuele 68, 70054 Giovinazzo, ✆ 080-394 20 60; einladende Bar am Hauptplatz.

Busse: Bitonto ist per Bus u. a. verbunden mit Giovinazzo und Molfetta, werktags mehrmals tgl., dort jeweils Bahnstation zur Fahrt nach Bari.

Bari, Stadt des hl. Nikolaus

Die Regional- und Provinzhauptstadt Bari ist mit rund 330 000 Einwohnern die bevölkerungsreichste Stadt Apuliens und nach Neapel die zweitgrößte Süditaliens. Als Industrie-, Landwirtschafts- und Universitätszentrum besitzt Bari den wichtigsten Hafen der Region. Praktisch alle großen Handelsunternehmen haben Niederlassungen in Bari – mit repräsentativen Glaspalästen vorwiegend in verkehrsgünstiger Lage am südlichen Stadtrand Richtung Autobahn. Baris Industrie baut im Prinzip auf Kleinbetriebe für Kleidung und Gartenmöbel, Spielwaren und Caravans, die Landwirtschaft auf Gärtnereien.

Zunächst mag Bari erschrecken, etwa beim Anflug auf den stadtnahen Flughafen, oder wenn man mit dem Wagen von der Autobahn und den Ausfallstraßen ins Zentrum vordringen möchte. Und doch ist

Bari eine kulturhistorisch interessante Stadt, die sich bei näherem Hinsehen sogar als Schönheit entpuppt. So darf man das historische Zentrum, aber auch den neueren Teil der Stadt aus dem 18./19. Jh. keinesfalls auslassen. Einen Stadtrundgang sollte man jedoch möglichst ohne sichtbaren Besitz (Kamera und Handtasche, s. S. 225) machen. Besondere Vorsicht ist rings um die Kathedrale und um die Kirche San Nicola geboten.

Bari gilt als eine der elegantesten und teuersten Städte Süditaliens, ihre Bewohner, sagen die Apulier, seien reich und angeberisch, ähnlich wie die Mailänder im Norden des Landes. Ein baresisches Sprichwort lautet: »Wenn Paris am Meer läge, könnte es ein Klein-Bari sein!«

Stadtgeschichte

Schon im 6. Jh. befand sich an dieser Stelle ein peuketischer Hafen mit Akropolis. Da die Stadt zur Römerzeit abseits der wichtigen Straßen lag, wurde sie von Rom gesehen im wahrsten Sinne des Wortes links liegengelassen. Im 9. Jh. Hauptstadt eines sarazenischen Emirates, ab 876 Sitz des byzantinischen Gouverneurs für Unteritalien, wird Bari ab dem 11. Jh. Pilgerzentrum des hl. Nikolaus und Erzbistum. Im 12. Jh. erhob sich Bari sogar kurzfristig zu einer selbständigen Seerepublik – eine düstere Zeit voller Aufstände, die 1156 zur Zerstörung durch Wilhelm I. führte und ab 1165 eine rege Bautätigkeit zum Wiederaufbau nach sich zog.

Die ›moderne‹ Stadterweiterung hat Bari seiner Sympathie für die Französische Revolution zu verdanken: Der französische Marschall Murat belohnte es 1808 mit der Erhebung zur Provinzhauptstadt, 1813 war Grundsteinlegung für die Neustadt. Nach der Bodenreform beginnt um 1960 der unkontrollierte Bau der Vororte, vor allem südlich der Stadt jenseits der Bahnlinie.

Besichtigung

Die Altstadt (Stadtplan s. hintere Umschlagklappe) breitet sich auf einer flachen Landzunge zwischen dem **Porto Vecchio** im Osten und dem **Gran Porto** im Westen aus. Der ursprünglich schmalere Vorsprung wurde um die breiten Straßen ringsum erweitert, die heute die einladende Meerespromenade mit ihren schönen gußeisernen Laternen bilden.

Es bietet sich an, den Stadtrundgang gleich an der **Kirche San Nicola** zu beginnen, die früher direkt am Meer stand. Die Kirche, dem hl. Nikolaus (s. S. 102 f.) geweiht, stellt die Kathedrale im Herzen der Altstadt an Bedeutung in den Schatten. Die Ähnlichkeit mit der (späteren) Kathedrale San Valentino in Bitonto ist unverkennbar, sie zeigt sich bereits am Außenbau mit den markanten Nischen der Lang-

Wie der hl. Nikolaus nach Bari kam

Der hl. Nikolaus, der Liebling aller christlichen Kinder, die am 6. Dezember darauf warten, rote Stiefel voller Süßigkeiten vor der Haustür vorzufinden, wird in Bari am 8. Mai gefeiert, dem Tag, an dem die Gebeine des Heiligen hier an Land gebracht wurden, und zwar mit einem farbenprächtigen Meeresfest: Viele Gläubige fahren mit Booten zu einer Nikolaus-Statue, am Vorabend aber zieht fast ganz Bari – und unzählige Gäste – in einer langen Prozession und einem historischem Umzug durch die Straßen und Gassen der apulischen Hauptstadt. *Mennah,* die Flüssigkeit, die aus den Gebeinen des Heiligen austritt, wird während des Festes als Wundermittel verkauft.

Genau hieß San Nicola, wie man ihn in Italien nennt, Nikolaus von Myra. Er stammte aus dem griechischen Patras, wo er zwischen 280 und 286 geboren wurde. Im kleinasiatischen Myra, heute das türkische Demre, war er Bischof und starb dort um 345/351.

Um sein Leben ranken sich viele wahre Geschichten und Legenden, die sich alle zu einem liebenswerten Gesamtbild verbinden. Denn er galt als Freund der Kinder, Patron der Gefangenen, als Schutzheiliger guter Ehen, als Bischof und Märtyrer, Nothelfer und Bekenner. Alles in allem ist er ein volkstümlicher Heiliger. Mit dem türkischen Demre teilt sich Bari bis heute den Ruhm der Nikolaus-Verehrung, wobei im früheren Myra allerdings nur noch der leere Sarkophag in der wiederhergestellten Unterkirche des Nikolaus-Gotteshauses zu sehen ist. Von der historischen Stadt Myra sind nur noch Ruinen erhalten. Bari hat seinen Ruhm als der wichtigste Pilgerort des Nikolaus-Kultes einer weniger ruhmreichen Tatsache zu verdanken, die im Mittelalter allerdings keine Ausnahme darstellte: Baresische Seeleute – manche behaupten, es seien schlichtweg Piraten gewesen – raubten im Jahre 1087 den Leichnam des Heiligen im damaligen Myra und überführten ihn in ihre Heimatstadt.

hauswände und den darüberliegenden sechsteiligen Öffnungen. Jetzt begreift man auch, warum manche Kopien dieses ›Prototyps‹ der apulischen Kathedralen keine vorspringenden Apsiden besitzen, sondern eine flache Ostfassade: Aus Platzgründen sind die halbrunden Chorabsiden hinter einem geraden Abschluß verborgen.

Begonnen wurde die Basilika 1087, als die Gebeine des hl. Nikolaus nach Bari gebracht wurden; die Einweihung fand im Jahre 1189

Historisch belegt ist, daß der junge Nikolaus um 300 Bischof von Myra im damaligen Lykien war und um 310 im Zuge der Christenverfolgung unter Galerius Valerius Maximus in Gefangenschaft geriet, wo er schwer mißhandelt wurde. 325, noch gekennzeichnet von den schweren Mißhandlungen im Kerker, trat er auf dem Konzil von Nicäa auf. Gesichert ist auch sein Todestag, der 6. Dezember, nicht jedoch das Jahr.

Die Verehrung des Heiligen begann etwa 200 Jahre nach seinem Tod in der griechischen Kirche, später auch in den slawischen Ländern, am stärksten jedoch im 8. Jh. in Rußland, dessen Patron er seitdem ist. Erst ab dem 10. Jh. scheint man ihn auch im westlichen Europa zu kennen und zu verehren, so sehr, daß sich 1087 der Raub ›lohnte‹. In Bari angekommen, das damals unter normannischer Herrschaft stand, wurde für die Reliquien des Heiligen über den Trümmern des byzantinischen Gouverneurspalastes eine der großartigsten Kirchen Apuliens gebaut, in deren Krypta San Nicola bis heute liegt und verehrt wird. Seine Herkunft erklärt, warum der Heilige vielfach von Gläubigen aus der griechisch-orthodoxen Kirche aufgesucht wird.

Regional verschieden ist die Darstellung des Heiligen. So, wie man ihn heute als Kinderfreund kennt, mit langem weißen Bart im pelzbesetzten Kapuzenmantel, hat ihn ein deutscher Maler erst vor rund 100 Jahren ›geschaffen‹: Moritz von Schwind.

statt. Das Nordportal (Porta dei Leoni) zeigt in bester Steinmetzarbeit u. a. die ritterliche Szene einer Burgbelagerung; es könnte das Werk eines Steinmetzes aus Modena sein. Typisch norditalienisch sind auch die Darstellungen der Monate über den beiden Säulen rechts und links: Schneiden der Ölbäume für den Monat März, Getreideernte für den Monat Mai (in Süditalien jeweils früher).

Erste Pflicht für Besucher wie Pilger ist der Gang in die **Krypta** mit

Die Kirche San Nicola in Bari gilt als ›Prototyp‹ der apulischen Kathedralen

dem Grab des Heiligen. Rechts steht die kurze Säule aus Myra, die der Legende nach den Gebeinen Nicolas gefolgt sein soll, nachdem sie sich dort aus der Grabeskirche gelöst hatte. Ein Säulenwald mit 28 Stützen trägt die dunkle Krypta. Ihre Kapitelle sind figural geschmückt, z. B. mit Löwen und Stieren, schnäbelnden Tauben, Pfauen, Hase und Fuchs. Links vom Grab, das durch ein Schmiedeeisengitter geschützt wird, befindet sich eine orthodoxe Kapelle mit Ikonostase, eine Verbeugung vor der orthodoxen Herkunft des Heiligen aus Myra. Auch in der Grabkapelle hängen typisch orthodoxe Lampen.

In der im Barock mit einer schönen Holzdecke verzierten **Oberkirche,** deren Kapitelle, anders als in Trani, erhalten blieben, bestechen vor allem die Kunstwerke aus dem 12. Jh. Dazu zählt im Chorraum der geradezu zierliche Thron des Bischofs Elias, der die Kirche in Auftrag gab und dessen Gebeine in einem spätrömischen Sarkophag vor der Krypta ruhen. Ein weiteres Kunstwerk von Rang ist das Altarziborium, dessen Kapitelle so plastisch ausgearbeitet sind, als würden sie sich vom Ganzen lösen wollen. Steinmetzarbeiten von höchster Fertigkeit!

Durch den **Arco di San Nicola** und teils sehr enge Gassen geht es ins Zentrum der Altstadt und über die Strada Carmine zur Kathedrale. Die Kirche des hl. Nikolaus fiel so prächtig aus, daß nicht nur fast alle

Orte der Provinz eine Kopie davon haben wollten. Auch Baris **Kathedrale San Sabino,** die zwar bereits in der ersten Hälfte des 11. Jh. entstand, wurde 1170 nach dem Muster von San Nicola erneuert: die gleichen tiefen Nischen der Langhäuser, die gleichen sechsteiligen Öffnungen darüber und innen eine ähnlich reiche Ausschmückung mit Altarziborium von 1233 (1955 aus alten Teilen neu zusammengesetzt) und Bischofsstuhl. Die seitlichen Emporen sind jedoch ›falsche Matronäen‹, also keine Emporen, sondern durchgehend nach oben offene Seitenschiffe; die Decken aller drei Schiffe enden im offenen Dachstuhl. Auch die Kanzel rechts vor dem Chorraum wurde 1955 aus alten Fragmenten (11./13. Jh.) zusammengesetzt. Mächtig steigt die Vierungskuppel (35 m) auf, deren Tambour wie eine zierliche Moschee wirkt.

Von der Kathedrale ist es nur ein Katzensprung zum **Castello Svevo** (Di–Sa 9–13 und 15.30–19, So/feiertags 9–13 Uhr), auf dessen Südostbastion man zuerst stößt. Diese mächtige Stauferburg Friedrichs II., der sie 1233–40 über den trapezförmigen normannischen Mauern von 1071 bauen ließ, wurde unter Karl V. im 16. Jh. im typischen Stil der Festungen aus der Renaissance mit abgeböschten Mauern umgestaltet, mit einem Wassergraben umgeben und weiter befestigt. Eine monumentale Freitreppe führt zu den Prunkräumen im Obergeschoß, wie man sie auch im Friedrich-Schloß von Gioia del Colle findet (s. S. 124 f.). Wie San Nicola stand auch das Kastell ursprünglich direkt am Meer. Heute ist es Sitz des Denkmalamtes und der Gipsfigurensammlung. Einige Räume dienen Wechselausstellungen.

Auf der anderen Seite der Altstadt Richtung Porto Vecchio steht an der **Piazza Mercantile** eine Besonderheit Apuliens, auf die man in der Region einige Male treffen kann: der mit Uhrtürmchen und einem dreibogigen Renaissance-Aufbau geschmückte **Sedile,** übersetzt etwa ›Sitz‹ (der Stadträte), das frühere Rathaus.

Das 18./19. Jh. hat Bari südlich der mittelalterlichen Stadt neue, in regelmäßige Rechtecke eingeteilte *quartieri* eingebracht, Murat-Viertel genannt, am besten erhalten zwischen Corso Vittorio Emanuele II, Corso Cavour und Corso Italia entlang der Bahnlinie. Hier stehen die regionalen und provinzialen Regierungspaläste sowie das Rathaus der Stadt. Auch Bummel- und Einkaufsstraßen findet man hier. Dazwischen trifft man immer wieder auf kleine Parkanlagen. In der mit schönen Laternen geschmückten Via Manzoni findet man zahlreiche Schuhgeschäfte. Als die Luxus-Einkaufsstraße von Bari gilt die **Via Sparano,** die vom nördlichen Corso Vittorio Emanuele II südwärts als Fußgängerzone auf die Piazza Umberto I zuführt. An ihrer westlichen Seite liegt das **Museo Archeologico Provinciale** (auf Anfrage geöffnet, ✆ 080-521 15 59; Eintritt frei).

Wer genauer hinschaut, wird auch einige Jugendstilfassaden entdecken, hinter denen sich alte Kaufhäuser verbergen und die traditionelle Bedeutung des Handels für Bari bezeugen. Ein Stück Kulturgeschichte schrieb am östlichen Rand des Corso Cavour das großartige, nach einem Großbrand in den 1990er Jahren wieder aufgebaute **Teatro Petruzzelli** (1898–1903) mit der markanten, blutroten Fassade, die nur am Eingang um die drei Portale den weißen Baustein zeigt.

Am Lungomare Nazario Sauro, also in südöstlicher Richtung stadtauswärts, ist im Obergeschoß des Palazzo della Provincia die **Pinacoteca Provinciale** untergebracht, die bedeutendste Sammlung apulischer Malerei (Di–Sa 9.30–13, 16–19, So 9–13 Uhr, feiertags geschl.).

Kaufhaus Mincuzzi in Bari

Im Nordwesten Baris (auf der Meerespromenade zurück Richtung Giovinazzo) dehnt sich der **Gran Porto** mit Fracht- und Jachthafen nahe der Punta San Cataldo aus. In der Nähe steht die imposante ockerfarbene **Fiera del Levante.** Diese bedeutendste Handelsmesse des Mittelmeeraumes findet Mitte September statt. Im Laufe des Jahres werden auf dem Messegelände Kunstausstellungen und andere Kulturveranstaltungen organisiert.

Die Promenadenstraße zieht sich nach Nordwesten bis **Santo Spirito,** einem kleinen sympathischen Ort mit vielen Fischerbooten und kleinen Jachten. Außer im Sommer ist das Städtchen rings um seine große Hafenbucht recht verschlafen. Die niedrigen Wohnhäuser stehen direkt an der Straße, verstreut gibt es einzelne Trattorien.

Sportfans sollten sich das **Fußballstadion San Nicola** anschauen, das für die Weltmeisterschaft 1990 gebaut wurde. Es gilt als Meisterwerk der Sportbauten und sieht wie ein gerade gelandetes Ufo aus.

Information: Piazza Aldo Moro 32 a, 70122 Bari, ✆ 080-524 22 44, Fax 080-524 23 29 (nahe Bahnhof) und Corso Vittorio Emanuele II 68, 70121 Bari, ✆ 080-523 51 86.

Unterkunft: *Gehobene Mittelklasse:* **Palace Hotel,** Via Lombardi 13, 70122 Bari, ✆ 080-521 65 51,

Fax 080-52114 99; großes luxuriöses Hotel mit Suiten und gutem Restaurant **(Murat)** nahe dem Castello. **Villa Romanazzi-Carducci,** Via Capruzzi 326, 70124 Bari, ✆ 080-542 74 00, Fax 080-556 02 97; mittleres luxuriöses Hotel mit Appartements und Park mit Pool.

Restaurants: Fast alle guten Restaurants der Stadt haben sonntags geschlossen, weil hauptsächlich Geschäftsleute zu ihren Kunden zählen. **Ai 2 Ghiottoni,** Via Putignani 11 b, ✆ 080-523 22 40; bei höheren Regionalbeamten und Geschäftsleuten beliebtes Restaurant mit Meeresspezialitäten, zentral in einer Seitenstraße des Corso Cavour. **Al Pescatore/Da Sebastiano,** Via Federico II di Svevia 6, ✆ 080-523 70 39; sehr empfehlenswerte Trattoria mit stets frischem Fisch und Meeresfrüchten, die sehr sorgfältig behandelt werden, hier kann man ruhig auch Rohes aus dem Meer probieren. **Al Sorso Preferito,** Via Vito Nicola De Niccolò 46, ✆ 080-523 57 47; beliebtes Restaurant mit lokalen Spezialitäten, nahe der südlichen Meerespromenade. **Lo Sprofondo,** Corso Vittorio Emanuele II 111, ✆ 080-521 36 97; zentral gelegenes Restaurant mit Pizzeria. **Osteria delle Travi,** Largo Chiurlia 12, ✆ 080-84 04 38; preiswerte, vielleicht die letzte echte *Osteria* der Stadt in alter Familientradition nahe dem Corso Vittorio Emanuele II, rustikal und blitzsauber.

Züge: Verbindungen mit den anderen Küstenorten an der Adria und allen Provinzhauptstädten der Region; mehrmals tgl. von/nach Foggia über die Küstenorte Barletta, Trani, Bisceglie, Molfetta, Giovinazzo; mehrere Verbindungen mit abwechselndem Halt (von Bologna kommend) zwischen Bari und Brindisi über Mola di Bari, Cozze, Polignano a Mare, Monòpoli.

Busse fahren vom Terminal im Westen zu allen Küstenorten und Provinzhauptstädten der Region; Küstenstrecke Margherita di Savoia–Barletta–Bisceglie–Molfetta–Giovinazzo–Bari werktags achtmal (ca. 2 Std. Fahrt), zwei Buslinien mit unterschiedlichen Stopps (S 751 hält überall, 750, von Cerignola kommend, nicht); Küstenorte über Polignano a Mare bis Monòpoli vom Industriegebiet am Nachmittag, zurück nach Bari zweimal sehr früh morgens und einmal mittags.

Flughafen Palese im Westen der Stadt, nur 4,5 km vom Zentrum, mit Linienflügen mehrmals tgl. zu vielen italienischen Städten, ins Ausland u. a. nach Frankfurt/M., Paris und London; im Sommer auch Charterflugverbindungen mit Deutschland.

Schiffsverbindungen: u. a. mit Ancona, Dubrovnik und Patras.

Ausflug nach Altamura, Gravina in Puglia und Matera

Über Modugno mit dem über 2 m hohen Menhir, der gerne wegen seines Aussehens als der ›Mönch‹ bezeichnet wird, ist 44 km von Bari **Altamura** in den Murge (468 m) einen Ausflug wert, den man noch um Gravina in Puglia und die Felsenstadt Matera in der Basilikata ergänzen kann. Mit über 62 000 Einwohnern eine der größeren unter Apuliens Städten, blickt Altamura auf eine recht interessante Geschichte zurück. 1230 ließ Friedrich II. sie über einer peuketischen Stadt aus dem 5. Jh. v. Chr. völlig neu errichten, von der schon lange nur noch die doppelte zyklopische Mauer erhalten war; daher der Name *Altamura,* ›hohe Mauer‹. Der Kaiser besiedelte die Gegend mit Apuliern, Griechen und Juden aus seinem Reich.

Auch die **Kathedrale dell'Assunta** wurde 1228–32 unter Friedrich II. begonnen und gilt somit als eine der vier staufischen Kirchen Apuliens. Nach einem Erdbeben (1316) mußte sie erneut aufgebaut werden. Schon am Außenbau ist ihre Baugeschichte klar abzulesen: Nach der apulisch-romanischen Bauzeit erhielt die Fassade zu ihrer noch original erhaltenen Rosette die hübsche Ausschmükkung des Löwenportals, im 16. Jh. wuchsen die beiden Glockentürme im Verbund der Hauptfassade der dreischiffigen Basilika empor, auch wenn sie gotisierende Klangöffnungen tragen. Erst im 18. und 19. Jh. kamen die barocken Formen hinzu: eine Madonnen-Nische zwischen den Türmen sowie die beiden etwas zusammengedrückten Zwiebeltürmchen. Alles sozusagen immer ein wenig hinter der jeweiligen Stilepoche herhinkend.

Wer sich für die frühe Geschichte des Gebietes interessiert, sollte sich das **Museo Civico** anschauen (Di–Sa 8.30–13 und 14.30–19.30 Uhr; So/feiertags 8.30–13 Uhr) und anschließend zu einem aufregenden Ausflug aufbrechen: zum **Pulo di Altamura,** einer der größten Dolinen Italiens, etwa 6 km nördlich von Altamura. Man fährt über die Staatsstraße Richtung Bari, folgt dann der Abzweigung nach links und fährt weiter über die Bahngleise. Ein Weg führt bis in die Doline, einer für Karstgebiete typischen Senke, mit 500 m Durchmesser und 90 m Tiefe. In den steilen Wänden befinden sich natürliche Höhlen, die in vorgeschichtlicher Zeit bewohnt waren. Durch das besondere geschützte Mikroklima der Doline gedeihen hier einige seltene Pflanzen, die sonst im Hügelland der Murge nicht vorkommen würden. Nicht erschrecken: Das laute Geschrei kommt von einer riesigen Kolonie der größten Rabenvögel, der Kolkraben.

11 km westlich von Altamura liegt **Gravina in Puglia** (41 000 Ew.) am Gravina-Sturzbach. Dieser hat sich tief in die Felsen eingegraben, die wiederum voller Grottenkirchen sind. Es ist eine einzigartige Landschaft, vielleicht sogar dramatischer als in Matera (s. S. 109 f.), das freilich über interessantere Felsenkirchen verfügt. Auch Gravina war (damals auf dem heute Botromagno genannten Hügel) während der Bronzezeit besiedelt. Zur Römerzeit lag es als *Silvium* an der *Via Appia.* Im 5. Jh. wurde der Ort jenseits der *gravina,* was übersetzt etwa ›Kluft‹ oder ›Graben‹ heißt, in 338 m Höhe neu errichtet.

Besonders schön ist der Anblick des Hügels mit den um den Dom eng zusammengerückten Häusern von der gegenüberliegenden Seite der Schlucht. Der **Duomo dell'Assunta,** ehemals San Giovanni Battista, wurde 1092 gegründet und 1420 sowie nach einem Brand (1447) 1482 schon mit frühen Renaissanceformen erneuert. Die alte Pfarrkirche der Stadt wurde ganz aus dem Tuff geschlagen: die auf Pfeilern ruhende, fünfschiffige **Kirche San Michele** mit ihren byzantinischen Fresken aus verschiedenen Epochen (wenn sie geschlossen ist, in der Umgebung nach dem Wärter fragen). Sie gilt als eine der größten Grottenkirchen Apuliens.

70022 Altamura (BA)

Unterkunft: *Gehobene Mittelklasse:* **San Nicola,** Via Luca De Samuele Cagnazzi 29, ✆ 080-310 51 99, Fax 080-314 47 52; angenehmes Hotel in einem Palast des 18. Jh. mit Nichtraucher-Zimmern und Restaurant.
Preiswert: **Svevia,** Via Matera 2 a, ✆ 080-311 17 42, Fax 080-311 26 77; familiäres Hotel mit Restaurant.

Residence Agriturismo: Madonna dell'Assunta, Via Sardegna 1, ✆ 080-994 79 22; Landgut, entstanden aus einem Kloster (17. Jh.) in der Nähe eines dichten Koniferenwaldes in 530 m Höhe (Sommerfrische!), mit 4 Ferienwohnungen für 2–6 Personen, Restaurant mit lokalen Spezialitäten; Reiten, Mountainbikes, ganzjährig geöffnet.

Restaurants: Del Corso, Corso Federico di Svevia 76, ✆ 080-84 14 53; gutes Restaurant in zentraler Lage. **Tre Archi,** Via San Michele 28–30, ✆ 080-311 55 69; preiswerte Pizzeria mit hervorragender Pizza, aber auch leckeren lokalen Gerichte, als Hauptgang vor allem Fisch mit Gemüse. **Masseria Calcara,** Contrada Ceraso, Via per Ruvo, km 6, ✆ 080-84 53 65; Restaurant auf einem Landgut in den Murge in 404 m Höhe mit lokalen Spezialitäten wie Spanferkel und Lamm; Reitmöglichkeiten, 6 Gästebetten.

Tip: Altamura ist berühmt für seine guten **Bäckereien,** die ein köstliches Brot mit krosser Rinde backen. Unter den vielen Backstuben empfehlen die Autoren der »Osterie d'Italia« die Bäckereien von **Gaetano Altamura,** Via del Carmine 22 und von **Francesco Picerno,** Corso Umberto I 15 (mit köstlichen *foccacce*) sowie die **Panetteria della Mura,** Via Vittorio Veneto 24.

70024 Gravina in Puglia (BA)

Restaurant: Madonna della Stella, Via Madonna della Stella, ✆ 080-325 63 83; an einem steilen Felsgrat des hübschen Städtchens liegt in einer Grotte das freundliche Restaurant mit Pizzeria; gute lokale Gerichte.

Felsenstadt unter UNESCO-Schutz: Matera

Man muß über die Regionalgrenze in die Basilikata fahren, um in puncto Felsenkirchen einen der Höhepunkte im Süden Italiens zu erleben: Matera über der tiefen Schlucht des Gravina-Wildbaches. Der Ort, von Altamura nur 18 km entfernt, ist von einer wahren Kornkammer umgeben. Um diese zu verwalten, wurde aus der Neustadt in 400 m Höhe eine richtige Beamtenstadt mit rund 57 000 Einwohnern – wohl geordnet und wohlha-

Höhlenwohnung in Matera

bend. Die Arbeit in der Verwaltung löste die harte Tätigkeit in den Steinbrüchen ab, die den Bewohnern jahrhundertelang – mehr schlecht als recht – ein Auskommen ermöglicht hatte. Nachzulesen in Carlo Levis verfilmtem Roman »Christus kam nur bis Eboli«, der aus politischen Gründen für zwei Jahre in die Basilikata verbannt wurde.

Bis zum Ende der 1960er Jahre galt für die gesamte Basilikata noch genau das, was der Arzt, Maler und Schriftsteller Levi 1945 beschrieben hatte: Armut, Elend und Rückständigkeit. Obwohl zumindest die rund 12 000 Familien der Felsenstadt bereits Ende der 50er Jahre zwangsweise in neue Häuser in der Neustadt umgesiedelt wurden. So wurden die beiden *sassi,* **Sasso Barisano** und **Sasso Caveoso,** mit Unterstützung der UNESCO, die Matera 1993 zum ›Kulturgut der Menschheit‹ erklärt hatte, zu einer Museumsstadt. Was übrigens nicht so bleiben soll, denn wenn das Projekt einmal fertiggestellt sein wird, sollen Restaurants, Souvenirläden, Büros, Künstlerwerkstätten und auch wieder Familien in die restaurierten Felsenhäuser einziehen. In die Sassi, dem Symbol für Armut, dürfte jedoch kaum ein Materaner einziehen wollen. Oder eines Tages vielleicht doch?

Die Häuser, die in der im Sommer unwirtlich heißen Landschaft ideale klimatische Bedingungen bieten, zählen zu den ältesten der Welt. Man fand Siedlungsspuren aus der Zeit um das 4. Jt. v. Chr. Im Laufe der Jahrhunderte hatte sich im Mittelalter eine richtige Felsenstadt entwickelt. Teils wurden die Häuser direkt aus dem Felsen geschlagen, teils erhielten sie gemauerte Vorbauten, Türen und wenige Fensteröffnungen und sind unter- und übereinander gestapelt. Man erkennt kaum, wo das eine Haus aufhört und das nächste oder übernächste beginnt. Fast romantisierend eingerichtet, werden jetzt – gegen Eintritt oder Souvenirkauf – ein paar Höhlenwohnungen dem Neugierigen gezeigt, wo früher ganze Großfamilien mitsamt den Haustieren lebten.

Als 1952 mit der Umsiedlung begonnen wurde, hat man gleich ein Architektenteam an eine wichtige, für damalige Verhältnisse erstaunlich fortschrittliche Planung gesetzt: Sie sollten die neue Stadt so planen, daß sich die Bewohner der alten Felsenstadt darin wohlfühlten. So entstanden z. B. Wohnkomplexe, die sich, ähnlich der ›Nestwärme‹ in den Sassi, einen gemeinsamen Innenhof teilen, den Platz, den die Bewohner zum täglichen Kommunizieren brauchen.

Die Sorge galt zunächst berechtigterweise den Menschen. Doch die rund 120 Felsenkirchen von Matera, teilweise noch aus dem 6. Jh., die meisten aus dem 10. und 11. Jh., waren ihrem Schicksal und dem Vandalismus überlassen. Um ihren Schutz kümmern sich nun nicht nur Italiens berühmteste Restauratoren, sondern auch und vor allem ein speziell dafür gegründeter Kulturverein, *La Scaletta*.

75100 Matera (Region Basilikata)

Restaurants: Il Terrazzino sui Sassi, Vico San Giuseppe 7, ✆ 08 35-33 25 03; Restaurant im Weinkeller/Gewölbe mit kleiner Terrasse eines Palazzo aus dem 18. Jh. mit Blick auf die Sassi und guter lokaler Küche, am Wochenende zu meiden (zuviel Betrieb!). **Trattoria Lucana,** Via Lucana 48, ✆ 08 35-33 61 17; traditionsreiche Trattoria mitten in Matera mit guter lokaler Kost.

Von Bari nach Südosten: Mola di Bari, Polignano und Monòpoli

Von Norden her kommt man Richtung Mola di Bari durch das lebhafte, fast zu einer Stadt gewachsene **Torre a Mare** (8 km von Bari) mit seinen z. T. recht hübschen Villen und Mietshäusern mit großen Terrassen, vielen Bars und Restaurants. Eine große, moderne Fischhalle und natürlich die vielen Fischrestaurants bezeugen die Bedeutung des Fischfangs. Sonst ist die Küstenzone hier nicht besonders einladend, die Schnellstraße rückt allzu nahe an sie heran.

17 km südöstlich des Zentrums von Bari (9 km von Torre a Mare) schiebt sich die Hafenstadt **Mola di Bari** (26 400 Ew.) weit ins Meer hinaus. Zunächst kommt man zur wuchtigen Festung mit ihren abgeböschten Mauern, dahinter liegt die mittelalterliche Altstadt ähnlich wie in Bari auf einer kleinen Land-

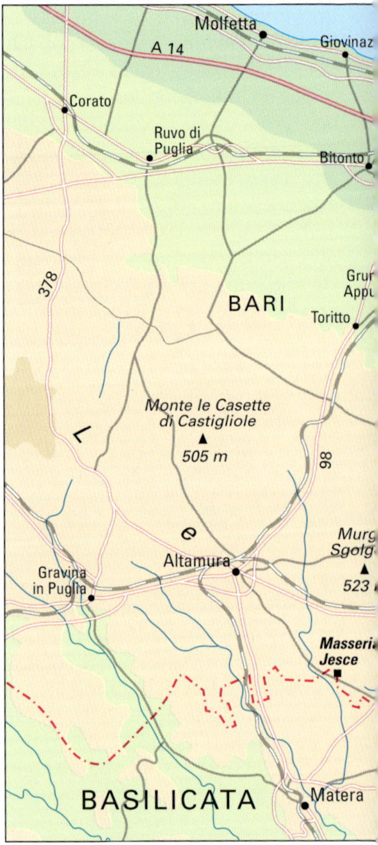

Die Provinz Bari (Bari bis Monòpoli) und das Trulli-Land

zunge. Da außer der Werft der Fischfang noch immer eine große Rolle spielt, ist die Fischhalle vor dem Fischereihafen ein allmorgendlicher Treffpunkt.

Zwischen Mola di Bari und Polignano a Mare liegen einige Feriensiedlungen: **Cozze** mit kleinen Becken, den Resten eines Steinbruchs, und einer hübschen Sandbucht und **San Giovanni** mit einer riesigen Feigenbaumplantage, Olivenhainen und Steinbrüchen.

Abstecher nach Rutigliano und Conversano

Città dell'Uva nennt sich die Stadt **Rutigliano,** 10 km landeinwärts von Mola di Bari, denn in deren Umgebung gedeiht wunderbar die große Regina-Traube. Die besonders zauberhafte und in ihrer Struktur mittelalterlich erhaltene Stadt zählt mehr als 17 000 Einwohner. Ihre kleine Pfarrkirche **Santa Maria della Colonna,** 1108 geweiht, ist eine beliebte Hochzeitskirche. Allein das gotische Portal (13./14. Jh.) mit dem schön skulptierten Architrav gilt als beeindruckendes Fotomotiv für das Hochzeitsalbum. Erst recht der im oberen Bereich barockisierte Innenraum, den ein kostbares Polyptychon von Antonio Vivarini (Ende 15. Jh.) schmückt. In der unteren Mitte der palisadenartig angeordneten Bilder sitzt eine liebliche »Madonna mit Kind«. Zur Ausstattung der Kirche gehören zudem eine byzantinische Madonna (13. Jh.) und Freskenreste aus dem 16. Jh.

Der mit Bossenquadern geschmückte **Normannenturm** aus dem 11. Jh. dürfte der älteste noch erhaltene im Baresischen sein. Er

ist Teil eines einst mächtigen Kastells und versteckt sich in einem privaten Innenhof nahe der Kirche: über die Via Sotto Castello, durch einen Bogen hindurch erreichbar.

Auch **Conversano,** die ›Kirschen-Stadt‹ 10 km parallel zur Küste an der S.S. 634, ist einen Abstecher wert. Ganz anders als in Rutigliano wurde das Städtchen (24 000 Ew.) in 219 m Höhe großzügiger angelegt. Es besitzt am Rande der Altstadt vor dem gepflegten Stadtpark ein gut erhaltenes Kastell sowie zahlreiche andere Zeugnisse seiner Vergangenheit.

Besondere Verdienste um die Stadt hat sich ein Mitbürger erworben, der sich rührend um die Erhaltung der Kunstschätze und um ihre

Erfassung bemüht: Giovanni Ramunni, sozusagen die ›Graue Eminenz‹ von Conversano. Dessen reich bebildeter Führer ist für jeden, der tiefer in die Geschichte Conversanos eindringen möchte, die beste Lektüre (in italienischer Sprache). Sie ist beim Pro Loco (s. S. 116) erhältlich, wo man auch eine kleine Stadtführung buchen kann oder in das **Kastell** eingelassen wird, das freilich noch auf eine generelle Restaurierung wartet. Bislang kann man einige bereits gesicherte Teile betreten, vor allem eine Panorama-Terrasse zum Tal, mit Blick bis zur Adriaküste. Dieses trapezförmige normannische Kastell (11. Jh.) erhielt im 14. Jh. den mächtigen Rundturm und um 1710 die Loggien im Innenhof. Leider sind die wundervoll stuckierten Prunkräume noch nicht restauriert.

Conversano

Die romanisch-apulische **Kathedrale,** die mit ihrer Nordwand an die Piazza Castello stößt, wurde nach dem Brand 1910 möglichst originalgetreu wieder aufgebaut, so, wie sie im 12. Jh. entstanden und 1358–79 in spätromanischer Formensprache verändert wurde (Fassade und Seitenportale). Eine Querstraße östlich der Kathedrale liegt das **Kloster San Benedetto,** das älteste bekannte Benediktinerkloster. Seine Äbte waren als Feudalherren von Conversano und ab 1100 direkt dem Heiligen Stuhl unterstellt.

Hier befindet sich eines der hübschesten Museen Apuliens: das **Museo Civico** (Di–Sa 9–12 und 16–19, feiertags 9–12 Uhr oder auf Anfrage). Mit der Archäologischen Sammlung des Museums besichtigt man gleichzeitig große Teile des aufgelassenen Klosters, das vom 13. Jh. bis 1809 von Äbtissinnen geleitet wurde, und die kleine Kirche mit dem wunderschönen Renaissanceportal (um 1580), das von je zwei Säulen auf Löwenbasen flankiert wird. Besonders hübsch sind der Glockenturm und die laternengeschmückte Vierungskuppel, beide in klaren Renaissanceformen und mit blauen und gelben, lasierten Ziegeln bedeckt. In ihren Grundelementen blieb die reich geschmückte Kirche von 1085 jedoch als apulischer Kup-

San Vito, ein Kind-Märtyrer

Viele europäische Kirchen besitzen Reliquien des hl. Vitus (Veit), der zu den 14 Nothelfern gehört. San Vito, seit dem Mittelalter einer der beliebtesten Heiligen der katholischen Kirche, ist Schutzheiliger zahlreicher Städte und ganz Siziliens. Die bekannteste Armreliquie von San Vito (um 300) befindet sich im eigens dafür errichteten Veitsdom in Prag. Wohl da er bereits als Siebenjähriger den Märtyrertod starb, wurde er noch mehr als andere Heilige verehrt. San Vito-Tag ist der 15. Juni, um den herum großartige Kirchenfeste begangen werden.

Vom 4. bis 6. Mai findet in Polignano a Mare alljährlich die *Fiera di San Vito* statt, am 4. Juni gibt es die *Menunne,* im Dialekt die ›kleine‹ Meeresprozession, an der Cala Paura. Dabei übergibt der Bürgermeister dem hl. Vitus traditionell den Stadtschlüssel. Am 5. Juni zieht eine lange Reiterprozession, möglichst mit weißen Pferden, durch Polignano. Die Reiter müssen Kinder und junge Männer sein, dem zarten Alter des Märtyrers entsprechend. Sie begleiten den *braccio* (Arm) mit den Reliquien des sizilianischen Kind-Märtyrers, der von der Kathedrale in Polignano in die kleine Klosterkirche San Vito gebracht wird. Am 14. Juni, am Vorabend seines größten Festes, führt eine lange Prozession die Reliquie wieder zurück nach Polignano, wo sie auf dem Altar der Chiesa Madre präsentiert wird.

Zu Ehren des hl. Vitus findet auch am Montag nach Ostern eine besondere Prozession statt, in der der *braccio* von Polignano zur Badia San Vito geführt wird – begleitet, je nach Wetter und Seelage, von Booten, Autos und Fußgängern. In der Kirche der Badia wird eine Messe gehalten, ringsum ordentlich getrunken und gegessen, vor allem ein besonderes, würziges Gebäck namens *Papriule,* dessen Form der Phantasie überlassen ist.

pelbau erhalten. Die Triforien des kleinen Kreuzganges schließlich, von dem zwei Flügel erhalten sind, zieren vollplastische figurale Kapitelle (12. Jh.), die die Herzen von Freunden romanischer Skulptur sicher höher schlagen lassen.

Der Kulturverein von Conversano hat sogar eine kleine Broschüre mit thematischen Stadtrundgängen herausgegeben. Einer so freundlichen Stadt sollte man ein wenig Zeit schenken und, wie es die Einheimischen tun, im **Caffè dell'Incontro** auf der einladenden Piazza XX Settembre vor dem Rathaus verweilen oder im Stadtpark **Villa Garibaldi** auf der Seite des Castello.

Information: Pro Loco, Piazza Castello 13, 70014 Conversano, ✆ 080-495 12 28.

Unterkunft: *Gehobene Mittelklasse:* **Grand Hotel D'Aragona,** Strada Provinciale per Cozze, Conversano, ✆ 080-495 23 44, Fax 080-495 42 65; angenehmes Hotel mit Pool und Restaurant.

Café/Restaurant: Caffè dell'Incontro, Piazza XX Settembre 2, Conversano, ✆ 080-995 10 67; *der* Treffpunkt an der Piazza vor dem Rathaus. **La Locanda,** Via Leopardi 71, 70018 Rutigliano, ✆ 080-476 11 52; gute einheimische Kost in netter Atmosphäre.

Busse: Mehrmals tgl. verkehren Busse zwischen Mola di Bari und Rutigliano; werktags mehrmals tgl. Bari–Mola di Bari–Cozze–Conversano.

Zwischen Polignano a Mare und Monòpoli

Von Conversano geht es zurück zur Küste. Kurz vor Polignano (3 km) sollte man es nicht versäumen, links zum **Kloster San Vito** abzubiegen. Und es könnte die Verführung zu einer längeren Pause sein! Wie eine uneinnehmbare Festung wirkt das an sich kleine Kloster, die Badia San Vito, die bereits 1063 als Benediktinerabtei erwähnt ist. 1266 übernahmen sie Zisterzienser aus Conversano, die die Kirche innen im gotischen Stil ausschmückten. In der Renaissance erhielt San Vito u. a. die hübsche Doppelloggia.

Im Sommer kann man sich in den früheren Mönchszellen (Privatbesitz des Marchese La Greca; Kirche zur Feiertagsmesse um 9 Uhr geöffnet) einmieten (s. S. 119) und in den beiden Bar-Restaurants an der Bucht verköstigen. Besonders angenehm sitzt man auf der Terrasse der Bar von Carieri am nördlichen Ende der Bucht. Man kann hier am späten Vormittag auf die frische *Foccaccia* aus der Backstube hinter der Bar warten. Raus damit auf die Terrasse mit Blick auf die Sandbucht, in der ein paar Fischerboote schaukeln, und rechts auf das befestigte kleine Kloster.

Polignano a Mare

Die Stadt, 14 km von Mola di Bari und nur einen Katzensprung von San Vito entfernt, ist griechischen Ursprungs, und mit Sicherheit einer der hübschesten Orte Apuliens. Polignano a Mare (16 500 Ew.) hat sich, aufregend-malerisch über der steilen, grottenreichen Karstküste gelegen, nicht sehr aus seinem mittelalterlichen Rahmen heraus entwickelt. Sogar die neue Siedlung am nördlichen Ortsrand mit ihren Mietshäusern ist architektonisch gelungen. Von einer großen, halbrunden Terrasse über dem Meer schaut man auf die Altstadt, die aus den Felsen mit ihren Grotten herauszuwachsen scheint. Fast bekommt man Angst, die durchlöcherten Felsen könnten das Gewicht nicht aushalten.

Eine große, weiß getünchte Freitreppe führt fast theatralisch von

Badia San Vito

der Terrasse zu den Felsplatten am Meer: zu den Sonnenplätzen der Einheimischen. Die kleine Bucht unterhalb der Felsnase mit der Altstadt umschließt einen Fels- und Kiesstrand. Das Meer ist so klar und einladend, daß ihm viele Jugendliche schon früh im Jahr nicht widerstehen können und sich mit einem gewagten Kopfsprung in die Fluten stürzen.

Kunstfreunde werden versuchen, die bereits 1205 geweihte Pfarrkirche, **Chiesa Madre** (meist zur Messe um 18 Uhr geöffnet), zu besichtigen. In der Kapelle befindet sich neben dem Hauptaltar eine Steinkrippe aus der Renaissance. In der Sakristei kann man die fünf Tafeln eines Polyptychons von Bartolomeo Vivarini (1472) bewundern.

Monòpoli

Auch die Altstadt von Monòpoli, nur 8 km von Polignano entfernt, und ihr Hafen können sich sehen lassen im Reigen der befestigten Ortschaften an der apulischen Adriaküste. Monòpoli ist eine große und betriebsame Stadt mit ca. 49 000 Einwohnern, die von Landwirtschaft und Fischerei, Kleinindustrie und dem Hafen leben. Geschäftig freilich ist nur das neuere Stadtgebiet. Im alten Teil der Stadt, der allmählich saniert wird, scheint die Zeit stehengeblieben zu sein. Den Namen *Monòpoli,* griechisch ›einzige Stadt‹, trägt die Altstadt mit Stolz: Alt-Monòpoli mit seinen dunklen Kirchen und den guten Fischtrattorien, in denen die an der hiesigen Küste so beliebten Muscheln und *Polpi* (Kraken) einfach, aber köstlich zubereitet werden.

Da die Stadt fast eben am Meer liegt, mußte sie – im Gegensatz zu Polignano – auch zum Wasser hin befestigt werden. Gegründet wurde sie nach der Zerstörung Egnazias, dessen vertriebene Bewohner dort siedelten, wo früher bereits eine altapulische Siedlung gestanden hatte. Monòpoli war im 11. Jh. Bischofssitz, während der Kreuzzüge bedeutender Hafen, ab 1456 venezianisch und ab 1509 spanisch. Bis Ende des 19. Jh. galt der Ort als wichtigster Umschlagplatz für Olivenöl im Königreich beider Sizilien. Inzwischen hat sich der Handel auch auf andere Häfen verteilt. Dafür entwickelte sich Monòpoli zu einem der betriebsamsten Fischereihäfen Apuliens, mit täglicher Fischversteigerung.

1552 von den Spaniern an der Stelle eines Vorgängerbaus errichtet, wurde das polygonale **Kastell** um 1600 umgebaut und seine zylindrischen Bastionen verstärkt. Während des Barock erlebte die Stadt einen enormen Aufschwung, mehrere Kirchen und Adelspaläste wurden errichtet. In dieser Zeit entstand auch der imposante **Palazzo Palmieri.** Auch die reich ausgestattete **Kathedrale** (ab 1107) fiel unter die Barockisierungswelle, d. h., sie wurde 1742–70 völlig neu aufgebaut und gilt nun als eine der bedeutendsten Barockkirchen Apuliens (was man eher in Lecce vermutet hätte). Immerhin ist der bereits vorher fertiggestellte Campanile (1688–93) ganz im Sinne des Lecceser Barocks entstanden. In der Sakristei und einem Anbau (separater Eingang) ist ein kleines, aber interessantes **Sakralmuseum** mit lokalen Kunstwerken und dem Grabmal des 1484 verstorbenen Bischofs Manfred eingerichtet.

Unweit des Hafens steht über einer alten Grottensiedlung eine schon eher als rein apulisch-romanisch zu bezeichnende Kirche, die **Basilika Santa Maria degli Amalfitani.** Sie wurde bei Restaurierungsarbeiten sehr schön in ihren ursprünglichen Zustand versetzt, vor allem der reich dekorierte Chor mit herrlichem Apsisfenster.

Unterkunft: *Luxus:* **Il Melograno,** Contrada Torricella 345, 70043

Monòpoli, ✆ 080-690 90 30, Fax 080-74 79 08; traumhaft schönes Relais & Chateaux-Hotel, 4 km südwestlich von Monòpoli auf einer befestigten *Masseria* aus dem 16./17. Jh. inmitten uralter Olivenbäume, mit hervorragendem Restaurant, Privatstrand mit Fischrestaurant an der Peschiera Borbònica (s. u.; (Hotel nur März–Anfang Nov. geöffnet).
Gehobene Mittelklasse: **Grotta Palazzese,** Via Narciso 59, 70044 Polignano a Mare, ✆ 080-424 06 77, Fax 080-424 06 76; feines, modernes Haus mit 19 Zimmern direkt über den Klippen in der Altstadt, mit Restaurant (s. u.).
Mittelklasse: **Covo dei Saraceni,** Via Conversano 1/1a, Polignano a Mare, ✆ 080-424 11 77, Fax 080-424 70 10; freundliches, 1995 komplett renoviertes, komfortables Hotel auf den nördlichen Felsen direkt über dem Meer, mit herrlichem Blick auf die Altstadt.
Preiswert: **Badia San Vito,** Polignano a Mare, ✆ 080-424 01 20, 080-561 35 77; Mönchszellen in der befestigten Abtei an der kleinen Sandbucht, 3 km nördlich von Polignano (s. S. 116f.).

Monòpoli

Restaurants: Antichi Sapori, Via Castellana 1a, Polignano a Mare, ✆ 080-694 22 33; modernes, schlichtes Bar-Restaurant mit sorgfältig zubereiteten Regionalgerichten. **Grotta Palazzese,** wunderschön in einer Grotte über der Felsnase gelegenes, feines Spezialitätenlokal des gleichnamigen Hotels (s. o.). **Grottone al Mare,** Lungomare Grottone, Polignano a Mare, ✆ 080-77 89 38; über dem Meer gelegene Trattoria mit Fischgerichten, vor allem *Polpi,* Mai–Sept. **La Peschiera,** Contrada Capitolo, Monòpoli, ✆ 080-80 10 66; feines Fischrestaurant des Hotels Il Melograno (s.o.) in einer historischen Bourbonen-Fischzucht, Juni–Sept. **Niccolò Van Westerhout,** Via De Amicis 3/5, 70042 Mola di Bari, ✆ 080-474 42 53; das beste Haus am Platze. **Osteria Perricci,** Via Orazio Comes 1, Monòpoli, ✆ 080-937 22 08; preiswerte familiäre *Osteria* in alten Gewölben inmitten der Altstadt mit guten lokalen Spezialitäten, vor allem aus dem Meer. **Bar Carieri,** San Vito 131, Polignano a Mare, ✆ 080-424 08 63; sehr freundliche, familiäre Bar mit Verkauf von Lebensmitteln und Terrasse mit Blick auf die Bucht und das Kloster San Vito; eigene Backstube, morgens gibt es frische *Foccaccia,* original mit *Mortadella* und *Provolone.* Ganzjährig und durchgehend geöffnet (Nov. zeitweise geschl.).

Zug- und Busverbindungen: s. Bari, S. 107.

APOLLO
Pasticceria

Das Trulli-Land und die Provinz Taranto

Land der Trulli im Dreieck der Provinzen Bari, Brindisi und Taranto

Martina Franca, die Stadt des zurückhaltenden Barock

Die Höhlenkirchen von Móttola und Massafra

Taranto an drei Meeren

Die Keramikwerkstätten von Grottaglie

Murge Tarantine und die Strände um Marina di Pulsano

Trulli in Alberobello

Das Trulli-Land und die Provinz Taranto

Im Dreieck der Provinzen Bari, Brindisi und Taranto erstreckt sich das ›Filetstück‹ der apulischen Murge, das ›Trulli-Land‹ mit dem fast musealen Musterstädtchen Alberobello. Schon im Tarantesischen liegt die barocke Stadt Martina Franca, zwischen Gioia del Colle und Taranto locken Móttola und Massafra. Schließlich Taranto an drei Meeren, die Stadt eines großen Goldschatzes. Grottaglie lädt mit Keramikwerkstätten ein, und mitten in den Murge Tarantine liegt Manduria.

Im Land der Trulli

Das ›Trulli-Land‹ mit den typisch apulischen Rundbauten liegt im Gebiet dreier Provinzen. Eine landschaftlich besonders schöne Route führt von Rutigliano und Conversano (Karte s. S. 112) entlang der Murge-Abhänge zur Grotte von Castellana, immer weiter hinauf zum Karnevalsort Putignano und nach Noci. Von dort lohnt ein Abstecher nach Gioia del Colle mit dem schönen Stauferkastell, bevor man auf Alberobello und Locorotondo zusteuert.

Castellana Grotte und Putignano

Das Städtchen trägt schon in seinem Namen seine größte Attraktion: **Castellana Grotte** an den Südabhängen der Murge in 290 m Höhe besitzt zwar einige sehr schöne Adelspaläste aus dem 17./18. Jh. und eine reich ausgestattete Pfarrkirche. Doch die meisten Besuche des 18 300 Einwohner zählenden Ortes gelten seinen Grotten, die sicher zu den Hauptanziehungspunkten einer Apulien-Reise gehören. Der Weg zu den Grotten nördlich des Ortes an der S.S. 377 ist ausgeschildert.

Bereits Ende des 18. Jh. wußte man von der Existenz der Grotten, doch sie wurden erst ab Januar 1938 von dem Speläologen Franco Anelli erforscht. Es handelt sich um ein ganzes Grottensystem aus unterirdischen Karsthöhlungen. Sie entstanden durch das in den Karst durch Risse eingesickerte Regenwasser, das unten ein langes, gewundenes ›Flußbett‹ mit tiefen

Aushöhlungen und langen Gängen gebildet hatte. Beim tropfenweisen Durchsickern des Wassers entstanden Stalaktiten (an der Decke hängende ›Steintropfen‹) und Stalagmiten (turmähnliche Gebilde, die vom Boden in die Höhe steigen). Wie so oft in Karstgrotten wurden märchenhafte Mondlandschaften u. a. mit natürlichen Skulpturengruppen und glitzernden Spitzen geschaffen.

Schon die Eingangshalle ist mit 60 m Höhe imposant. Die Gesamtlänge des Grottensystems beträgt 2 km. Es können jedoch höchstens 1,5 km begangen werden. Die Grotten können nur im Rahmen von Führungen besichtigt werden (Dauer ca. 2 Std.; lange Tour bis zur Grotta Bianca, der schönsten Grotte, hin und zurück 3 km; kurze Tour hin und zurück 1,75 km; tgl. 9–13 und 15.30–16.30 Uhr, Führungen in mehreren Sprachen).

Nur 5 km trennen die Grotten von der Stadt **Putignano** in 372 m Höhe, den Ort des ältesten und berühmtesten *Carnevale* Apuliens. Ähnlich wie im toscanischen Viareggio werden bei diesem Karneval gerne Politiker aufs Korn genommen. Obwohl Putignano sicher bereits in peuketischer Zeit besiedelt war, erlebte es erst im Mittelalter eine Blütezeit als Domäne der Benediktiner von Monópoli (1086–1358). Aus dieser Zeit (12. Jh.) stammt die **Pfarrkirche San Pietro,** die jedoch wie der gesamte Ort im 17. Jh. barockisiert wurde. Heute ist es ein nettes, lebhaftes Städtchen mit knapp 28 000 Einwohnern. Putignano ist bekannt für die Fabrikation von Brautkleidung.

Die für Autos gesperrte Altstadt erhebt sich aus der Mitte der sie umgebenden, eher gesichtslosen Neustadt, wo mittwochs ein großer Markt abgehalten wird, der viele Apulier aus der ländlichen Umgebung anlockt. Die hohen Altstadthäuser stehen dicht an den engen, steingepflasterten Gassen, so daß man Mühe hat, die hübschen, blumengeschmückten Balkone zu bewundern.

Wanderung: Wer es einrichten kann, sollte zwischen Putignano und Noci eine Wanderung (auf Wanderzeichen achten) zur kleinen Klosterkirche **Santa Maria di Barsento** unternehmen (auch entlang der S.P. 161 erreichbar). Das zauberhafte Kirchlein stammt teilweise noch aus dem späten 6. Jh. 591 gründete Sant'Equizio die Abtei, deren schlichte Kirche mit ihren drei winzigen Absiden und dem offenen Glockenstuhl über dem Eingang als eine der ältesten Apuliens gilt. Sie ist auch heute noch Teil eines kleinen Landgutes, in dem man den Schlüssel erhält.

Noci und Gioia del Colle

Hohe alte Nußbäume kündigen den nächsten Ort an, dessen Namen man daher schon fast erahnen könnte: **Noci** in 420 m Höhe und nur 7 km südlich von Putignano. Seine knapp 19 500 Einwohner leben nur noch selten von Walnüssen, hauptsächlich aber von der Mastzucht von Schafen und Ziegen

Locorotondo mit der Kirche San Giorgio

sowie vom Getreide- und Gemüseanbau und den Kirsch- und Mandelbaumplantagen der Umgebung.

Im gut erhaltenen historischen Kern von Noci erhebt sich die **Pfarrkirche** aus dem 14. Jh. mit ihrer Renaissance-Ausstattung. Das Zentrum ist den Fußgängern vorbehalten. Die kleine Pasticceria Raniera am Kirchplatz mit dem schönen **Renaissancepalast Cassano** (heute ein Wohn- und Bürohaus) lädt zu einer Pause ein.

In westlicher Richtung lohnt sich ein Abstecher ins 17 km entfernte **Gioia del Colle,** das sich stolz *Città del vino primitivo e della mozzarella* nennt, ›Stadt des jungen Weines und des Mozzarella-Käses‹. Das verschlafene Städtchen liegt in 358 m Höhe und zählt über 27 000 Einwohner, die überwiegend in der Landwirtschaft arbeiten.

Die größte Sehenswürdigkeit der Stadt, das **Castello Svevo,** liegt ziemlich versteckt in ihrem Zentrum, aber Durchfragen lohnt sich. 1230 ließ Friedrich II. das Schloß aus dem 12. Jh. umbauen, zur Zeit der Anjou wurde es verstärkt. Schon am Eingang des wuchtigen Baus, wo man vor der fensterlosen Mauer steht, in die ein relativ kleines Portal eingelassen ist, muß man den Kopf ordentlich nach oben recken. Noch mehr in der engen Gasse rechts davon, wo die beiden Türme mit ihren Bossenquadern steil nach oben ragen. Im Innenhof mit den hübschen gotischen Biforien fühlt man sich ins Mittelalter versetzt, auch wenn die dekorative Freitreppe aus der Neuzeit stammt, ebenso wie der sogenannte Thron Friedrichs II. im Thronsaal mit seinem eindrucksvollen Kamin.

Der Kaiser machte hier mehrmals Station auf seinen Reisen zwischen Sizilien und Apulien. Nach seinem Tod im Dezember 1250 wurde sein Leichnam hierher gebracht, bevor er von Taranto aus nach Palermo eingeschifft wurde. In der sogenannten Torre de'Rossi sollte man sich das Deckengewölbe genauer anschauen. Es wirkt durch die tief heruntergezogenen Konsolen wie ein steinerner Baldachin mit Spitzenwerk.

Das Castello Svevo zählt zu den besterhaltenen Friedrich-Kastellen Apuliens. In den restaurierten Räumen im Erdgeschoß wurde ein kleines **Archäologisches Museum** eingerichtet (tgl. 9–13 und 16–19 Uhr). Es birgt die meisten Funde aus Monte Sannace (5 km nordöstlich), der größten bislang ausgegrabenen peuketischen Stadt, die seit dem Neolithikum bewohnt und von einer 8300 m langen Mauer umgeben war. Ausgestellt sind vor allem Keramik, und Teile eines Bronzehelmes sowie andere Bronzegegenstände. Besonders hübsch sind kleine Keramik-Schweinchen, vermutlich Spielzeug.

Alberobello und Locorotondo

Alle ausgeschilderten Wege führen in **Alberobello** (403 m Höhe) zur *Zona Monumentale,* zur Trulli-Altstadt (s. S. 126 ff.) der 10 850 Einwohner zählenden Gemeinde. Damit rief sie die Touristen – und nun muß sie mit dem selbst verursachten Rummel auskommen. Aber trotz aller Unkenrufe ist ein Bummel durch den Stadtteil voller Rundbauten und schönen, steingepflasterten Gassen sehr reizvoll.

Der **Trullo Sovrano** abseits der *Zona Monumentale* im neueren Teil von Alberobello ist zweistöckig (*sovrano* = ›erhöht‹) und als Museum eingerichtet. Darin wird die Geschichte und der Aufbau der Trulli anschaulich erklärt (unregelmäßig geöffnet, im Ort nachfragen).

Locorotondo heißt übersetzt ›runder Ort‹ und ist in der Tat rund angelegt. Der Ort (14 000 Ew.) liegt in 410 m Höhe über dem anmutigen, trulli-reichen Itria-Tal im Dreieck der Provinzen Bari–Brindisi–Taranto. Das Zentrum auf der kleinen Hügelkuppe prägen weiß getünchte Häuser, aus denen nur die sandfarbene neoklassizistische **Pfarrkirche San Giorgio** mit hoher Kuppel und Glockenturm herausragt.

Locorotondo, das sich *Città del vino bianco* nennt, bildet zusammen mit Cisternino und Martina Franca das Zentrum des Weißweingebietes. Den trockenen, süffigen Weißwein produzieren alle gemeinsam in der »Cantina del Locorotondo«. So sind die Bewohner der drei Städtchen recht wohlhabend geworden, denn der Name des Weines bürgt für Qualität. Die *cantina* wurde übrigens bereits 1929 als erste Kooperative Apuliens von einer kleinen Gruppe Bauern gegründet.

Die charaktervollen Rundbauten Apuliens: Trulli

Rund 1000 Trulli stehen im historischen Zentrum von Alberobello, weitere 400 in den Vororten. Im gesamten Itria-Tal (Valle d'Itria) sind es zwischen 4000 und 5000, in ganz Apulien – mehrere Trulli in kleinen Gruppen zusammen als jeweils ein Haus gezählt – gibt es sicherlich 10 000–11 000 Trulli. Ihre Nebenräume sind teilweise nur als Nischen ausgebaut, darunter finden sich häufig eine *cantina* und die Zisterne, die auch daneben stehen kann und das auf den Dächern gesammelte Regenwasser aufnimmt.

Der Ursprung der Trulli ist noch immer nicht zweifelsfrei erwiesen. Man kann jedoch davon ausgehen, daß diese auffällige Bauweise ursprünglich aus dem Orient, aus Syrien, kommt. In Apulien dienten die Rundbauten zunächst der Unterbringung des Viehs und des bäuerlichen Werkzeuges, erst später wurden sie bewohnt.

Mehrere Trulli (ob im unteren Bereich quadratisch oder mit rundem Grundriß) mit kegelförmigem Dach ergeben ein Wohnhaus, das mit dem Wachsen der Familie nach Bedarf vergrößert werden konnte. Ein *Trullo* (Singular) diente jedenfalls als Feuerstelle und hatte Ausbuch-

tungen für die Schlafplätze. Weil die Trulli durch das Fehlen von Mörtel recht reparaturanfällig waren (und sind), baute man von Anfang an Stufen zu den Dächern und zwischen ihnen schmale Kanäle, an denen Regenwasser abfließen bzw. zusammengeführt und in Zisternen gesammelt werden konnte. Fenster wurden erst Ende des 19. Jh. aus den bis zu 2 m dicken Mauern ausgespart. Das war gar nicht so einfach, denn ein *Trullo* wird in zwei voneinander unabhängigen Schichten aufgebaut, deren Zwischenraum zur Isolierung mit Erde oder Stroh gefüllt wird, ganz ohne Mörtel. Unten wird mit den größten, oben mit leichteren, flacheren Steinen, den *chiancarelle,* gebaut, die man zu einer Art Scheinkuppel zusammensetzt, also nach innen immer weiter vorkragend, bis sie sich treffen. Je kleiner die Öffnungen, desto gleichmäßiger ist das Raumklima innerhalb des *Trullo* – im Sommer kühl und im Winter warm. In der Geschichte des Bauens darf man die Trulli als die komfortableren der primitiven Behausungen bezeichnen.

Trullari oder *caseddari* hießen die geschickten Handwerker, die mit ihrem Werkzeug herumreisten und den Bauern beim Aufbau ihrer runden Häuser halfen. Der Bau folgte an sich einem feststehenden System (s. o.). Die Kunstfertigkeit und vor allem die Individualität der Handwerker zeigte sich aber im Schlußstein. An den Schlußsteinen (ähnlich den ›Feierabendziegeln‹ in Deutschland) könnte man noch heute erkennen, welcher Meister am Werk war.

Niemand kennt bis heute die Bedeutung der meisten weißen Zeichen auf den dunklen runden Steindächern der Trulli. Doch jeder Nachkomme malt sie von Generation zu Generation so nach, wie er sie vorgefunden hat – seien es die sogenannten primitiven, die christlichen oder die magischen Symbole, wie die noch geheimnisvolleren unter ihnen bezeichnet werden. Auch der Sinn der verschiedenen Formen der Dachspitzen, *pinnacoli,* ist ungewiß. Dennoch werden einige Deutungen verbreitet, vor allem in Alberobello, wo die Geschäftsleute am stärksten vom Tourismus leben und ihre neugierigen Besucher mit teils waghalsigen ›Übersetzungen‹ zufriedenstellen möchten.

Die dichteste außerstädtische Ansammlung von Trulli findet man in der Provinz Bari zwischen Conversano und Gioia del Colle, im Westen bis Castellana Grotte, Putignano und Noci sowie natürlich zwischen Alberobello und Locorotondo im Osten, in der Provinz Brindisi weiter östlich zwischen Fasano und Martina Franca sowie Cisternino, Ostuni und Ceglie Messapica.

Im Süden der Altstadt befindet sich ein kleiner Park, der zu recht **Belvedere** genannt wird: Einen herrlicheren Blick auf das Itria-Tal und das weiße Städtchen Martina Franca kann man sich nicht vorstellen!

Provinz Bari (BA)

Information: Pro Loco, Piazza Vittorio Emanuele 27, 70010 Locorotondo, ✆ 080-431 58 53. Pro Loco, Via Siciliani 23, 70015 Noci, ✆ 080-497 88 89.

Unterkunft: *Gehobene Mittelklasse:* **Svevo,** Via per Santeramo 319, 70023 Gioia del Colle, ✆ 080-348 27 39, Fax 080-348 27 97; modernes Hotel am Stadtrand, mit Restaurant und Parkplatz. *Mittelklasse:* **Cavaliere,** Via Siciliani 47, 70015 Noci, ✆ 080-497 75 89, Fax 080-497 80 07; kleines Hotel mit bescheidenem Restaurant. **Dei Trulli,** Via Cadore 32, 70011 Alberobello, ✆ 080-432 35 55, Fax 080-432 35 60; nettes Hotel mit 19 App. in charakteristischem Ambiente, mit Pool und Restaurant. **Plaza,** Via Roma, 70017 Putignano, ✆ 080-491 12 66, Fax 080-524 21 09; kleineres Hotel ohne Restaurant.

Agriturismo: Angiulli Nuova, Via Margherita di Savoia 5, Frazione Conforti, Putignano, ✆ 080-405 78 98; Landgut in hügeliger Landschaft zwischen Mandel- und Kirschbäumen und Trulli-Gruppen, mit 6 Zimmern und 3 Appartements für 3–4 Personen, mit Restaurant und Pool; Reiten, Tennis.

Restaurants: Centro Storico, Via Eroi di Dogali 6, Locorotondo, ✆ 080-431 54 73; winzige Trattoria mit Gewölbedecken und weiß getünchten Wänden in der Altstadt, lokale Spezialitäten und ordentliche Weine. **Il Poeta Contadino,** Via Indipendenza 21, Alberobello, ✆ 080-432 19 17; feines Spezialitätenlokal, mit einem Michelin-Stern. **La Cucina dei Trulli,** Piazza Ferdinando IV 31, Alberobello, ✆ 080-432 15 11; preiswerte Trattoria (mit Fremdenzimmern), eine der traditionsreichsten der Provinz Bari, mit täglich wechselnder lokaler Küche. **L'Antica Locanda,** Via Spirito Santo 49, Noci, ✆ 080-897 24 60; typische *Osteria* mit guten Fleischgerichten. **L'Olmo Bello,** Via Indipendenza 33, Alberobello, ✆ 080-432 36 07; typisches Restaurant mit mehreren Räumen und schöner Veranda in einem umgebauten Bauernhaus unweit der Altstadt, mit echten apulischen Spezialitäten der Saison. **Trullo d'Oro,** Via Felice Cavallotti 27, Alberobello, ✆ 080-432 39 09; das sicher bekannteste Restaurant des Trulli-Dorfes, das dennoch eine erstaunliche Qualität bewahrt hat und vor allem wegen seiner großen Vielfalt an typisch apulischen Vorspeisen aufgesucht wird. Unbedingt rechtzeitig reservieren!

Einkaufen in Alberobello: Il Dipinto, Via Coreggia, Zona B, ✆ 080-432 31 50; in ihrem kleinen Atelier malt und verkauft Paola Convertino zauberhafte Aquarelle mit Trulli-Motiven. **Il Golosone,** Via Monte San Gabriele 59, ✆ 080-432 24 43; in seinem Laden im oberen Teil des Städtchens verkauft Giovanni Mascialino selbst hergestellte Glaswaren und andere typische dekorative Objekte, darunter Stein-Trulli. **Vorsicht beim Souvenirkauf:** Man sollte beim Kauf von Miniatur-Trulli darauf achten, daß sie nicht aus Pappmaché geformt oder aus Gips gepreßt, sondern möglichst aus Stein zusammengesetzt sind. Auch diese Trulli werden nicht hier, sondern in Fabriken der Umgebung produziert. Sie sind immerhin fast originalgetreue Nachbildungen aus dem Originalstein der Gegend. Angeboten werden jedoch auch zu Stein gepreßte Pulversteine ...

Busse verkehren mehrmals am Tag auf der Strecke Putignano–Noci–Alberobello–Locorotondo–Martina Franca; Strecke Putignano–Castellana Grotte–Selva di Fasano–Fasano in jeder Richtung viermal tgl.

Die Provinz Taranto

Martina Franca

Seinen Ursprung hat Martina Franca Flüchtlingen aus Taranto zu verdanken. Vor den Sarazenen waren sie im 10. Jh. ins Landesinnere geflüchtet, um auf dem Monte San Martino zu siedeln. Als um 1300 das Dorf durch Philipp I. von Anjou erweitert wurde, versprach er allen Neusiedlern besondere Rechte und Freiheiten, so kam der neue Ort zu seinem Namen (*franca* = frei). Dennoch machten sich immer wieder Feudalherren in der Stadt breit. 1646 versuchten sich die Martinesi von der Familienherrschaft der Caracciolo zu befreien, sie waren jedoch bis zum Aussterben der Linie im Jahre 1827 den Repressalien dieser Feudalherren ausgesetzt.

Martina Franca in 431 m Höhe ist mit etwa 46 700 Einwohnern zwar eine der größeren Städte Apuliens, aber es hat nichts von seiner menschengerechten, geradezu gemütlichen Atmosphäre eingebüßt. Die Stadt ist fast rein barock. Es gibt nicht nur Prachtbauten wie den großartigen Palazzo Ducale zu bewundern, sondern meist kleinere Wohnhäuser, deren Portale und Balkone dennoch etwas Aristokratisches haben.

Man betritt Martina Franca an der langgestreckten, von Bars umgebenen **Piazza XX Settembre**, von den Einheimischen *stradone* genannt. Am Ende des Platzes tritt man durch das hohe Stadttor von 1764, den **Arco di Santo Stefano,** auf die – typisch apulisch – dreieckige **Piazza Roma**. Zur Rechten sieht man die imposante Schauseite des **Palazzo Ducale,** den sich die Caracciolo 1668 bis 1742 über dem Orsini-Palast von 1338 bauen ließen. Er imponiert mit seinem langen, mit schlichter Schmiedeeisenarbeit geschmückten Balkon an der Schauseite mit der betonten Lise-

Provinz Taranto

nengliederung. In einem Teil der 380 Räume, darunter der prunkvollen Arcadia-Saal, sind u. a. Rathaus, Touristenamt und die Städtische Bibliothek untergebracht. Vor dem Palast ziert der sehr schöne Delphinen-Brunnen den Platz.

Hier beginnt bereits die angenehme Fußgängerzone mit dem Corso Vittorio Emanuele zwischen einigen schönen Barockhäusern. Der Corso zieht sich an der Langseite der **Kollegiatskirche San Martino** (1747–75) bis zur **Piazza Plebiscito** hin, auf die ihre hohe, reich verzierte Barockfassade schaut. Vom Platz geht auf der anderen Seite die schmale Via Cirillo ab, an der mehrere barocke Wohnpaläste mit schönen Fassaden stehen. Die Piazza Plebiscito wölbt sich nach der Kirche auf der linken Seite zur Piazza Maria Immacolata mit ihren Barock-Portici weit in die Häuserzeilen hinein und bildet den Auftakt zur schönsten Barockstraße der Altstadt: der **Via Cavour.** Gleich an ihrer Ecke erhebt sich der **Palazzo Fanelli** (1748) mit seinen schönen Fenstern, weiter hinten stehen sich zwei weitere barocke Paläste fast gegenüber: der **Palazzo Magli** mit seinem Doppelportal (1748), u. a. mit Satyr-Kapitellen, und der **Palazzo Casavola** von 1778.

Der Barock in Martina Franca weist eher klare Formen auf, mit kleinen oder größeren Ausnahmen, wie z. B. der verspielten Fassade der **Kirche San Domenico.** Sie befindet sich hinter den beiden **Palazzi Motolese** (1775), die sich an der Via Arco schräg gegenüber stehen.

In der Umgebung werden Rassepferde und Esel gezüchtet, die sogar so etwas wie eine Prädikatsbezeichnung tragen: die *cavalli delle Murge* und die *asini di Martina Franca.* Im Sommer ist Martina Franca Mittelpunkt der Opernfestspiele der Valle d'Itria.

74015 Martina Franca (TA)

Information: Consorzio Operatori Turistici della Valle dei Trulli bei der AAT Martina Franca, Piazza Roma 37, ✆/Fax 080-48 05 72.

Unterkunft: *Gehobene Mittelklasse:* **Park Hotel San Michele,** Via Carella 9, ✆ 080-480 70 53, Fax 080-480 88 95; das etwas nostalgische Paradehaus im neueren Stadtteil inmitten eines Parks mit Pool.

Agriturismo: Il Vignaletto, Via Vittorio Emanuele 69, ✆ 080-70 03 54; im Trulli-Tal gelegenes Landgut, umgeben von 100 ha Olivenhain und Wald in 500 m Höhe; mit Reitstall, Pool und kleinem Restaurant mit lokaler Kost (Verkauf von Obst, Gemüse und hausgemachten *Orecchiette*).

Bar/Restaurant: Bar Tripoli, Piazza Vittorio Veneto 17, ✆ 080-70 52 60; historische Bar (seit 1911, seit 1943 im selben Familienbesitz) mit Kleinigkeiten zu essen in der Fußgängerzone von Martina Franca. **Trattoria delle Ruote,** Via Ceglie, 4,5 km östlich von Martina Franca Richtung Ceglie Messapico, ✆ 080-483 74 73; kleines Lokal auf dem Land, im Sommer besonders hübsch mit Tischen im Garten.

Wandern mit ökologischer Führung: ›Il Fragno‹ nennt sich eine Gruppe interessierter Bewohner des Itria-Tales, die neugierigen Gästen ihre Kultur, Tradition und ihre ökologischen Probleme näherbringen wollen. *Fragno* bezeichnet übrigens eine Eichenart, die es nur in Apulien und in Kleinasien gibt (Trajanische Eiche). Es werden Wandertouren und Ausflüge angeboten, u. a. botanische Wanderungen, die vor allem im Frühjahr zu einem wahren Erlebnis und Farbenrausch werden können. Auskunft und Buchung (Italienisch ist – noch – Voraussetzung): **Il Fragno di Puglia,** Corso Messapia 60, ✆ 03 47-231 06 98 (Handy).

Zu den Grottenkirchen von Móttola und Massafra

Auf dem Weg zu den Grottenkirchen von Móttola und Massafra fährt man durch eine Landschaft mit einigen *Masserie,* vielfach mit Getreidefeldern zu Füßen der südlichen Abhänge der Murge. Ab und zu erheben sich ein paar Hügel, die aber eine Höhe von 500 m nicht erreichen. 30 km südwestlich von Martina Franca steigt aus dem flachen Agrarland auf einem 382 m hohen Hügel **Móttola** (16 000 Ew.) auf. Die altpeukische Stadt erlitt mehrere Zerstörungen und ›Wiedergeburten‹. Ein Teil ihrer griechischen Mauer wurde 1994 wiederentdeckt. In der Umgebung der einstigen Bischofsstadt (1023–1818) finden sich zahlreiche Grottenkirchen. Um **San Nicola,** eine ihrer wichtigsten – wenn auch ihrer Fresken beraubten – Grottenkirche zu besichtigen, wende man sich am besten an die *Vigili Urbani,* die städtische Polizei.

Einfacher ist der Zugang zur kleinen Kapelle **Madonna delle Sette Lampade** (›der sieben Leuchter‹) direkt unterhalb der Stadt. Dem Hinweis folgend, kommt man über eine kurze Straße zum kleinen, zweischiffigen Kirchlein auf zwei Pfeilern. Ganz in der Nähe befindet sich die **Cripta degli Angeli** (›Krypta der Engel‹), eine einfache Grotte. Man kann auch gleich zur **Kathedrale** aus dem 12. Jh. hinauffahren. Zu Beginn des 16. Jh. bekam sie eine wunderhübsche Fassade, die einen in Gedanken nach Oberitalien versetzen mag, wo man ähnliche Fassaden, dann aber aus der Spätgotik, kennt. Rechts und links des schlichten Mittelrisalits mit dem hübschen Portal wölbt sich als Abschluß der Seitenschiffe jeweils eine weite, fast ein Viertel eines Kreises füllende Fläche (ähnlich wie an der Kathedrale in Ostuni, s. S. 206), darin ein schlichtes Biforienfenster.

Oder man beschließt von vornherein, die Zeit im nur 6 km entfernten **Massafra** zu verbringen. Dem hübschen Städtchen könnte ein wenig Pflege und eine Restaurierung seiner Häuser und Kirchen nicht schaden. Erste Anfänge sind mit der Promenade im neueren Teil entlang der Schlucht gemacht, die ihn von der kleinen Altstadt trennt.

Massafra an der San Marco-Schlucht

Trotz ihrer geringen Höhe ist die Stadt schon von weitem zu sehen, erhebt sie sich doch fast aufregend über den steilen Abhängen der San Marco-Schlucht. Matera nicht unähnlich, nur kompakter.

Wie in Matera waren es Basilianer, die im 9./10. Jh. in den Schluchten von Massafra Zuflucht vor dem Bildersturm in ihrer Heimat Kapadokien suchten und hier in den teils natürlichen, teils von ihnen ausgehöhlten Grotten ihre Kirchen bauten und mit Fresken schmückten. Bereits unterhalb der Brücke, die Alt- und Neustadt über die Schlucht hinweg verbindet, befinden sich in zentraler Lage die drei Höhlenkirchen **San Marco, San Leonardo** und **Santa Marina.** Darüber wacht das **Kastell,** das im 14. Jh. auf den Grundmauern einer normannischen Festung entstanden sein soll. Mit seinen steilen, abgeböschten Bastionen, die aus dem Felsen zu wachsen scheinen, beschützte es den ältesten Ortskern mit seinen engen Gassen.

Übrigens werden in Massafra, das für seine frühen Zitronen berühmt war (sie reifen zwei Wochen vor den sizilianischen Zitronen!) und heute für seine guten Mechaniker bekannt ist, auch zwei Markenbiere in Lizenz hergestellt: »Heineken« und »Dreher«. Die beiden Brauereien bieten der Provinzstadt mit ihren etwa 31 000 Einwohnern wichtige Arbeitsplätze. Massafra ist keinesfalls eine Touristenstadt, da sie und ihre Sehenswürdigkeiten recht ›unbequem‹ zu erreichen sind. Um ihre wichtigsten Grottenkirchen zu besichtigen, wendet man sich am besten an das kleine Informationsbüro im Rathaus (s. S. 134). Wenn niemand da ist, findet gerade eine Führung statt. Man sollte bedenken, daß hier mittags ab 12 Uhr alle Kirchen, Geschäfte und auch die meisten Bars schließen.

Dies gilt ebenfalls für die weiße Kirche des **Santuario Madonna della Scala** (tgl. 8.30–12, 14–18/19 Uhr) nördlich der Stadt in einer anderen *Gravina* (Schlucht) Richtung Martina Franca. Diese *Gravina* trägt den Namen der Wallfahrtskirche, einer beliebten Hochzeitskirche. Welch ein Motiv, wenn die Braut auf den steilen Treppen zur Kirche für das Hochzeitsfoto posiert! 1728–38 wurde diese Wallfahrtskirche errichtet, die lange Zeit nur über die 4 km lange *Gravina* von der *Via Appia* her erreichbar war. Im 19. Jh. wurde die aufwendige Treppe mit 125 Stufen gebaut, die von der Straße zur Kirche hinabführt, in den 1960er Jahren wurde ein Aufzug installiert. Doch zu Ostern benutzt die Bevölkerung von Massafra den langen Weg durch die *Gravina* als *Via Crucis.*

Viele Legenden ranken sich um die *Gravina.* So wird erzählt, daß wegen der vielen Kräuter hinter der Kirche die kleine Apotheke in den Felsen geschlagen worden sei. Sie habe dem Zauberer (Mago Greguro) und seiner schönen Tochter gehört, die von den Bewohnern des Ortes als Hexe bezeichnet wurde. Hingegen ist es keine Legende, daß es in der Schlucht 264 Wild- und Heilkräuter gibt, die von den Mönchen sicher zu Heilzwecken gesammelt und verarbeitet und dann wohl in den aus dem Felsen gehauenen Nischen der ›Apotheke des Greguro‹ aufbewahrt wurden.

Die Küsterfamilie Marra zeigt (Trinkgeld oder der Kauf von Postkarten werden gerne gesehen und dringend benötigt) die reich freskierte **Grottenkirche Madonna della Buona Nova** (11./12. Jh.) gegenüber der Kirche, für deren Bau der größte Teil des Grottenheiligtums geopfert wurde. *Buona Nova* bezieht sich auf ein wundertätiges Fresko der Madonna im rechten verbliebenen Seitenschiff der früher dreischiffigen Grottenkirche. Das Gesicht der Madonna, erzählt Signora Marra, verändere sich völlig, wenn der Tuff durch die Feuchtigkeit Wasser schwitzt, was vor allem im Winter häufig vorkäme.

Auch Massafra rühmt sich wegen der aufwendigen Masken und Wagen eines zumindest in Apulien berühmten Karnevals. Gleich am südlichen Ausgang der Stadt beginnt schon das Industriegebiet von Taranto. Nach rund 20 km entlang der schnurgeraden S.S. 7, der römischen *Via Appia* folgend, erreicht man das Zentrum Tarantos.

74016 Massafra (TA)

Information: Pro Loco im Rathaus, Via Vittorio Veneto, ✆ 099-880 46 95, Mo–Fr 9–12, 16–19.30 Uhr.

Unterkunft: *Mittelklasse:* **Appia Palace Hotel,** S.S. 7, km 633, ✆ 099-885 15 01, Fax 099-885 15 06; komfortables Hotel 2 km nordwestlich von Massafra an der *Via Appia,* mit Restaurant. **Il Bizantino,** S.S. 7, km 634, ✆ 099-880 45 75, Fax 099-880 11 82; kleines komfortables Hotel direkt an der *Via Appia.*

Taranto und der römische Goldschatz

Die Einfahrt in die Stadt ist nicht gerade animierend: Schon am Stadtrand weisen für Fremde unüberschaubare Straßenführungen zu allen möglichen Industrieansiedlungen. Wer nicht aufpaßt, kommt am östlichen Stadtrand heraus, statt Taranto (Tarent) von seiner Schokoladenseite her zu erreichen, vom Westen. Auch wer richtig ankommt, die Brücke zur Insel mit der Altstadt findet, wird zunächst schockiert sein angesichts der hohen, fast schwarzen und zum größten Teil verlassenen Häuser. Danach führt eine Drehbrücke zur neueren Stadt mit ihren rechtwinklig zueinander angeordneten Straßenzügen.

Alt- und Neustadt liegen mit ihren Südflanken am Mar Grande, das durch vorgelagerte Inseln vom Golfo di Taranto am Ionischen Meer abgetrennt ist. Ihre Nordflanken aber schauen auf das Mar Piccolo, das in seinem Norden eine sich so weit in den Süden schiebende Landzunge besitzt, daß es nochmals aus zwei Teilen zu bestehen scheint.

Museo Nazionale und der Goldschatz von Tarent

In bezug auf die *Magna Graecia* ist das Museo Nazionale nach dem Nationalmuseum von Neapel Italiens zweitwichtigstes Archäologisches Museum. Tarantos größte Sehenswürdigkeit ist in den früheren Räumen eines Alcantarini-Klosters von 1748 untergebracht. Besucher können allerdings Pech haben, wenn große Teile des Goldschatzes wieder auf Reisen sind, um auf Ausstellungen Geld für die Erhaltung der Kunstschätze der Region zu sammeln. Viele der goldenen Grabbeigaben wurden erst in neuerer Zeit bei Aushubarbeiten zu Neubauten in der Umgebung des Zentrums entdeckt. Welch ein Glück, daß die Tarentiner ihre Toten am Haus zu bestatten pflegten, sonst wären die zauberhaft gearbeiteten Ohrringe, Diademe und Funeralkronen, Ringe und Haarreifen in feinster Ziselierarbeit mit Edelsteinen wohl nicht bis in unsere Zeit gerettet worden!

Die Raumaufteilung kann sich ändern, zur Zeit der Recherche galt folgende Ordnung: Im ersten Obergeschoß befindet sich die sogenannte Taranto-Abteilung, in den Sälen I–III sind Skulpturen aus Marmor und lokalen Steinen sowie Mosaiken ausgestellt, in Raum IV Steinreliefs und Terrakotta-Ornamente, in den Sälen V–VIII Funde aus den Nekropolen von Taranto (korinthische, lakonische und attische Keramik), Saal XI beherbergt den Goldschatz von Tarent, die Korridore XII–XV Terrakotta-Figuren aus Taranto, kleine Aphroditen und Eros. Zu den Prunkstücken des in italienischer Sprache sehr genau beschrifteten Museums zählt außer dem Goldschatz der Poseidon von Ugento. Die 75 cm hohe, archaisch lächelnde Bronzefigur wurde erst 1961 in Ugento, dem antiken *Uxentum,* entdeckt. Man nahm an, daß es sich um den Meeresgott Poseidon handele, der ursprünglich einen Dreizack und einen Fisch in der Hand hielt. Nach neuesten Erkenntnissen stellt die Skulptur eher einen jagenden Zeus dar, in dessen linker Hand man noch die Füße des gefangenen Vogels sehen kann.

Die prähistorische Abteilung *(Culture Paleolitiche)* im zweiten Obergeschoß wurde neu eingeteilt. Die Fundstücke stammen aus der Zeit vor 1 Mio. Jahren bis 8000 v. Chr. Saal III zeigt etwa die in der Grotta delle Veneri bei Lecce gefundenen, kleinen weiblichen Statuetten aus Knochen. Die unter dem dicken Bauch gekreuzten Hände weisen auf Fruchtbarkeitssymbole hin. Die großen Fußbodenmosaiken von Taranto befinden sich als Leihgabe im Museum von Egnazia (s. S. 214 f.).

Taranto liegt also an drei Meeren: Mar Piccolo, Mar Grande und Golfo di Taranto. Kein Wunder, daß Taranto bis zum Bau der Großindustrieanlagen von »Italsider« vom Fischfang lebte. Heute ist vor allem die Muschelzucht wichtig.

Stadtgeschichte

706 v. Chr. gilt als das Gründungsjahr von Taranto, die einzige Tochtersiedlung Spartas auf dem italienischen Festland. Zahlreiche Funde mykenischer Art beweisen allerdings, daß es hier und an der Küste weiter südlich schon seit der mittleren Bronzezeit griechische Siedlungen gegeben hatte. Ob es echte Dorer bzw. Mykener waren, die *Taras* gründeten, ist nicht so sicher. Es wird vermutet, daß die Neusiedler uneheliche Kinder der spartanischen Frauen und von Männern einer anderen, bäuerlichen Bevölkerung des Peloponnes, also Arkader waren. Sie wurden gezeugt, während sich die spartanischen Ehemänner auf Kriegszügen befanden. Daß die Unehelichen ausgerechnet ins heutige Apulien ausgesiedelt wurden und hier das Land urbar machen sollten, sei kein Zufall gewesen: Man vermutet in den Peuketiern, den ersten Siedlern des Gebietes, ebenfalls ausgewanderte Arkader.

Die Lage der neuen Siedlung war perfekt: Die Insel inmitten eines fast geschlossenen kleinen Golfes zwischen dem offenen Meer und einem Binnensee war leicht zu beschützen, und man konnte sie gut als Ausgangsbasis für Handel und Handwerk nutzen, sowohl auf dem See- als auf dem Landweg. Das Handwerk blühte, landwirtschaftliche Produkte mußten allerdings eingetauscht oder gekauft werden. Zum Anbau war das Hinterland zu klein, das von anderen Stämmen mit älteren Rechten umgeben war. Schon 470 v. Chr. wurde ein Stück auf dem Festland, wo heute die Neustadt steht, in den Mauergürtel miteinbezogen, um hier die zahlreichen Keramikwerkstätten zu beschützen.

Die *Polis Taras* entwickelte sich zu einer mächtigen Stadt mit 110 000–150 000 Einwohnern und erlangte mit einem mindestens 30 000 Mann großen Heer mit Reitern eine große militärische Bedeutung. Dennoch verliert Tarent 272 v. Chr. mit der Niederlage vor Rom seine Selbständigkeit, obwohl es wirtschaftlich und kulturell noch eine Weile die bedeutendste griechische Stadt in Süditalien blieb. Sie handelte mit Olivenöl, Wein, Getreide und Fisch und war bekannt für ihre Pferde- und Schafzucht. Handelsware daraus waren geschmeidiges Leder und feine Schafwolle. Außerdem gediehen im Mar Piccolo Purpurschnecken, eines der kostbarsten Handelsgüter der Antike. Gerber und Färber hatten dort ebenso gut zu tun wie Stoffhändler. Am Mar Grande lebten Fischer, Seefahrer, Hafenarbeiter und Händler, die Töpfer hatten dort ihre Werkstätten. Die geeignete Tonerde fanden sie im Hinterland (s. S. 142 f.).

Taranto 1 Kirche San Domenico Maggiore 2 Kathedrale San Cataldo 3 Poseidon-Tempel 4 Castello Aragonese 5 Drehbrücke 6 Museo Nazionale 7 Meereskundliches Institut mit Ozeanografischem Museum 8 Peripato-Gärten (Villa)

Wie mondän man im Tarent der *Magna Graecia* wohl gelebt haben muß, kann man aufgrund des Goldschatzes von Tarent, den man bei Bauarbeiten fand, vermuten (s. S. 135). Dabei waren es nur Grabbeigaben, also nicht der wirklich zu vermutende Goldschatz der Stadt, den die Römer nach dem Zweiten Punischen Krieg einkassiert hatten und einschmelzen ließen: 268 kg schwer.

Der Niedergang der Stadt im 2. Jh. v. Chr. ist auch an den Grabbeigaben zu erkennen, die nun nicht mehr aus massivem Gold geschaffen wurden, sondern nur noch vergoldet waren. Im frühen Mittelalter blühte Taranto wieder zu einer der bevölkerungsreichsten und bedeutendsten Städte griechischen Ursprungs in Apulien auf. Wer sie auch eroberte, ließ die Stadt wiederaufbauen und verstärken. In der Neuzeit gewann Taranto seit dem 19. Jh. als Marinehafen zunehmend an Bedeutung. Der Kriegshafen war so wichtig, daß er am 11. November 1940 von britischen Fliegern zerstört wurde, mitsamt den drei größten Schlachtschiffen der italienischen Marine. Ihren Restbestand übergab der italienische Marineminister im September 1943 den Engländern.

Von den knapp 213 000 Einwohnern Tarantos leben inzwischen viel weniger als anfangs realisiert von der Eisenhütte und dem Stahlwerk (12 000 Arbeitsplätze) sowie von den Präzisionswerkstätten, Werften und Raffinerien, die später hinzukamen. Spätestens seit 1990 kämpft man hier gegen einen unaufhaltsamen Abbau von Arbeitsplätzen. Dabei sollen allein für den Bau von »Italsider« 20 000 Olivenbäume gefällt worden sein – ein Tausch eines Naturreichtums gegen eine umweltverschmutzende Industrie, die viel versprach und wenig hielt (s. S. 19 u. 24 f.).

Besichtigung

Der **römische Aquädukt,** dessen Überreste im Nordwesten zwischen den Straßen nach Martina Franca und Bari stehen, brachte Wasser direkt auf die besiedelte Insel, den Ursprung Tarantos. In seiner Nähe betritt man heute die Stadt. Man kann den Wagen auf der anderen Seite der Altstadtinsel, also schon im Bereich der Neustadt jenseits der Drehbrücke am Meer parken, die Entfernungen sind nicht groß. Wer mit dem Zug anreist, kommt am Bahnhof in nächster Nähe zur Insel an.

Sehr hoch sind die Wohnhäuser des *Centro storico* mit ihrem grauen, abblätternden Putz. Sie lassen kaum Licht in die engen Altstadtgassen, dennoch leben hier noch alteingesessene, meist kinderreiche Familien. Zwischen den Häusern sind Wäscheleinen gespannt, Einkaufskörbe werden heruntergelassen, mit denen sich die Hausfrauen das mühsame Treppensteigen ersparen. Schwarz gekleidete Frauen schlürfen in Pantoffeln über die Gasse zum Lebensmittelladen. In der Altstadt ist nicht viel Infrastruktur geblieben, aber wer hier lebt, möchte selten weg. Es soll aber besser werden, mit der grundlegenden Sanierung wurde schon lange begonnen – es dauert eben!

Von der ersten Brücke führt erhöht über der Stadtbefestigung die sogenannte *Ringhiera* (Corso Vittorio Emanuele II) am Mar Grande entlang bis zum Ende der Altstadtinsel und zur Drehbrücke. Sie setzt sich in der Neustadt mit dem Lungomare Vittorio Emanuele III als Alleenzug vor Prachtpalästen fort.

Über die erste Brücke kommend, gelangt man gleich im Nordwesten der Altstadt zur **Kirche San Domenico Maggiore (1)** mit gotischem Portal und schöner Rosette, auf die eine doppelläufige barocke Freitreppe zuführt. Leider ist die Kirche aus dem Jahre 1302 meist geschlossen. Am Gründonnerstag startet hier eine eindrucksvolle Prozession. Ein Stück weiter gelangt man zur **Kathedrale San Cataldo (2),** die als der älteste Normannendom Apuliens gilt. Das dreischiffige Langhaus wurde 1073 an eine frühere byzantinische Kirche vom

Anfang des Jahrhunderts angebaut. Beachtenswert sind einige der Kapitelle. Wie manche Säulen sind sie antikes Spolienmaterial, stammen also von früheren Bauten. Um den Altar herum sind nur noch Reste eines Fußbodenmosaiks erhalten. Zu Messezeiten kann man ungestört in die Unterkirche absteigen, die aus dem 10. Jh. stammen könnte. Sie ruht auf antiken Stützen und besitzt noch ein paar byzantinische Freskenreste aus dem 12. Jh.

Die barocke Fassade ist der Kathedrale 1713 vorgesetzt worden, im selben Jahr wurde die imposante Kassettendecke (17. Jh.) vergoldet. Von besonderer Pracht ist die Kapelle San Cataldo von 1657 rechts vom Chor, die erst gegen Ende des 19. Jh. fertiggestellt wurde: Sie ist reich intarsiert und mit Fresken von De Matteis sowie Skulpturen geschmückt. Einige der bedeutendsten Marmorkünstler ihrer Zeit, wie Leombardelli aus Carrara und Fanzango aus Neapel, haben daran gearbeitet. Die Fresken zeigen Episoden aus dem Leben von San Cataldo, dem Bischof und Schutzpatron Tarantos.

Was vom griechischen *Taras* vor Ort übriggeblieben ist, findet man am Ende der Via Duomo: Nicht mehr als zwei dorische Säulen und ein Stumpf sind die Überbleibsel des **Poseidon-Tempels (3)** aus dem 6. Jh. v. Chr. Schräg gegenüber, an der südöstlichen Ecke der Altstadt, breitet sich das **Castello Aragonese (4)** von 1480–92 aus, das auf den Grundmauern einer Festung aus

Drehbrücke zur Altstadtinsel in Taranto

Museo Nazionale: Poseidon-Figur

... und attische Keramik

dem 10. Jh. steht und mehrfach umgebaut wurde. Seine Rundbastionen sind ebenso wie Teile der Außenmauern original aragonesisch, so wie sie Ferdinand I. von Aragon bauen ließ. Die Renaissancekapelle San Leonardo in der Festung ist trotz Restaurierung nicht zu besichtigen, denn sie gehört wie das gesamte Kastell zur Marinekommandantur.

An der Nordseite der Altstadtinsel befindet sich seit eh und je der **Fischmarkt.** Schon früh am Morgen werden die Stände mit Fischen und Muscheln aufgebaut. Unmittelbar davor liegen im Mar Piccolo die Muschelbänke. Kein romantisches Fischeridyll! Auch die paar Palmen an der Promenade können nicht darüber hinwegtäuschen, daß hier dringend saniert werden muß.

Von der **Drehbrücke (5)** aus erkennt man die Subkonstruktionen der Alt- und Neustadt, die meterhohe Befestigung der Ufer, über denen die Häuser und Straßen gebaut wurden. Dreimal täglich wird diese Brücke noch bewegt, die seit 1887 Alt- und Neustadt verbindet und 1958 auf den neuesten technischen Stand gebracht wurde. Rechts setzt sich, nun von prächtigen Palazzi und Alleenbäumen begleitet, die Meerespromenade fort, die bis zu den südlichen Vorortstränden führt.

Den Anfang der Prachtbauten macht der Regierungspalast der Provinz Taranto, vor dem die Promenade ein großzügiges Halbrund ins Meer bildet.

Geht man von der Drehbrücke nach links und in den Corso Umberto wieder rechts hinein, findet man auf der linken Seite bald das bereits 1887 gegründete **Museo Nazionale (6)** mit dem Goldschatz von Tarent (Juni–Sept. 9–12 Uhr, So/feiertags auch nachmittags, Okt.–Mai 8.30–13.30 und 14.30–19.30 Uhr, s. S. 135). Dahinter steht an der Via Roma das **Meereskundliche Institut (7)** mit dem **Ozeanografischen Museum** (Mo–Fr 8.30– 13 Uhr; Eintritt frei). In den Peripato-Gärten, **Villa (8)** genannt, kann man sich wunderbar vom Stadtbummel erholen.

In der Fortsetzung des Lungomare gelangt man zum großzügigen Straßenring, der am östlichen Rand der Neustadt nach links abbiegt und (Richtung Lecce und Brindisi) an der **Concattedrale** vorbeiführt. Dieser moderne Kirchenbau mit seinem auffälligen ›Segel‹ wurde 1970 von Giò Ponti geplant. Er hat die Funktion der Altstadtkathedrale übernommen. Zweigt man kurz nach der Concattedrale links ab, schwebt man auf der 1978 errichteten Brücke der Punta Penna über dem Mar Piccolo mit schwindelerregender Aussicht.

74100 Taranto (TA)

Information: EPT Taranto, Corso Umberto 113, ✆ 099-453 23 92, Fax 099-453 23 97.

Unterkunft: *Gehobene Mittelklasse:* **Grand Hotel Delfino,** Viale Virgilio 66, ✆ 099-732 32 32, Fax 099-730 46 54; das Paradehaus mit Appartements und gutem Restaurant. *Mittelklasse:* **Palace,** Viale Virgilio 10, ✆/Fax 099-459 47 71; Stadthotel mit freundlichem Service, ohne Restaurant. *Preiswert:* **Sorrentino,** Piazza Fontana 7, ✆ 099-400 74 56, Fax 099-471 83 90; kleines preiswertes Stadthotel.

Restaurants: Al Faro, Via Galeso 126, ✆ 099-471 44 44; gutes Restaurant mit Fischspezialitäten. **Il Gatto Rosso,** Via Cavour 2, ✆ 099-452 98 75; typische, preiswerte Trattoria nahe dem Archäologischen Museum. **L'Assassino,** Lungomare Vittorio Emanuele III 29, ✆ 099-459 34 47; direkt an der schönen Uferpromenade gelegenes Restaurant mit angenehmer Veranda für laue Sommerabende, gute Fisch-*antipasti.*

Züge: Taranto–Bari (Fahrtzeit 1,5 Std.) mehrmals tgl. mit Halt u.a. in Massafra und Móttola. Züge fahren regelmäßig zu den Hauptverkehrszeiten nach Brindisi (Fahrtzeit 1 Std. 20 Min.)

Grottaglie

Je nachdem, wie man Taranto verläßt und welche Strecke man nach Nordosten wählt, liegt die Keramikstadt Apuliens 15–20 km entfernt. Grottaglie (32 000 Ew.), in 133 m Höhe auf einem Hügelrücken gelegen, ist auf jeden Fall einen Abstecher wert, z. B. auf dem Weg über die S.S. 7 in die Provinz Brindisi.

Erst im 10. Jh. gegründet, hat es die Stadt zu einer ansehnlichen Zahl an Palästen gebracht und be-

Die Keramik von Grottaglie

Zweierlei Keramik wird in Grottaglie produziert: schlichte, erdfarbene, lasierte Gebrauchsgegenstände (große Töpfe, Amphoren etc.) mit grünem Oberteil sowie weiß lasierte Majoliken mit zarten Mustern, in der Hauptsache mit orangegelber, grüner und blauer Farbe dekoriert. Eine Besonderheit von Grottaglie sind die Figuren zum Thema *jus primae noctis,* dem ›Recht der ersten Nacht‹. Genau das hatten sich jahrhundertelang die Feudalherren auch dieses Ortes vorbehalten. Bis sich eines Tages, so die Geschichtenerzähler von Grottaglie, ein eifersüchtiger Bräutigam eine List ausdachte: Er verkleidete sich als Frau und ging mit einem Schwert bewaffnet, das er im Kleid versteckt hielt, statt seiner Braut zum Feudalherren. Jedoch vergaß er, sich seinen Bart abzurasieren! Auf diese Geschichte gehen die ›bärtigen Bräute‹ und auch die aragonesischen Reiterfiguren der früheren Feudalherren aus Terrakotta zurück, unglaublich fein herausgeputzt auf edlen Pferden. Um sie lächerlich zu machen, wurden solche Figuren zu Wasserbehältern geformt, wie man sie lange zum Händewaschen benutzte. Andere typische, wunderschön gearbeitete Keramikgefäße heißen *Bevi se puoi,* »Trinke, wenn Du kannst«: Wer's kann,

sitzt heute allein 52 organisierte Keramikwerkstätten. Das **Quartiere delle Ceramiche** zieht sich rechts und links der langen ansteigenden Via Crispi und ihrer Nebenstraße, der Via Sofia, hoch. Hier kann man in fast jede der Werkstätten und Künstlerateliers hineinschauen und natürlich ein typisches Keramikstück erwerben.

Im oberen Bereich endet die Via Crispi am **Castello Episcopolo,** dem bischöflichen Kastell (ab 1388). Wie viele andere mittelalterliche Bauten der Töpferstadt könnte es eine Restaurierung vertragen. Bei genauer Betrachtung erkennt man, daß die Via Crispi eine natürliche, inzwischen allerdings verbaute Schlucht ist, sozusagen die asphaltierte Gravina di San Giorgio. Die Werkstätten und Häuser wurden entweder in natürlichen Grotten untergebracht oder in den weichen, kalkhaltigen Tuff geschlagen. Später erhielten sie Vorbauten und Gärten, ein recht pittoreskes Bild! Im Dialekt wird das Viertel *Camenn're* genannt, wegen der vielen Kamine über den Öfen der Töpfer.

Wie man im Archäologischen Museum von Taranto (s. S. 135) sehen kann, reicht die Tradition der Keramikkunst weit in die Zeit der Griechen zurück. Grottaglie, inmitten eines ausgedehnten, guten Ton-

trinkt, wer nicht, wird dabei ordentlich naß – lustige Spielchen für die Weinkeller, die *cantine.* Wiederum ernstzunehmen sind die schönen Weihwasserbecken für die häusliche Wand, wie sie noch heute im Süden Italiens in keinem Haus fehlen dürften.

Mitte der 70er Jahre fand man heraus, daß die hier gegrabene Tonerde unsauber ist, d.h. zu grobe Einschlüsse hat. Die immer feiner gewordenen Keramiken bekommen beim Brennen Risse und können sogar platzen, jedenfalls war damit keine glatte Fläche zu erzielen. Also mußte die Oberfläche vor dem Brennen per Hand geschliffen werden – eine zeitraubende und somit kostspielige Angelegenheit. Daher wird der Ton seitdem vor allem aus der Toscana importiert.

gebietes gelegen, war im 15. und 16. Jh. Mittelpunkt des Keramikhandels zwischen dem Hafen von Taranto und Österreich, dem Balkan, den griechischen Inseln und der Türkei. 1887 wurde die Kunstschule für die spezielle Grottaglie-Keramik ins Leben gerufen. 100 Jahre später konnte das heutige **Istituto Statale d'Arte** in seine neuen Räume in der Via Caravaggio einziehen.

Den schönsten Blick auf die Stadt genießt man von der kleinen Terrasse auf der südlichen Seite der *Gravina*/Via Crispi. Grottaglie ist ein nettes, eher verschlafenes Nest. Es kommt kaum jemand her, um die Stadt zu besuchen, trotz der recht schönen **Pfarrkirche,** die über einer früheren Kirche aus dem 11. Jh. errichtet wurde. 1379 erhielt sie eine Fassade im romanisierenden Stil. Ihre Vierungskuppel ist mit geometrisch angeordneten, einheimischen Keramikziegeln gedeckt.

Im August wird ein großer Keramikmarkt abgehalten, verbunden mit einem Töpferwettbewerb sowie Theater- und Musikveranstaltungen; auch für die lokalen Tafeltrauben wird ordentlich geworben. Denn Grottaglie lebt nicht allein von der Keramikindustrie: Auch die Landwirtschaft ist für das Städtchen bedeutend.

Besondere Keramikwerkstätten: Unter den zahlreichen Tontöpfern und Majolika-Künstlern von Grottaglie seien besonders hervorgehoben: **Domenico Caretta,** Via Crispi 20, ✆ 099-566 17 25 mit schönen Majolika-Arbeiten und **Nicola Bonfrate,** Via Crispi 95, ✆ 099-566 15 55 mit traditioneller Töpferware.

Manduria

27 km südöstlich von Grottaglie, vielleicht eher als Ausflug von der Ionischen Küste aus (ca. 10 km) anzupeilen, liegt Manduria. Es handelt sich immerhin um eine der messapischen Hauptstädte, die von einem dreifachen, megalithischen **Mauerring** (5.–3. Jh. v. Chr.) umgeben war, von dem einige eindrucksvolle Überreste (und dazu ein paar Gräber) im Nordosten nahe der Kapuzinerkirche zu sehen sind. An diesen Mauern scheiterten zwar die verfeindeten Tarentiner, doch die Römer nahmen später die Stadt ein, die 547 von Totilas Goten zerstört wurde. Nach dem Wiederaufbau wurde sie nochmals 977 von Sarazenen fast dem Erdboden gleichgemacht. Sie erblühte jedoch wieder zur Normannenzeit, damals als *Casalnuovo.*

Fast im Dreieck der Provinzen Taranto, Brindisi und Lecce gelegen, ist auch Manduria mit mehr als 30 000 Einwohnern ein bedeutendes landwirtschaftliches Zentrum. Zu seinen historischen Sehenswürdigkeiten zählen neben den messapischen Mauerresten der backsteinerne **Palazzo Imperiali** von 1719, der einen pompösen, allerdings nicht restaurierten Innenhof mit Prunktreppe besitzt und einer neuen Bestimmung harrt. Ähnlich wie der Feudalpalast von Martina Franca zieht sich ein langer, gußeiserner Balkon entlang der gesamten Hauptfassade mit drei vorspringenden (Seiten und Mitte) und zwei zurückversetzten Risaliten. Ebenfalls sehenswert ist die hübsche Fassade der an sich romanischen **Kathedrale San Gregorio Magno.** Das Hauptportal (um 1500) ist eine gelungene Stilmischung aus Gotik und Renaissance. Ihm gegenüber öffnet sich hinter einem Torbogen das frühere **Getto,** vielleicht das besterhaltene Apuliens.

Grabstätte in Manduria

Unweit der Kapuzinerkirche und den megalithischen Mauerresten befindet sich ein messapisches Quellheiligtum, das auch den Römern heilig war und von ihnen hübsch eingefaßt wurde. Leider kommt man nicht immer hinein: Es handelt sich um eine natürliche Grotte, in der das Wasser einen stets gleichbleibenden Stand hat. Sie wird **Fonte Pliniano** genannt, weil sie bei Plinius d. Ä. als *Lacus Manduriae* bezeichnet wurde.

Marina di Pulsano und die tarantinische Küste

Südöstlich von Taranto fährt man zunächst am Mar Grande und dann am Meer entlang. Zu Füßen der relativ niedrigen Murge Tarantine erstreckt sich die Ionische Küste mit niedrigen, von Wildkräutern überwucherten Dünen und teils dichten Pinienhainen, die bis zum Wasser reichen. Auffallend sind an der Küste mehrere trutzige Türme: Sie wurden gegen die Sarazenen gebaut, die es dennoch mehrfach geschafft hatten, ins Land vorzudringen.

Der einzig nennenswerte Strandort heißt hier **Marina di Pulsano,** nichts Umwerfendes, aber sympathisch. Bei den Einheimischen ist der Ort so beliebt, daß im Sommer kein Bett der einfachen Hotels und Pensionen frei bleibt, geschweige denn ein Ferienappartement.

Unterkunft: *Mittelklasse:* **Hotel Sud,** Viale dei Micenei/Litoranea Salentina, 74026 Marina di Pulsano, ✆ 099-533 30 29, Fax 099-533 30 27; einfaches, sehr freundlich geführtes Hotel mit guter Küche (und Parkplatz), direkt an der Küstenstraße, über die man zu netten Badebuchten gelangt.

Marina di Pulsano

ASSICURAZIONI

Die Provinz Lecce

Zwei turmbewachte Küsten

Gallípoli

Léuca: Bade-Idylle mit Jugendstilvillen

Otranto und Apuliens schönste Bodenmosaiken

Das Barockjuwel Lecce

Das Weinbaugebiet des Salento

Römische Spuren: Amphitheater in Lecce

Provinz Lecce – der ›Absatz‹ Italiens

Die Provinz Lecce mit den südlichen Murge Salentine nimmt den gesamten Süden des italienischen Stiefelabsatzes ein und ist gleichzusetzen mit der Salentinischen Halbinsel. Eine städtebauliche Perle ist Gallípoli am Ionischen Meer, eine Bade-Idylle Léuca mit zauberhaften Jugendstilhäusern. Am Adriatischen Meer zieht Otranto mit den vollständigsten Mosaikböden Apuliens Neugierige in sein altes Zentrum. Im Landesinneren bietet Lecce den schönsten, überquellenden apulischen Barock.

Von Torre Colimena über Porto Cesareo nach Gallípoli

Von der Provinz Taranto kommend, sollte man zunächst auf der Küstenstraße bleiben, und zwar auf der schmalen Provinzialstraße, die parallel zur Staatsstraße 174 Richtung Nardò verläuft. So kommt man den Dünen am nächsten, die von duftenden Wildkräutern (Rosmarin und Thymian), Mastix und Wacholder, Schilf und Oleander, Strandlefkojen und gelbem Hornmohn überwuchert sind. Nicht, daß sie besonders hoch oder weitläufig wären, aber sie sind feinsandig und erstrecken sich kilometerlang, teils unterbrochen durch kleine Karstbuchten, entlang der Küste, wo immer wieder Wachttürme emporragen.

Einer der schönsten Türme, die **Torre Colimena,** steht noch im Tarantinischen vor der Provinzgrenze von Lecce. In der kleinen Bucht schaukeln Fischerboote, es gibt einen Binnensee und ein Fischrestaurant. Wenige Kilometer weiter, schon im Leccesischen, liegt die **Punta Prosciutto** mit Sanddünen und engem Flußhafen, in dem nur ein paar winzige Boote hintereinander Platz finden. Es folgen wieder eine kleine Feriensiedlung, ein Binnensee und vereinzelte Strandbäder und Dünen. Ein herrlicher Platz für zwanglose Ferien.

Die **Torre Castiglione** auf einer kleinen felsigen Halbinsel gehört wie die große, leider dem Verfall preisgegebene **Torre Lapillo,** die dem Bootshafen seinen Namen gab, zum Verteidigungsring aus dem 16. Jh. In Le Dune steht die wunderbar restaurierte und privat als Sommersitz bewohnte **Torre Chianca** genau gegenüber der **Isola della Malva.** Ganz in der Nähe ragen sieben Säulen, 9 m hoch und mit einem Umfang von 1,2 m, in den Himmel. Wie man in Porto Cesareo vermutet, sind sie römischen Ursprungs. Oder sind sie etwa doch messapisch? Waren es Brennöfen für Keramik? Die Gegend ist überaus reich an archäologischen Funden aus der Zeit der *Magna Graecia,* auch an Unterwasserfunden, die man unmittelbar vor den Wachttürmen machte. Im karstigen Hinterland, das hier recht flach ist, findet man zahlreiche Dolinen. Auch die Murge Salentine dahinter, zwischen Galàtone und

Provinz Lecce

Porto Cesareo

der Südspitze Apuliens, erreichen keine nennenswerten Höhen.

Fast übergangslos kommt man von Torre Chianca nach **Porto Cesareo,** das sich in den letzten Jahren aus einem kleinen Fischerdorf zu einer richtigen Sommeridylle entwickelt hat. Auf einer langen Halbinsel mit dekorativ vorgelagerter **Isola Grande** (manche nennen sie auch *Isola degli Conigli,* ›Insel der Kaninchen‹) ist es eine unaufdringliche kleine Schönheit. Die Strände sind breit und feinsandig, vor allem im südlichen Vorort Torre Sant'Isidoro. Wie sauber das Meer hier ist, weitab vom Industriehafen von Taranto, beweist die Errichtung eines **Meeresbiologischen Institutes** (bereits 1966!) mitsamt **Museum** (tgl. 9–11 und 16–18 Uhr). Manche der gezeigten Meerestiere und -pflanzen sind endemisch, nur um die Inseln und im Meer vor Porto Cesareo zu finden. Geplant ist daher ein maritimes Naturschutzgebiet.

Unübersehbar: Porto Cesareo mit seinen 4600 Einwohnern lebt nicht schlecht vom Fischfang und von der Landwirtschaft, aber auch vom Tourismus. Dennoch herrscht alle Jahre wieder große Aufregung, wenn wieder einmal die Kasse der Touristeninformation leer ist und die Vorbereitungen für die allsommerliche *Sagra del Pesce* am zweiten oder dritten Wochenende im Juli anstehen. Wichtig ist das Fischerfest allemal, da es eine große Anzahl Neugieriger nach Porto Cesareo lockt, wo sie – trotz der kostenlosen Fischsuppe – normalerweise doch viel Geld zurücklassen. Denn neben Fisch und Meeresfrüchten gibt es alles zu kaufen, was eben ein Jahrmarkt zu bieten hat.

Die festungsartigen Türme an der Küste entstanden zum größten Teil in der ersten Hälfte des 16. Jh. Die Spanier, 200 Jahre in Besitz des Landes, ließen sie entlang der gesamten Küste Apuliens zum Schutz gegen Überfälle der Sarazenen und anderer Angreifer bauen, nachdem die Türken 1480 Otranto besetzt und ein Massaker an 800 Bewohnern angerichtet hatten (die sog. 800 Märtyrer von Otranto; s. S. 169). 1537 wurde ein erneuter türkischer Angriff abgewiesen.

Die quadratische **Torre Cesarea** am Südende der Bucht ist mit 21,5 m Seitenlänge und 7000 m^3 Volumen besonders imposant. Noch sitzt die *Guardia di Finanza* darin, das historische Monument soll aber ein Kulturzentrum mit Museum und Bibliothek aufnehmen. Hier erstreckt sich **Marina di Sant'Isidoro** mit dem wohl schönsten Strand von Porto Cesareo. Hinter der Bucht von Porto Cesareo beginnen weite Tabakfelder: Immerhin produziert die Region Apulien ein Sechstel des italienischen Tabaks.

Vorbei an gepflegten Feriensiedlungen, die sich reiche Städter für die Wochenenden und die Sommermonate leisten, geht es weiter nach Süden.

Information: Pro Loco, Via Silvio Pellico 36 (am Meer), 73010 Porto Cesareo, ✆ 08 33-56 90 86. Pro Loco Marina di Sant'Isidoro, 73048 Sant'Isidoro, ✆ 08 33-57 07 58.

Unterkunft (s. auch Restaurants): *Mittelklasse:* **Lido Bacino Grande,** Via dei Bacini, Le Dune, ✆ 08 33-56 92 03, Fax 08 33-56 51 16; helles, freundliches Hotel mit wunderschönem Privatstrand mit Kabinen und Tennis sowie gutem Restaurant. **Lo Scoglio,** Isola Lo Scoglio, ✆ 08 33-56 90 79, Fax 08 33-56 90 78; familiäres Hotel mit zauberhaftem Garten auf einer Insel vor Porto Cesareo, mit dem Auto (Parkplatz) über einen Damm erreichbar, ganzjährig geöffnet.
Preiswert: **Pensione da Cosimino,** Via Menti 76, ✆ 08 33-56 90 76, Fax 08 33-56 30 43; familiäre Pension mit beliebtem Restaurant direkt am Hafen, ganzjährig geöffnet, mit Parkplatz.

Camping: Torre Castiglione, Torre Lapillo, ✆/Fax 08 33-56 54 62; blitzsauberer Campingplatz direkt am Meer in einer Bucht zwischen Felsen und Dünenstrand, mit Imbißstube und Supermarkt, Tennis, Fußball, Volleyball und anderen Sporteinrichtungen.

Restaurants: L'Angolo di Beppe, Torre Lapillo, ✆ 08 33-56 53 05; gutes Fischlokal, das auch Zimmer (✆ 08 33-56 53 33) anbietet, 5 km nordwestlich von Porto Cesareo. **Il Veliero,** Litoranea Sant'Isidoro, ✆ 08 33-56 92 01; gutes Fischrestaurant am Meer südöstlich von Porto Cesareo.

Strandbad: Oasi Sant'Isidoro, Marina Sant'Isidoro, ✆ 08 33-57 94 66; gepflegte Anlage am hellsandigen Strand.

Abstecher nach Nardò

Auf dem Weg nach Nardò kommt man an der **Masseria Brusca** mit kleiner Barockkirche vorbei. Ziegen und Gänse laufen frei herum und reagieren auf fremde Eindringlinge recht angriffslustig. Ringsum Agrarland: Getreide- und Sonnenblumenfelder, Olivenbäume, vereinzelt kleine Gehöfte.

12 km südöstlich des Strandes von Sant'Isidoro erhebt sich **Nardò** (31 500 Ew.) kaum sichtbar aus der Küstenebene auf einem nur 45 m hohen Hügel. Es war bereits ein vormessapisches Zentrum und später römisches *Municipium.* Nun ist es ein ruhiges Agrar- und Industriestädtchen mit einigen Schulen, ganz in der Tradition der Acquaviva-Feudalherren, die Nardò ab 1500 zu einem Kulturzentrum und Sitz einer Universität und mehrerer philosophischer und literarischer Akademien machten. Vor allem aber ist Nardò ein wenig bekanntes Barockjuwel. Das 17. und 18. Jh. haben ihm einige schöne Fassaden und Innenräume eingebracht, die allmählich durch Restaurierungsarbeiten in neuem Glanz erstrahlen.

Wenn man den Wagen an der Via Roma/Ecke Corso Giuseppe Galliano nahe dem Kastell parkt, kommt man relativ schnell zu den schönsten Gebäuden im Zentrum. Das **Castello Ducale** (heute Rathaus) kann man auf dem Weg zur zentralen Piazza Salandra ruhig links liegen lassen, seine Substanz im Stil der Renaissance (15. Jh.) wurde im 19. Jh. wenig feinfühlig verändert. Nicht übersehen sollte man dagegen auf halber Strecke rechts das **Kirchlein San Giuseppe** mit der sehr schönen zweigeschossigen Fassade (1757), die halbrund vorspringt, weil sich dahinter ein oktogonales Inneres verbirgt.

Kurz vor der Piazza Salandra blickt man auf die **Kirche San Domenico** (vor 1578 und später), deren reich skulptierte Fassade eine sehr frühe, auf der Renaissancestruktur aufbauende Barockausschmückung zeigt: Alles ist eigentlich noch in klaren Renaissancelinien gezeichnet, kannelierte Pilaster, Architraven und Voluten inbegriffen, und doch ist ihre endgültige Ausarbeitung bereits von barocker Verspieltheit bestimmt. San Domenicos Fassade blickt nicht auf den Platz, aber die Kirche berührt ihn mit ihrer Seitenflanke und beginnt damit den Reigen der aufregend-schönen Barockarchitektur um die **Piazza Salandra.** Es ist die geschlossenste Platzanlage des Salento, des Südens Apuliens. Nicht groß, aber kompakt, und, wie fast immer in Apulien, dreieckig. Rund um die barocke **Guglia dell'Immacolata** (Mariensäule) stehen neben der Kirche das mehrbogige **Rathaus** aus dem 18. Jh., heute Präfektur, um die Ecke der **Sedile** (altes Rathaus, 16. Jh.), die schmalbrüstige **Kirche San Crifone** und der hübsche Wandbrunnen mit dem Stier, die **Fontana del Toro.**

Die schmale Gasse am Sedile führt vom Platz auf die Südseite der

Kathedrale. Bereits 1090 von Benediktinern gegründet, zeigt sie sich heute nach der Restaurierung so, wie sie im 13. Jh. verändert wurde, von der Fassade von 1721 abgesehen. Es lohnt sich, das Kircheninnere anzuschauen, das fast schwarze Kruzifix aus Zedernholz (12./13. Jh.) und zahlreiche Freskenreste aus dem 12. und 15. Jh. Ansonsten lädt Nardò zu einem gemütlichen Bummel ein. Besonders angenehm ist es gegen Mittag, wenn den kleinen Backstuben verlockende Düfte der leckeren *pucce,* den ofenfrischen Brötchen mit eingebackenen Oliven, Tomaten oder *peperoncini,* entströmen.

Villa in Nardò

Von Nardò aus erreicht man Galàtone und die Murge Salentine (s. S. 160 ff.). Südwestlich geht es zurück zur Küste. Bis **Santa Caterina** sind es nur 7 km. Rechts und links der Straße stehen klassizistisch anmutende Villen sowie Jugendstil-Häuser, höchstens zweistöckig, von herrlichen Gärten umgeben.

An der Küstenstraße angekommen, führt rechts die *Panoramica* nach Norden und links die hübsche Straße nach **Santa Maria al Bagno.** Sie ist gesäumt von Pinien und Palmen, Zypressen und gepflegten Gärten, wie überhaupt der ganze Badeort einen sehr gepflegten Eindruck macht. Seine sandige Bucht ist tief und turmbewacht, mit Badebetrieb. Hinein in die nächste Bucht: Vier Türme ragen am Meer in den Himmel, die folgerichtig **Quattro Colonne** heißen. Es sind die imposanten Ecktürme einer Festung aus dem 15. Jh. Das Mauerwerk dazwischen diente wohl als ›Steinbruch‹. An seiner Stelle hat man eine neugotisch anmutende Pizzeria eingerichtet. Am Ende der dritten, weiten Bucht kommt schließlich Gallípoli in Sicht.

Gallípoli und die Küste bis Léuca

Wie ein gestrandetes Schiff aus Stein liegt die zauberhafte kleine Altstadt von **Gallípoli** mit ihrer mächtigen Festung auf einer Insel.

Gallípoli

Umgeben von einem klaren Meer, das sich im Winter schnell zu einem aufbrausenden, Gischt speienden Ungetüm entwickeln kann und dann an den hohen Mauern des Städtchens nagt. Kein Wunder, daß die Kirchen Gallípolis fast alle aufs Meer blicken. Die alten Griechen, die Erbauer der Stadt, nannten sie ›schöne Stadt‹ *(kale polis).* Eine Brücke verbindet die Altstadt mit ihren neuen Vierteln. Den Süden prägen die schönen Strände in der halbrunden Bucht. Zwischen Altstadt und den *Lidi* haben sich neuere Stadtteile ausgebreitet, in denen die meisten der ca. 21 000 Einwohner leben und arbeiten.

Den Wagen sollte man auf der Seite der Neustadt in der Nähe des Santuario del Carmine, der renovierungsbedürftigen Fontana Ellenistica (griechisch-römischer Brunnen) oder nahe der Brücke abstellen. Man kann wunderbar durch die engen Gassen flanieren oder auch außen herum über die Straße oberhalb der Stadtbefestigungen spazieren. Vor der Festung befindet sich im Süden auch der große Fischereihafen, der für Gallípoli neben Landwirtschaft und Tourismus eine sehr wichtige Rolle spielt. Zwischen der vierspurig ausgebauten Brücke und der Festung sind einige kleinere Fischerboote an Land gezogen. Sie geben ein so hübsches Bild ab, als seien sie nur zu Dekorationszwekken dort abgestellt worden.

Das stark befestigte **Castello Aragonese,** das am Ende des 16. Jh. über einer älteren Festung errichtet wurde, spiegelt sich pittoresk im Hafenbecken. In seinem ersten Teil hat sich ein Kino eingenistet, dahinter, bzw. als Entrée zur Altstadt, findet sich der große **Mercato** mit dem gut besuchten **Caffè dello Sport.** Auf eine ganz sympathische Art wirkt alles fast wie im Orient.

Der Rundgang beginnt im Norden. Gegenüber der Nordbastion steht die **Chiesa del Rosario,** eine schmale barocke Sandsteinkirche. Direkt neben ihr erhebt sich eine weiß getünchte, kleinere Kapelle mit einer Majolika-Kreuzigung an der Fassade über den beiden Eingängen. Eine Gasse weiter steht, ebenfalls mit Blick auf das Meer, eine weitere weiße Kirche, die **Chiesa degli Angeli,** mit Majolika-Bild über zwei Eingängen – eine wohl beliebte Form in Gallípoli. Das Bild zeigt eine »Himmelfahrt Mariä« und darüber eine Ansicht von Alt-Gallípoli. Nun folgt ganz im Nordosten die dritte und schönste majolika-geschmückte Kirche: **Santa Maria della Purità.** Ihre Fassade zeigt gleich drei Majolika-Bilder: »San Giuseppe«, »Santa Maria Puritatis« und »San Francesco«. Im Innern (man kann außer mittags fast den ganzen Tag hinein) ist die vollständig mit Keramikfliesen ausgelegte Kirche überreich mit naiven, raumfüllenden Barockbildern ausgestattet. Es sind vor allem Werke des apulischen Künstlers Liborio Riccio aus Muro Leccese.

Im Zentrum erhebt sich die **Kathedrale Sant'Agata,** die inmitten der Altstadthäuser irgendwie zu groß geraten scheint. Sie wurde 1630 begonnen und 1696 mit einer aufwendigen Fassade beendet. Das dreischiffige Innere ist überreich freskiert und ausgestattet. Die besten neapolitanischen Meister des 17. und 18. Jh., wie Giovanni Andrea Coppola, Gian Domenico Catalano sowie Nicola und Carlo Malinconico, wurden damit beauftragt.

Ganz in der Nähe (kleine Hinweisschilder »Frantoio Ipogeo« beachten) befindet sich in der Via Antonetti de Pace die Stadtbibliothek mit dem **Museo Civico** (Mo–Sa 9.30–12.30 und 16–19 Uhr; Eintritt frei), eine archäologische und naturkundliche Sammlung. Im Haus gegenüber (Nr. 87) findet man eine echte Besonderheit: der **Frantoio Ipogeo** (s. S. 156), ein unterirdisches System von Ölmühlen (ebenso unter dem Palazzo Briganti, Via Angeli 3). Erst steigt man ein paar Stufen abwärts, dann geht man unter der Straße durch auf die andere Seite und gelangt genau unter den mächtigen Palast mit dem Museum und der Bibliothek, den **Palazzo Granafei.**

An jeder Straßenecke und an jedem Haus der Altstadt sind hübsche weiße Keramiktafeln mit blauer Schrift und einem Hahn angebracht, denn die einheimische Bevölkerung führt den Namen ihrer Stadt nicht auf die ›schöne Stadt‹ der Griechen, sondern auf einen Hahn *(gallo)* zurück.

Die Bewohner Gallípolis feiern gerne, vor allem ihre Patrone San Luigi am 20./21. Juni und Santa Cristina am 24./25. Juni. Die Feierlichkeiten werden jeweils mit einer Prozession am Vorabend durch das *Centro storico* und durch die Neustadt begleitet. Alle Glocken der Kirchen, die die Heiligen beim Umzug passieren, läuten dann zu

Frantoio Ipogeo – Unterirdische Ölmühlen

Der Frantoio Ipogeo ist ein unterirdisches System von Ölmühlen, das im 17. Jh. aus dem Felsen geschlagen wurde. Damals soll es im *Centro storico* von Gallípoli mindestens 35 solcher Ölmühlen gegeben haben.

Weil das Olivenöl der Gegend aus einer etwas zu sauren Sorte gepreßt wurde, als daß es als Speiseöl eine gute Qualität ergeben hätte, machte man in Gallípoli daraus Lampenöl. Und weil es in der Altstadt keinen Platz für Ölmühlen gab, ging man, auch wegen der hohen Außentemperaturen, unter die Erde. 300 Jahre lang, vom Ende des 16. Jh. bis zum Ende des 19. Jh., war das Lampenöl die Haupteinnahmequelle Gallípolis, das damit führend im Mittelmeerraum war. Außerdem führte man damals Wolle, Wein und andere landwirtschaftliche Produkte aus. Von den Erträgen leistete man sich vor allem die Einfuhr von Gewürzen und Holz. Der Handel nahm solche Ausmaße an, daß sich ausländische Handelsniederlassungen etablierten, darunter englische und französische, aber auch holländische und russische. In ihrer Nachfolge ließen sich sogar konsularische Vertretungen nieder. Gallípoli wurde zu einer wahren kosmopolitischen Stadt, was man heute noch spürt.

ihrer Begrüßung – und eine wahre ›Klangwelle‹ geht durch die Stadt.

Am schmalen Strand der Bucht südlich von Gallípoli entlang geht es weiter nach Süden. 50 lohnende Küstenkilometer sind es bis zur Südspitze der Salento-Halbinsel. Man kann auch die S.S. 274 durch das Landesinnere über Ugento wählen, die etwas kürzer ist und im sanften Auf und Ab durch die Ausläufer der Murge Salentine führt.

Die Fahrt entlang der Küste nach Torre San Giovanni verläuft durch eine wunderschöne Landschaft: Niedrige, mit Wildkräutern, Blumen und Büschen bewachsene Dünen, die in schmale Sandstrände übergehen, dazwischen immer wieder felsige, flache Buchten, fast baumlose Weideflächen und dann wieder ein Pinienstreifen am Strand. Bei **Mancaversa** mit kleinen Ferienhäusern fährt man zum felsigen Küstenabschnitt, der auch hier mit rosa Kissen von wildem Thymian übersät ist. Einige kleine Bunker erinnern daran, wie umkämpft das Gebiet im Zweiten Weltkrieg war. Auch an der **Torre Suda** stehen Ferienhäuser, die man z. T. mieten kann.

An Marina di Campilungo vorbei geht es weiter nach **Torre San Giovanni** mit seinem kleinen Sandstrand und der engen Bucht, in der ein paar Boote schaukeln. Die Bucht ist so eng, daß es im Hochsommer wegen des kaum abfließenden Wassers zu unangenehmer Duftentwicklung kommen kann. Manche nennen den Platz auch **Marina di Ugento,** weil der Badeort zum 6 km entfernten Ugento gehört. Ein beliebter Ferienort ist San Giovanni dennoch, mit langer Promenade und Fischerhafen. Man hat eine kleine, aber gute Auswahl an Hotels und Restaurants. In der Nähe befindet sich auch das wohl schönste Clubdorf Apuliens (Robinson-Club Apulia, s. S. 159).

Landeinwärts liegt in 108 m Höhe der alte messapische Ort **Ugento,** zu dem Torre San Giovanni und ein größerer Abschnitt der Küste gehören. Man fährt durch Tabakfelder, Wein- und Olivenbaumpflanzungen und sieht bald linker Hand die **Kathedrale Santa Maria Assunta** (18. Jh.) grau auf dem Bergrücken aus dem Häusergewirr herausragen, rechts das ebenfalls graue **Castello.** Es besitzt sehr hohe Räume in einer Stilmischung aus Renaissance und Barock und einen erstaunlich engen Innenhof. Das *Centro storico* macht einen recht engen, düsteren Eindruck, ohne unsympathisch zu sein. Erstaunlich gut ausgeschildert ist z. B. das **Museo Comunale di Archeologia** (Di–Sa 9–13.30 und 17–20 Uhr, So 9–12.30 Uhr; bei Änderungen anrufen: ✆ 083 3-55 58 19; Eintritt frei), auf das man sehr stolz ist. Es ist in den schön restaurierten Räumen des früheren Franziskanerklosters aus dem 15. Jh. untergebracht und zeigt neben den reichen messapischen Funden ab dem 7. Jh. v. Chr. auch eine große Sammlung mittelalterlicher Keramiken.

In gotischem Kleid präsentiert sich der dreibogige **Sedile.** Davor lädt die Piazza mit ihren Bars zu einer Pause ein. Die rund 11 700 Einwohner der Gemeinde sind entweder immer noch Bauern oder arbeiten an der Küste im Tourismus.

Nun geht es zurück an die Küste und weiter nach Süden. Hinter Marina di Ugento folgt ein Ferienort nach dem anderen, wie die etwas gesichtlosen Orte Pescolusa und Posto Vecchio, die jedoch schöne Strände haben. Dann beginnt wieder ein felsiger Küstenstreifen mit einer Promenade darüber, kleinen Hotels und Bootshafen an einem dekorativen und zinnenbewehrten Rundturm: **Torre Vado.** Die Straße verläuft dicht an der Küste, vorbei an kleinen ummauerten Grundstücken, z. T. noch ohne Haus, nur ein Garten mit Feigenkakteen, vielen Steinen und kaum Erde!

Die Felsküste zieht sich weiter Richtung Süden, kurz darauf ist **San Gregorio** erreicht, ein sehr idyllischer kleiner Ort. Der Blick wird von einer kleinen Villa über der Felsbucht angezogen. Stufen führen abwärts zwischen Restaurants und Ferienhäusern. Der Boden bleibt auffallend steinig wie die Küste, an der einige Kiesbuchten locken. Wieder niedrige Mauern und Steinhaufen, die sich bei näherem Hinsehen als Schuppen entpuppen, die man aus den zusammengeklaubten Steinen errichtet hat: So wurden die Felder von Steinen befreit und gleichzeitig etwas Nützliches damit aufgebaut.

Mit der **Punta Ristola** ist die Südspitze Apuliens erreicht. Von hier hat man freien Blick auf Léuca und den Leuchtturm. Wütend schlägt die weiße Gischt gegen die Klippen, über die man bis ans Ende Apuliens gehen kann. Vorsicht: Kleine Grotten tun sich unversehens auf. Die **Grotta del Diavolo** hat wohl nicht von ungefähr ihren diabolischen Namen! Rechts, also im Norden des Kaps, zieht sich eine enge Felsbucht tief ins Land, mit herrlich grünem Wasser!

In **Léuca** pulsiert das Leben! Sobald es die Witterung zuläßt, wird aus dem verschlafenen Nest ein reger Ferienort. Die saubere Sandbucht unterhalb der Uferstraße und die Felsen sind in der Tat sehr verlockend, obwohl gleich dahinter der Hafen beginnt, der sich vor der Landzunge mit dem Leuchtturm ausbreitet. Die Eis- und Luftballonverkäufer, Pizzerien und anderen Lokale müssen nicht lange auf Kundschaft warten.

Das Besondere an Léuca sind die Villen der Jahrhundertwende (19./20. Jh.), die dicht an dicht gegenüber der Strandpromenade stehen. In den Grundtönen Naturstein, Weiß und Rosa, einzeln oder kombiniert, sind sie mit ihren kleinen Vorgärten unglaublich fein herausgeputzt. Die Prachtvillen in erster Reihe sind besonders gepflegt. Nirgendwo findet man sie so schön konzentriert auf einem Fleck wie hier – es sei denn, mit Prunksucht vermischt, wie im Kurort Santa Cesarea Terme (s. S. 167f.).

Information: Associazione Gallípoli Nostra, Corso Roma 141 (und Viale Europa 15), 73014 Gallípoli, ✆ 08 83-26 42 42; auch Stadtführungen. Pro Loco, Piazza Adolfo Colosso (am Rathausplatz), 73059 Ugento, ✆ 08 83-55 56 44; auch Führungen in die Umgebung.

Unterkunft: *Gehobene Mittelklasse:* **Hyencos Calos,** Piazza Re Ugentini, 73059 Torre San Giovanni, ✆ 08 83-93 10 88, Fax 08 83-93 10 97; perfekt geführtes, modernes Haus an der Straße am Meer, Pool, Parkplatz, ganzjährig geöffnet, gutes Restaurant.
Preiswert: **La Terrazza,** Corso Annibale 62, Torre San Giovanni, ✆ 08 83-93 10 51; kleines preiswertes Hotel, ganzjährig geöffnet. **Il Veliero,** Via Re Artù, Torre San Giovanni, ✆/Fax 08 83-93 11 85; freundliche, komfortable Pension mit Parkplatz, nur April–Sept. geöffnet.
Ferienclub: Robinson-Club Apulia, Viale Victor, 73059 Località Fontanelle/Marina di Ugento, ✆ 08 83-93 41, Fax 08 83-93 36 04; Clubanlage mit vier Sternen unter deutscher Leitung, sehr familiengerecht mit großer Pool-Landschaft und Kinderclub, vielen Sportangeboten wie Reiten, Tennis, Tauchen und anderen Wassersportmöglichkeiten am schmalen, abgegrenzten Sandstrand, von der Anlage durch einen Pinienhain mit duftender Macchia getrennt, großzügige apulische Büffets, nur Mai–Okt. geöffnet.

Restaurants: Al Pescatore, Riviera Cristoforo Colombo 39, Gallípoli, ✆ 08 83-26 36 56; ordentliches Fischrestaurant mit Zimmern. **Da Sarino,** Via de' Cordova 8, Gallípoli, ✆ 08 83-26 32 69; Fisch satt gibt es hier an Süditaliens reichsten Fischgründen, auch in dieser Trattoria, die ein hervorragendes Preis-Leistungs-Verhältnis bietet.

Hommage an den Klassizismus: Léuca

Busse bedienen die Strecke Torre San Giovanni–Ugento–Taurisano–Casarano dreimal tgl. in jeder Richtung.

Schiffsverbindungen: Agenzia De Luca, Uffici Grattacielo (am Hafen), Gallípoli, ✆ 08 83-26 42 43, Fax 08 83-26 38 40; mit dem Tragflügelboot von Gallípoli nach Korfu in nur 3,5 Std.

Murge Salentine

Über rund 60 km erstrecken sich die etwa parallel zur Küste verlaufenden, 50 bis 100 m hohen Hügel der Murge Salentine. Man kann diese Tour auch von Nardò im Norden aus unternehmen (s. S. 153f.) und über die Murge südwärts ziehen, anstatt über die oben beschriebene Strecke an der Küste entlangzufahren. Wenn man daraus eine Rundtour machen möchte, sollte man früh am Tag starten, um alle Orte und Sehenswürdigkeiten besuchen zu können.

Das hübsche **Galàtone** liegt nur 5 km südöstlich von Nardò. Man könnte es zum ›Nuß-Städtchen‹ erklären, wenn am Wochenende die Bauern aus den Dörfern der Umgebung in den 16 150 Einwohner zählenden Ort strömen. Denn alle scheinen sich nüsseknabbernd durch das Zentrum zu schieben, schlürfen da einen *caffè,* trinken dort einen kleinen Brandy, treffen Bekannte oder Geschäftsfreunde. Galàtone ist ein kleines Landwirtschafts- und Handwerkszentrum, das auch einen florierenden Handel betreibt. Seinen Ruhm verdankt es dem Arzt und Humanisten Antonio De Ferraris, ›Il Galateo‹, der hier 1444 geboren wurde: Er war der erste, der die Geschichte Apuliens aufschrieb (»De Situ Japigiae«).

Die Via Sebastiano windet sich mittelalterlich krumm von der **Porta San Sebastiano** (auch Porta del Antro, 18. Jh.) durch die Altstadt bis zur **Pfarrkirche Santa Maria Assunta** (16. Jh.) mit ihrer hohen Renaissancefassade im Osten. Etwas anders als sonst in Apulien präsentiert sich am Rathausplatz (Piazza Costadura) der **Sedile** aus derselben Zeit. Er besitzt keine Loggia, dafür wurde im 17. Jh. eine **Torre Civica** angebaut, der Stadt- bzw. Uhrturm. Die schöne Fassade der **Kirche San Sebastiano e Rocco** (16. Jh.), auch Sant'Antonio genannt, schaut über den länglichen Platz hinweg zum Turm: eine schöne, zurückhaltende Komposition der Renaissance, die sich auch im Kircheninnern mit den weit vorspringenden Gesimsen und vier großen Seitenaltären fortsetzt.

Auf der Rückseite von San Sebastiano befindet sich der Eingang zum **Palazzo Municipale,** dem Rathaus im früheren Dominikanerkloster aus dem 16. Jh. Links davon ist die überreich dekorierte barocke Fassade des **Santuario Santissimo Crocifisso della Pietà** (1696–1710) nach Süden gerichtet. Sehenswert ist vor allem das schöne geschnitzte Tor. Im Innern wird man schier von dem wuchernden Barock erschlagen mit gedrehten, salomonischen Säulen, Figuren, Kassettendecke und einer reich geschnitzten Orgel – alles vergoldet, die Vierung freskiert. Gegenüber der Kirche erhebt sich der **Palazzo Marchesale** mit dem mächtig dicken **Torrione Quadrato** aus dem 15. und 16. Jh.

Galatina liegt nur etwas höher und 9 km östlich von Galàtone. Man durchfährt auf der Provinzialstraße 47 reines Agrarland, eine Mischung aus Weingärten, Getreide- und Gemüsefeldern. Es ist sonst ein flaches, baumloses, der sommerlichen Sonne erbarmungslos ausgesetztes Land mit vereinzelten Mandel- und Olivenbäumen.

Der hl. Katherina von Alexandrien ist die **Pfarrkirche Santa Caterina** der 29 000 Einwohner zählenden Stadt geweiht, die von der Viehzucht und benachbarten Industrien lebt. Man sieht es der schlichten Fassade der fünfschiffigen Franziskanerkirche (1384–91) nicht an, welche Schätze sich dahinter verbergen, ja sogar der größte erhaltene Freskenzyklus der Region aus der ersten Hälfte des 15. Jh. Auch die Signatur von Francesco d'Arezzo, einem der Künstler aus Mittelitalien, ist erhalten geblieben. Außerdem besitzt die Pfarrkirche, eine Stiftung des mächtigen Raimondello del Balzo-Orsini, dessen Grabmal an der linken Chorwand zu finden ist, den einzigen wirklich gotischen Chor Apuliens. Man kann übrigens problemlos in den Kreuzgang gelangen, da er häufig für Ausstellungen genutzt wird. Ziel des Besuchs ist aber vor allem die schöne »Madonna mit Kind«, das Werk eines Florentiner Künstlers (15. Jh.).

Man kann von Galatina ins 12 km entfernte **Collepasso** hinaufsteigen, den höchstgelegenen Ort der Murge Salentine (128 m). Nach weiteren 8 km ist **Casarano** erreicht. Trotz seiner ländlichen Lage in 107 m Höhe inmitten weiter Getreide- und Sonnenblumenfelder hat das Städtchen über 20 600 Einwohner und besitzt eine bedeutende Schuhindustrie. Von der Hügellage der römischen Gründung ist kaum etwas zu spüren. Sehenswert ist die **Chiesa di Casaranello** am Rande des Zentrums im gleichnamigen südlichen Vorort. Das Kirchlein aus dem 5. Jh. ist Santa Maria della Croce geweiht. Seine Mosaiken aus dem 5. Jh. und Fresken aus dem 14./15. Jh. gehören zu den hervorragendsten ganz Apuliens. Um diese Kunstwerke in relativer Ruhe betrachten zu können, sollte man kurz vor einer Messe eintreffen (z. B. sonntags um 8.30 Uhr). Offiziell ist die Kirche täglich von 8 bis 20 Uhr zugänglich. Sollte sie dennoch verschlossen sein, hilft die Ortspolizei gerne weiter, ebenso der freundliche Andrea Pellegrino (s. S. 164), der zwei kleine Bücher über Casanarello veröffentlicht hat (in der Kirche erhältlich). Kein Wunder, daß sich hier viele Paare auch aus der weiteren Umgebung das Jawort geben wollen. Doch wer sie nicht kennt, fährt leicht an der unscheinbaren Kirche vorbei! An

Pfarrkirche Santa Caterina in Galatina

den Langhauswänden sind restaurierte Fresken angebracht. Original erhalten sind die Fresken des Tonnengewölbes und die Reste an den vier Pfeilern der kleinen dreischiffigen Basilika, auch im Chorraum. Die Mosaiken strahlen in der Vierung und in der Chorapsis in leuchtenden Farben. Sie sind zu raffinierten Mustern zusammengesetzt – wie eine kostbare Stickerei.

Wer ins Zentrum von Casarano fährt, wird um den Hauptplatz und in der Via Roma einige edle Renaissancepaläste und Gebäude aus der Jugendstilzeit entdecken.

Nur 7 km weiter südlich liegt **Taurisano** (12 200 Ew.) auf einem 113 m hohen Hügel, an dessen Ortseingang sich die **Kirche Santa Maria della Strada** in den Weg stellt. Direkt an der Straße gelegen, ist sie wirklich eine *Chiesa della Strada.* Sie tut recht so, denn man sollte sie nicht übersehen! Wunderschön ist das reich geschmückte spätromanische Portal: eine »Verkündigung« im Architrav, der hohe Bogen darüber wird von zwei weiteren Schmuckleisten umgeben, auf den Kapitellen der Halbsäulen thronen Löwen und über allem öffnet sich die Rosette.

Man sollte es nicht versäumen, weiter in den Ort einzudringen, dessen Handwerk sowie der Handel mit Textilien die Säulen der Wirtschaft bilden. Frisch restauriert zeigt sich der sandfarbene **Palazzo Ducale Lopez y Royo** mit dem zurückhaltenden Schmiedeeisenschmuck seiner Balkone und der klassisch-schönen Fassade seiner integrierten Kapelle (links). Jahrhundertelang Sitz der Fürsten von Taurisano, wurde der Palast schließlich von seinem letzten Besitzer, dem 1957 kinderlos in hohem Alter verstorbenen Lopez y Royo Tramondi, der Stadt vermacht. Mehrere Nachkommen seiner Brüder leben noch heute in der Umgebung in den eigenen Palästen. Jetzt hat das Rathaus im Palazzo wahrlich repräsentative Räume bezogen, bei denen man sich angesichts des Namens der Erbauer nicht über den spanischen Charakter wundern muß. Städtebaulich sehr schön ist der an sich kleine Durchgang in der Mitte der Palastfassade: Dahinter führt eine Straße mitten durch die Anlage in den früheren fürstlichen Garten, der, allerdings schon ziemlich dezimiert, als Stadtpark fungiert.

8 km südöstlich liegt in 102 m Höhe **Presicce.** Wunderhübsch ist sein Hauptplatz. Er ist dem Ortspatron Andreas gewidmet: mit Andreas-Säule auf hohem Sockel und dreistöckiger, klar gegliederter Barockfassade der **Pfarrkirche Sant' Andrea** (16. Jh. und 1778–81). Der Kirchturm ragt kaum merklich hinter der Fassade auf. Historisierende schmiedeeiserne Laternen schmükken zusätzlich den Platz.

Überhaupt wirkt das Städtchen, ein beschauliches Landwirtschaftszentrum (6000 Ew.) mit florierendem Handwerk und Kunsthandwerk, sehr gepflegt, auch wenn noch nicht alle Palazzi – manche stammen noch aus dem 16. Jh. – vollständig restauriert sind. Sie sind Zeugen der Feudalherrschaft von 1088 bis 1806. Zu den Feudalherren zählten bekannte Geschlechter wie das des Normannen Tancredi, danach der Balzo-Orsini, der Arditi und der Gonzaga aus Mantua. In deren Palast an der Via Roma ist heute das Rathaus eingezogen. Bei solch reichen Förderern wundert es nicht, daß manche der kleinen Kirchen kostbar ausgeschmückt sind – so auch die Kirche Sant'Andrea. Sie wurde vom Architekten Saverio Negro entworfen und beherbergt im Innern u. a. Gemälde von Catalano und Riccio.

In der **Via Arditi** steht rechts von Sant'Andrea einer der größten Renaissancepaläste der Stadt mit schönem Innenhof und hoher Loggia aus unverputztem Sandstein. Hier finden sich einige weitere, schlichte Barockpaläste, z. B. der langgestreckte **Palazzo Michele Arditi,** der sich wie ein großes Gehöft weit in seine dahinterliegenden Gärten hinauszieht. Gegenüber steht seine Rokoko-Kapelle. Alles wirkt in diesem hübschen Städtchen edel, keinesfalls protzig. Auch der kleine **Palazzo Soronzi** (16. Jh.) in der Via Gramsci 20, der mit seinen versetzten Diamantquadern etwas Burgartiges hat.

Rund 10 km weiter südöstlich (auf der Straße nach Castignano und Gagliano del Capo) sollte man unbedingt im kleinen **Patù,** 124 m hoch gelegen, halten und an der Mariensäule zum **Kirchlein San Giovanni** aus dem 11. Jh. abbiegen. Nach der geglückten Restaurierung der freskierten Kirche soll sie nun tagsüber wenigstens durch das schlicht-schöne Gitter einsehbar bleiben. Signor Stefano Cagnazzo (s. u.) hilft freundlich weiter, auch mit Informationen über den auffallend robusten, gedrungenen und in Apulien einmaligen Steinbau aus megalithischen Quadern gegenüber: Dieser wird **Centopietre** (›100 Steine‹) genannt und zeigt im zweischiffigen Innenraum ein paar byzantinische Freskenreste (eventuell Heilige). Daher nimmt man an, daß es sich doch nicht, wie ursprünglich vermutet, um ein messapisches Heiligtum handelt, sondern um ein mittelalterliches, das aus älteren Steinen zusammengebaut worden war.

Oliven- und Feigenbäume säumen den Weg nach Léuca, noch lange mit Blick auf das Adriatische Meer links und das Ionische rechts.

Information: Pro Loco, Piazza Santissimo Crocifisso 4, 73044 Galàtone, ✆ 08 33-86 13 16. Pro Loco, Piazzetta Orsini, 73013 Galatina, ✆ 08 36-56 23 04. **Andrea Pellegrino,** Via Giulio Verne 19, 40730 Casarano, ✆ 08 33-50 12 48. **Stefano Cagnazzo,** 73053 Patù, ✆ 08 83-75 24 37 (oder im nicht immer besetzten Pro Loco an der Piazza Indipendenza).

Von Léuca nach Otranto

Vor der Weiterfahrt von Léuca sollte man ans ›Ende der Welt‹ ziehen, zum weißen Leuchtturm, wie üblich in Italien ein Militärsperrgebiet, aus dessen unmittelbarer Nähe man einen wunderschönen Blick nach rechts zum Hafen von Léuca und auf das Städtchen genießt. Links breitet sich das Wallfahrtskloster aus, den Kreisverkehr davor ziert eine Mariensäule. Mindestens einmal im Leben ziehen nicht nur Apulier zum weißen **Santuario della Vergine,** oder um sich in der Kirche trauen zu lassen. Eine Monumentaltreppe markiert den Endpunkt des *Acquedotto Pugliese,* der ganz Apulien durchzieht und mit Wasser versorgt.

Auf der Strecke von Léuca nach Otranto Richtung Norden fallen die zahlreichen stumpfen Steintürme, die *paglialii,* eine Vorform der Trulli, auf. Sie verfügen über ein dickes Mauerwerk mit einer einzigen winzigen Öffnung als Tür und dienen als Strohschober, Geräteschuppen und Zufluchtstätte der Bauern und Hirten. Sie sind wohl deshalb so dickwandig ausgefallen, weil man hier genügend Steine zu ihrem Bau vorfand!

Marina di Novaglie ist nach ca. 10 km erreicht: Viele Ölbäume stehen bis nah ans Meer, dazwischen kleine weiße Villen und ein paar Fischerhäuser, rechts von der Zufahrt ein Bootshafen mit einer Sommerkneipe (Lo Scoglio).

Nur wenige Kilometer weiter nördlich taucht hinter Marina Serra schon **Tricase Porto** auf. Es gehört zum 4 km landeinwärts gelegenen Handwerkerstädtchen **Tricase** mit seinen reich ausgestatteten Kirchen. Tricase liegt auf einem 98 m hohen Kalkfelsen, der einen herrlichen Meeresblick ermöglicht. Das hübsche Tricase Porto mit großem Hafen hat sich zu einem bei der einheimischen Bevölkerung sehr beliebten Badeort entwickelt, besitzt es doch auch noch seine alten Befestigungsanlagen und eine malerische Turmvilla. Viele Ferienhäuser, einige von erheblicher Größe, sind in die Hänge gebaut. Oleanderbüsche, die im Sommer einen betäubend schweren Duft ausströmen, gehören zum Hauptschmuck des Ortes.

Ein kleiner Bootshafen folgt dem anderen, manche in alte Steinbrüche hineingebaut, wie aus dem

Steinbauten, eine Vorform der Trulli

Grotta Romanelli und Grotta Zinzulusa

Die von Paolo Emilio Stasi entdeckte **Grotta Romanelli** (nicht zu besichtigen) brachte eine solche Vielfalt an prähistorischen Ritzzeichnungen mit Menschen- und Tierdarstellungen zutage, daß man danach alle dazu passenden Formen als Romanelli-Kultur bezeichnete. In der Grotta Romanelli fand man die wohl ersten Darstellungen von Menschen, außerdem eine rot gefärbte Steintafel mit primitiven Figuren. Doch für die Höhlenforscher besonders wertvoll waren die Knochenfunde: Mit ihrer Hilfe konnten lückenlos die klimatischen Veränderungen rekonstruiert werden, der Wechsel zwischen Eiszeiten und tropischem Klima. Man fand hier Reste von Rentieren und Mammuts, von Pinguinen sowie von tropischer Fauna wie Urelefanten. Ohne Frage: Die Menschen, die hier lebten, waren Jäger und Sammler.

Ihre Kultur ist jedoch nicht auf den Salento beschränkt, sondern bezieht ganz Apulien ein. Vor allem den Gargano, wo man noch frühere Funde machte: In der Grotta Paglicci am Rignano Garganico fand man das Grab eines vor 22 350 Jahren verstorbenen Jägers mit reichen Grabbeigaben, und in der Grotta delle Veneri bei Parábita auch Venusfiguren aus Knochen, nach denen man die Grotte benannte – eindeutig Fruchtbarkeitsgöttinnen (s. Taranto, S. 135).

Zwar findet man in der **Grotta Zinzulusa** keine prähistorischen Ritzzeichnungen wie in den verschlossenen Grotten Romanelli und dei Cervi, doch kann man sich eine gewisse Vorstellung davon machen, wie die Menschen in den Anfängen der apulischen Kultur um 20 000 v. Chr. gelebt haben. Die Grotte ist ca. 150 m lang, doch man darf sie nur bis zum sogenannten *Duomo,* einem hohen Raum begehen, dahinter sollen die blinden Krebse und die Fledermäuse, die ihnen mit ihrem Kot Nahrung bieten, ungestört leben können. Im *Corridoio delle Meraviglie* sind bereits zahlreiche Stalagmiten und Stalaktiten zu bewundern.

Die Zinzulusa-Grotte ist im Rahmen einer Führung ganzjährig und außer im Winter durchgehend zu besichtigen – wenn es das Wetter erlaubt, genauer: nie bei starkem Winter-Scirocco!

In der Grotte wird zwischen Heiligabend und 6. Januar eine Krippe mit fast lebensgroßen Pappmaché-Figuren aufgestellt. Die Pfarrkirche von Castro besitzt eine große Sammlung von Krippenfiguren, weil jährlich ein paar Figurengruppen der Zinzulusa-Krippe verändert werden.

Felsen gesägt, z. B. **Porto Anfora** und **Castro Marina.** Man sieht es letzterem an, daß er sich schon länger als Badeort etabliert hat: Seine Villen auf den Terrassen zum Meer sind älteren Datums und stehen zwischen Steineichen, alten Oliven- und hohen Eukalyptusbäumen, und die Promenade ist hübsch eingewachsen. Nur der über ein paar Stichstraßen erreichbare Hafen hat zu viel Beton abbekommen. Ganz Castro scheint aus Ferienhäusern zu bestehen, also braucht es viele Bootsanlegestellen. Aber zur Ehrenrettung der Hafenerbauer muß gesagt werden, daß Castro Marina auch ein wichtiger Fischerort ist. Lohnend ist der kurze Abstecher hinauf zum 90 m hoch gelegenen **Castro Superiore,** wie der hübsche obere Teil mit seiner byzantinischen Kathedrale und der Festung aus dem 16. Jh. heißt.

Gleich hinter Castro Marina kommt man noch in seinem Ortsbereich zur **Zinzulusa-Grotte.** Da sie die einzige der drei wichtigsten prähistorischen Grotten ist, die man besichtigen darf, sollte man den Besuch nicht versäumen. Auch wenn sie nur ein schwaches Abbild dessen ist, was man in der **Grotta dei Cervi** und der **Grotta Romanelli** zu sehen bekäme (s. S. 166). Aber nur Archäologen und Höhlenforscher bekommen diese beiden Grotten zu Gesicht, wenn sie eine spezielle Genehmigung vorlegen können.

Im Sommer kann man unter dem Restaurant an der Zinzulusa-Grotte im Strandbad mit großem Pool und Kabinen einen echt-italienischen Ferientag einfügen. Oder von dort aus kurze Fahrten mit einem kleinen Boot entlang der grottenreichen Küste unternehmen.

An einem schönen hohen Rundturm mit kleinem Hafen, der aus dem Felsen geschnitten wurde, tobt in **Porto Miggiano** allsommerlich das wahre süditalienische Leben. Mit Bootsverleih und vielen geparkten Autos, deren Besitzer alle ins wundervoll grüne Meer wollen.

Offiziell heißt die Küstenstraße *Strada Statale delle Terme Salentine,* ›Staatsstraße der salentinischen Thermen‹. Doch wahre Bedeutung hatte und könnte nach der vollständigen Sanierung nur ein Kurort wieder erlangen: **Santa Cesarea Terme** (3000 Ew.). Am Meer erheben sich drei Villen im indisch-maurischen Stil. Wegen ihrer Größe darf man sie eigentlich schon Paläste nennen. Der prächtigste unter ihnen besitzt eine lange Loggia mit gedrehten Säulen, eine Kuppel wie bei einer Moschee, ganz in Pastelltönen gehalten. Der Palast erhebt sich über der schönsten Therme. Die vier Heilquellen des Ortes befinden sich in Grotten: Gattulla und Fetida, in der radioaktiver Fango gewonnen wird, sowie die beiden schwefelhaltigen Grotten Solfatara und Grotta Grande. Aus ihnen werden drei Kuranstalten versorgt: Terme Grotte Santa Cesarea, Terme del Albergo Palazzo und Terme Gattulla.

Viele der hübschen kleinen Villen kann man mieten. Dies emp-

Villa in Santa Cesarea Terme

fiehlt sich natürlich nur außerhalb der sommerlichen Hochsaison, da die Betten dann in der Regel schon Jahre im voraus von italienischen Familien ausgebucht sind. Es gibt zwei Strandbäder, beide sind in aufgelassene Steinbrüche hineingebaut. Das »Bagno Marina Archi« hat mittendrin sogar einen Pool.

Auf der Weiterfahrt nach Norden sieht man immer wieder die wuchtigen Wachttürme, die zum Schutz gegen die Sarazenen gebaut wurden. Überall erstrecken sich kleine Pinienhaine bis ans Meer: Aufforstungen, die dringend notwendig sind, um der Erosion auf dem steinigen Boden Einhalt zu gebieten.

Ohne es zu merken passiert man die **Grotta dei Cervi.** Da sie nicht zu besichtigen ist, gibt es kein Hinweisschild. Man sollte dennoch auf der schmaleren Küstenstraße bleiben, die dem Küstenbogen folgend nach **Porto Badisco** führt. Der kleine Ort ist umrahmt von weißen Kalkfelsen. Ein schattiges Pinienwäldchen, schöne große Feigenbäume, eine einfache Strandbar, wenige Fischerboote, kaum ein Dutzend Häuser: Das ist der tiefe Fjord von Porto Badisco.

Trampelpfade durchziehen die karstige Landschaft – eine gute Gelegenheit für eine Wanderung an der nicht sehr steilen Felsküste. Mehrere *masserie* stehen hier, fast geduckt und festungsgleich ummauert, ein paar von ihnen sind sogar bewohnt, und das Land ringsum ist bewirtschaftet. Dazwischen liegen Weideflächen, auf den Gütern wird *pecorino* produziert.

Dann sind es, um das Kap herum, nur noch knappe 3 km bis Otranto, dem schönsten Ort an der salentinischen Ostküste. Vom **Capo d'Otranto** kommend, kann man das Städtchen von seiner Schokoladenseite betrachten.

Information: Pro Loco, Piazza Pisanelli, 73039 Tricase, ✆ 08 33-54 18 84 (auch für Tricase Porto).
Pro Loco, Via Stasi 12, 73030 Castro, ✆ 08 33-94 33 17 (auch für die Zinzulusa-Grotte).

Unterkunft: *Gehobene Mittelklasse:* **Mediterraneo,** Via Roma 173, 73020 Santa Cesarea Terme, ✆ 08 36-

9 44 00 80, Fax 08 36-94 40 32; das Paradehaus des Kurortes mit eigenem Badeplatz.
Mittelklasse: **Palazzo,** Via Roma 223, Santa Cesarea Terme, ✆ 08 36-94 43 16, Fax 08 36-94 43 19; nettes Kurhotel mit eigener Kurabteilung.
Preiswert: **Hotel Francis,** Santa Cesarea Terme/Località Porto Miggiano, Litoranea per Castro/S.P. 259, ✆ 08 36-94 41 29; kleines Familienhotel mit Camping.

Camping: Scogliera, Santa Cesarea Terme, Litoranea per Castro/ S.P. 259, ✆ 08 36-94 98 02, Fax 08 36-94 97 94; netter Campingplatz nahe der Zinzulusa-Grotte, mit Restaurant, ganzjährig geöffnet. **Porto Miggiano,** Santa Cesarea Terme/Località Porto Miggiano, Via Umberto I, ✆ 08 36-94 43 03; nur zur Saison geöffnet.

Restaurants: Lo Scoglio/Da Cesare, 73020 Marina di Novaglie, ✆ 08 33-53 34 88; typisches Sommerlokal am Meer. **Tenuta Il Gambero,** 73028 Otranto, Litoranea per Porto Badisco, ✆ 08 36-80 11 07; gutes Restaurant in einer *masseria* aus dem 13. Jh., mit Feinschmeckerküche und 14 hochpreisigen Appartements, 3 km südlich von Otranto gelegen, dicht an der Küstenstraße.

Otranto

Das Städtchen ist so touristisch-geschäftig, daß man ihm seine nur 5300 Einwohner kaum glauben mag. Es lebt gut von der Fischerei, den Baumschulen und seinen zahlreichen Olivenbäumen in der Umgebung – und vom Tourismus.

Wegen seiner Nähe zum heutigen Albanien und zu Griechenland war der Ort schon im Altertum ein bedeutender Umschlagplatz. Messapischen Ursprungs, wurde Otranto wahrscheinlich von Tarantesern neu gegründet, kam unter die Herrschaft der Griechen und Römer, später der Langobarden. Während der byzantinischen Zeit spielte Otranto eine bedeutende Rolle als christliches Zentrum des Gebietes. Die Normannen statteten es mit ihrer großartigen Kathedrale aus. Vor allem durch die Kreuzzüge konnte die Stadt ihre wichtige Position bis ins 13. Jh. behalten. Sie erlitt mehrmals Besetzungen und Zerstörungen durch die Sarazenen und die Türken, die am 11. August 1480 ein verheerendes Blutbad anrichteten. Ferdinand I. von Aragon befestigte 1485–98 Otranto wieder, u. a. mit der polygonalen Festung über einem staufischen Kastell, die nach langjährigen Restaurierungsarbeiten wieder schön trutzig aussieht (im Sommer finden darin Festspiele statt). Obwohl Lecce Provinzhauptstadt ist, wird die nach ihr benannte Provinz religiös vom salentinischen Erzbischof in Otranto ›regiert‹.

Besichtigung

Den Wagen sollte man irgendwo im Süden in der Nähe der wuchtigen **Torri Alfonsine** abstellen. Von dort kommt man gut zu Fuß durch den einladenden Ort mit dem verkehrsberuhigten historischen Zentrum entlang des Corso. Versteckt im Altstadtgewirr hinter der Festung steht die **Kathedrale** (ab 1080 bis Ende 12. Jh.; tgl. 8–12 und 15–17, im Sommer bis 19 Uhr) mit ihrer kaum gegliederten Fassade. Um so eindrucksvoller ist das große Barockportal, auf beiden Seiten gerahmt von kannelierten Säulen, und die ebenfalls große, spätgotische Rosette darüber, deren Maßwerk wie feine Klöppelarbeit wirkt. Um chronologisch zu beginnen, sollte man gleich in die **Krypta** absteigen, die für Apulien zum Musterbau für andere Unterkirchen wurde. 42 Stützen tragen diese teilweise noch freskierte Unterkirche: monolithische Marmorsäulen mit romanischen Kapitellen von besonderer Schönheit wie ein Adlerkapitell, Körbe und Fischsymbole.

Spätgotische Rosette am Barockportal der Kathedrale von Otranto

Berühmt sind die Oberkirche und ihr **Mosaikfußboden.** Er ist das Meisterwerk des griechischen Priesters Pantaleone, das um 1163–66 datiert ist. Nicht, daß es künstlerisch besonders gelungen wäre, aber es ist – weltweit – das einzige fast vollständig erhaltene Mosaik seiner Zeit. Und gerade die etwas naive Unbeholfenheit bei der Darstellung mancher Szenen ist rührend und begeistert vielleicht deshalb so viele Menschen: Der »Sündenfall« oder die exotischen Tiere in der Vierung etwa, im Mittelschiff die naiven Monatsbilder oder »Noah und seine Söhne im Weinberg«, auch die Fabelwesen und der nackte Posaunenbläser zwischen den Pferden mit den verknoteten Schwänzen. Vor dem Verlassen der Kathedrale sollte man es nicht versäumen, im Langhaus die noch erhaltenen Kapitelle aus dem 12. Jh. und im rechten Seitenschiff die vier Säulen eines Ziboriums zu bewundern. Auch ein Blick zur Kassettendecke des 17. Jh. lohnt sich. An der Piazza Basilica befindet sich um die Ecke bei der Kathedrale das sehenswerte **Museo Diocesano** (tgl. 10–12 und 15–18, im Sommer 16–20 Uhr).

Über den schmalen Corso, eine einladende Bummelmeile mit kleinen Restaurants in alten Gewölberäumen und Souvenirläden, gelangt man zur kleinen Piazza del Popolo. An der linken Seite führen ein paar Stufen hinauf zur **Kirche San Pietro**. Dieser miniaturhafte byzantinische Zentralbau (7./8. und 10./11. Jh.) könnte die erste Kathedrale gewesen sein und ist Otrantos zweite Attraktion. Denn die Fresken von San Pietro, die aus mehreren Epochen stammen, füllen es fast vollständig aus. Besonders gut erhalten sind sie in der linken Kapelle vor dem Chor. Falls die Kirche geschlossen ist, hilft der Küster an der Piazza del Popolo 1 (im Haus mit Balkon und *madonnina*).

73028 Otranto (LE)

Information: APT, Via Presleiterio 12, ✆ 08 36-80 14 36.

Unterkunft: *Mittelklasse:* **Minerva,** Via Pioppi 46, ✆ 08 36-80 44 40; kleines Stadthotel o. Restaurant.

Restaurants: Acmet Pascià, ✆ 08 36-80 12 82; gutes Restaurant mit Terrassen-Service, direkt am Meer unterhalb der Altstadt. **La Pignata,** Corso Garibaldi s.n., ✆ 08 36-80 12 84; rustikale Taverne am zentralen Corso. **Vecchia Otranto,** Corso Garibaldi, ✆ 08 36-80 15 75; nettes Altstadtrestaurant im Gewölbekeller am zentralen Corso.

Bahnverbindungen: mit den privaten Eisenbahnen *Ferrovie del Sud* tgl. ins Umland und nach Lecce (Anbindung an die Staatsbahn).

Busverbindungen: mehrmals tgl. zu den Hauptverkehrszeiten nach Maglie, von dort Bahnanschluß nach Nardò und Gagliano del Capo.

Westlich von Otranto

Etwa 20 km westlich von Otranto liegt **Muro Leccese** in nur 82 m Höhe, eine kleine Stadt mit knapp 5200 Einwohnern, die vom Tabakanbau, dem Ertrag der Olivenbäume und vom Handwerk leben. Im Kern ist der Ort eine niedrig gebaute, steingewordene Schönheit aus der Übergangszeit zwischen Renaissance und Barock (Ende 16. bis Ende 17. Jh.). Besonders gelungen ist die großzügige **Piazza del Popolo** mit der **Kirche dell'Annunziata** (1681–93). Auf der gegenüberliegenden Seite, ebenfalls auf dem schönen Platz mit seinen gußeisernen Laternen, steht die zweite Barockkirche: **Maria Immacolata** (1778–87). Hinweisschilder führen zu einer nahen megalithischen Mauer, den Resten einer messapischen Vorgängerstadt, die ebenso wenig interessant sind wie der einfache Menhir in einem kleinen Stadtpark am anderen Ende des Städtchens (erreichbar über die Via Salentina). Da lohnt es sich eher, sich zur **Kirche San Domenico** (1561–83) durchzufragen, deren Kloster noch einen spätmittelalterlichen Kreuzgang besitzt.

3 km entfernt befindet sich im Handwerker- und Handelsstädtchen **Maglie** (15 300 Ew.) mit seinen Barockkirchen ein interessantes frühgeschichtliches Museum: das **Museo Comunale di Paleontologia** (Di–Sa 9–13, Do/Sa auch 16–18, So 10–12 Uhr, im Sommer

Chiesa dell'Annunziata, Muro Leccese

zeitweise längere Öffnungszeiten; Eintritt frei).

Knapp 5 km nordwestlich und ein klein wenig höher (97 m) liegt **Corigliano d'Otranto,** das neben Tabak, Oliven und Trauben auch Süßigkeiten und Mineralwasser produziert und damit seinen 5770 Einwohnern eine ordentliche Lebensgrundlage bietet. Für Reisende ist allein die Fassade des Renaissanceschlosses Grund genug, im Städtchen Station zu machen. Man nennt es stolz **Castello Baronale de' Monti** und verweist darauf, daß es 1480 den Türken – im Gegensatz zu Otranto – widerstehen konnte. Im 16. Jh. bekam es seine geradezu bulligen, runden Ecktürme und 1667 eine raffinierte Fassadenverkleidung mit überschwenglich figural gestaltetem, langem Balkon über dem schlichten Portal. Die Figuren in den Nischen wurden zwischen den einfachen Fenstern so raffiniert nach oben verschoben (ihre Sockel sind etwa in der Mitte der Fensterhöhe angesetzt), daß sie über den Fenstern eine Art Fries bilden. Man muß sich mit dem Anblick der Fassade begnügen, denn das Schloß befindet sich in Privatbesitz und ist nicht zu besichtigen.

Von Corigliano heißt es, daß seine Bewohner noch immer ihren ursprünglichen griechischen Dialekt sprechen könnten. Das gleiche gilt übrigens auch für das nahe **Calimera** auf halber Strecke nach Lecce: Calimera kommt schließlich aus dem Griechischen und bedeutet ›guten Morgen‹.

Von Corigliano bietet sich die Weiterfahrt über die S.S. 16 nach Lecce an, falls man nicht die Küstenstraße nehmen möchte; Galatina, Galàtone und die Murge Salentine (s. S. 160 ff.) sind von hier aus schnell zu erreichen.

Die Alímini-Seen und die Küste bis San Cataldo

Auf der Weiterfahrt von Otranto nach Norden entlang der Küstenstraße kommt man nach ca. 8 km zum ersten der beiden langgestreckten Alímini-Seen. Der kleine, südliche See, **Alímini Piccolo,** wird von einer Quelle gespeist, weshalb man ihn auch *Fontanella* nennt. Der große, nördliche See, **Alímini Grande,** hat eine direkte Verbindung mit dem Meer und ist daher salzig und ideal für die Fischzucht, für die er ausschließlich genutzt wird. An seinen Ufern wächst Schilf, im Frühjahr überzieht ein Blumenteppich die Landschaft, soweit sie nicht vom alten, dichten Pinienhain eingenommen ist, der bis ans Meer reicht. Danach folgt Agrarland mit Gemüsefeldern und Verkauf von *Pecorino.* Die Straße verläuft in einiger Entfernung zur Küste, die mit Pinien dicht bestanden ist. Im Wald finden sich Ferienanlagen, und landeinwärts breiten sich Schafweiden aus.

3–4 km weiter ragt auf einem Felsen am Meer die Ruine eines großen, weißen Wachtturms, **Torre dell'Orso** (›Turm des Bären‹), in den Himmel. Stufen führen hinab ans Meer, eine schmale Einbahnstraße auf den Turm aus dem 16. Jh. zu. Der gleichnamige Badeplatz besteht aus einer großen Sandbucht mit Ferienhäusern und Cafés. Er ist zwar nicht sonderlich hübsch, strahlt jedoch Gemütlichkeit aus. An der Küste geht es weiter vorbei an kleinen, teils sandigen, meist aber felsigen Buchten.

Auch **Roca Vecchia** ist, wie der Name schon sagt, eine alte Festungsruine. Der Platz war bereits in vorgeschichtlicher Zeit besiedelt, wie die Ausgrabungen einer großen Ringmauer und einer ganzen Nekropole mit zahlreichen, symmetrisch in den Fels gehauenen Gräbern beweisen. Zusammen mit den Funden aus dem 4.–3. Jh. v. Chr., die jetzt im Provinzmuseum von Lecce (s. S. 182) zu sehen sind, ist somit eine messapische Besiedlung des Standortes belegt. Später hatten die Römer hier ihren Hafen, in dem Oktavian gelandet sein soll, als er von der Ermordung Cäsars erfuhr. Roca Vecchia war auch der mittelalterliche Hafen Lecces. Heute stehen in der Nähe ein paar Ferienhäuser. Kleine Grotten und Felsbuchten sind über Stufen zu erreichen.

Das benachbarte **San Foca** lockt mit seinen Dünen und einem schmalen Sandstrand Badegäste an. An den Strand schließen sich neuere, einfache Ferienhäuser, ein paar Hotels und ein kleiner Jachthafen an. An der Promenade ist schon im Frühsommer ganz schön viel los,

Lunapark inbegriffen! Dabei ist der Sandstreifen recht schmal, im Norden bieten sich jedoch ein paar flache Felsen als Schwimmziele an. Viele kurze Trampelpfade zur Küste zeigen, wie beliebt die Badeplätze sind. Direkt an der Straße wechseln sich Richtung San Cataldo Sand- und Felsbuchten ab. Überall breitet sich niedrige Macchia im Zauber von Duft und Farben aus, bis die sengende Sommersonne später alles verbrennt. In den Pinienhainen fallen stumpfe Kegeltürme auf, die z. T. in Gruppen stehen, mit Stufen, die in konischer Linie auf die Spitze führen. Es sind die für die Landwirtschaft wichtigen Zisternen.

Etwa 5 km vor San Cataldo beginnen Ölbaumpflanzungen, noch im Wechsel mit Pinienhainen. Vereinzelt signalisieren Eukalyptusbäume trockengelegte Feuchtgebiete. Durch einen herrlichen Pinienhain führt die Straße rechts ab nach **San Cataldo.** Die schöne, 35 km lange Küstenstraße zwischen Otranto und dem Strandort der Provinzhauptstadt Lecce endet hier. Sobald die warme Jahreszeit eingeläutet wird, findet in San Cataldo fast ständig eine Art Jahrmarkt statt, wo Gemüse, Obst, Unmengen von Süßigkeiten und Souvenirs verkauft werden. Die Promenade zieht sich scheinbar endlos lang – schön ist sie gerade nicht, ebensowenig wie der lange, schmale Sandstreifen mit dem Leuchtturm. Cafés, Eisdielen und Restaurants ersetzen ein besonderes Badeflair. Aber wer den heißen apulischen Sommer in einer Stadt wie Lecce kennt, der fragt nicht, warum die Lecceser ihren Badeort so lieben ...

Auch die nördlicher gelegenen Badeorte bis zur Provinzgrenze mit Brindisi sind keine Schönheiten. Trotz der niedrigen Dünen ist die Küste mit kleinen, meist gesichtslosen Ferienhäusern häßlich verbaut. Am schlimmsten zeigt sich **Casalabate** mit zweistöckigen Häusern und kleinen zubetonierten Gärten. Hauptsache, man hat ein Haus am Meer! Von San Cataldo führt eine fast schnurgerade Straße nach 12 km ins Zentrum von Lecce.

Unterkunft: *Gehobene Mittelklasse:* **Serra degli Alímini 1,** 73028 Otranto/Località Alímini, ✆ 08 36-80 33 16, Fax 08 36-80 32 09; Appartement-Hotel an den Alímini-Seen mit Strand, Wohneinheiten mit 2–8 Betten, wochenweise zu mieten; **Alímini 2,** ✆ 08 36-80 11 16, Fax 08 36-80 15 87; nur Sommerbetrieb.
Ferienclubs: Club Mediterranée, 73028 Otranto/Località Torre Santo Stefano, ✆ 08 36-80 56 05, Fax 08 36-80 56 00; französischer Ferienclub mit Pool, nur mit Vollpension, Saisonbetrieb. **Valtur Alímini,** Otranto/Località Alímini, ✆ 08 36-851 02, Fax 08 36-853 06; Clubanlage nahe den Alímini-Seen mit eingerichtetem Strand, Saisonbetrieb.

Barockjuwel Lecce

Dem weichen Stein, der in der Umgebung abgebaut wird, verdankt Lecce den Ruhm seines Barock. Selbst mit einfachstem Werk-

Allgegenwärtig: der verspielte Barock von Lecce

zeug ließ sich daraus wundervolle, auch die zierlichste Dekoration herausarbeiten. Entstanden ist ein geradezu überschwenglicher Barock mit vielen Früchten und Girlanden und ein Stil von besonderer Raffinesse mit Säulen, geschmückt mit gedrehten ›Bändern‹, folgerichtig als ›Lecceser Barock‹ bezeichnet. Man findet ihn freilich nicht nur in Lecce selbst, sondern auch bis hinauf in die Provinzen Brindisi und Taranto, dort bei weitem nicht so rein und ausgeprägt wie hier.

Das ausnehmend Schöne an Lecce ist die gesamte planerische Gestaltung der Stadt. Die Anlage der Plätze und Straßen läßt ein Gesamtkonzept erkennen, eine Abstimmung aller Elemente aufeinander. Nicht zuletzt daraus resultiert die beispielhafte Wohnlichkeit der

Stadt. Mitten in ihrem Herzen, an bzw. unter der Piazza Oronzo, findet man mit dem Amphitheater auch großartige römische Spuren.

Für Lecce und seine Sehenswürdigkeiten sollte man sich Zeit lassen und den Aufenthalt in der rund 100 000 Einwohner zählenden Stadt genießen, die bereits vom Kulturtourismus profitiert, obwohl die höchsten Erträge nach wie vor aus der Landwirtschaft, dem Agrarhandel und Handwerk kommen.

Lecce, die ›Perle des apulischen Barock‹, läßt sich auch gerne ›barockes Athen‹ und ›apulisches Florenz‹ nennen. Man sieht, diese elegant-bürgerliche Universitätsstadt mit vielen guten Schulen in der Tradition der Priesterseminare, leidet nicht an Komplexen! Schließlich ist sie nicht nur die wirtschaftliche, sondern auch die kulturelle Metropole des Salento und der Provinz Lecce.

Stadtgeschichte

Malennius, der Sohn des ersten Salentiner Königs Dasummus, soll um 1211 v. Chr. den Ort gegründet haben, der nach der Zerstörung Trojas, so die Legende, von Lictius Idomeneus besetzt und von der griechischen Kultur beflügelt worden sei. Unter den Römern hieß die Stadt später *Lupiae* und erlebte ihre Blütezeit unter den Kaisern Trajan und Hadrian. Damals erhielt sie Amphitheater und Theater sowie andere römische Großbauten. Während des Gotenkrieges wurde Lecce zerstört und verblieb über 500 Jahre unter der Herrschaft der oströmischen Kaiser. Im 11. Jh. wurde es unter den Normannen und Robert Guiscard, Herzog von Apulien, Hauptstadt der neuen Grafschaft. Wirklich bedeutend war Lecce bis zum Fall Otrantos vor den Türken (1480) nicht gerade, sogar Gallípoli war im Mittelalter angesehener. Doch dann verfielen die Meeresstädte und Lecce, in sicherer Entfernung von der Küste, begann aufzublühen, noch immer geprägt von Feudalsystem und kirchlicher Unterdrückung, aus der sich das ganze Umland, vor allem das Bürgertum, erst mit der nachnapoleonischen Zeit Anfang des 19. Jh. zu befreien begann.

Ihre eigentliche Blütezeit erlebte die Stadt bereits in der Renaissance Ende des 16. Jh. und gipfelte unzweifelhaft und noch heute überall sichtbar im Barock, vom Ende des

Lecce 1 Kastell 2 Säule des hl. Oronzo 3 Amphitheater 4 Sedile 5 Kirche San Marco 6 Kirche Santa Croce 7 Palazzo dei Celestini 8 Palazzo Guarini 9 Palazzo Prato 10 Propyläen 11 Dom 12 Bischofspalast 13 Seminario 14 Museo Provinciale Sigismondo Castromediano 15 Ex-Ospedale dello Spirito Santo 16 Chiesa del Rosario 17 Porta Rudiae 18 Palazzo dell'Amore 19 Porta San Biagio 20 Porta Napoli 21 Obelisk 22 Friedhof, Kirche Santi Niccolò e Cataldo

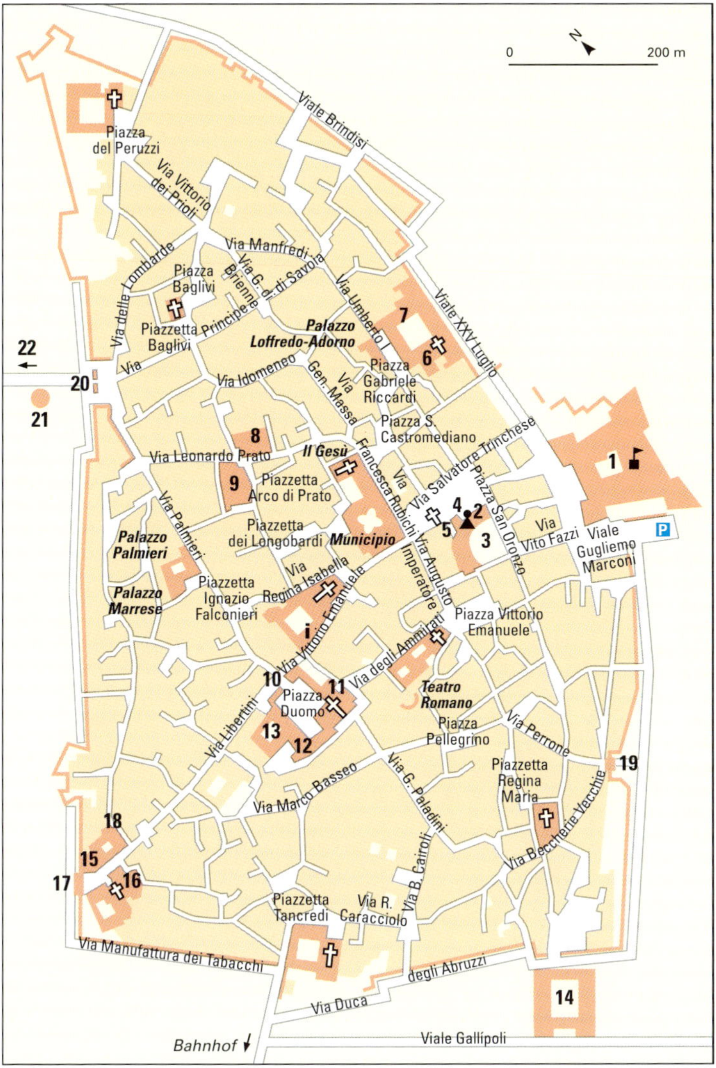
0
200 m
Viale Brindisi
Piazza del Peruzzi
Via Vittorio dei Prioli
Via Manfredi
Via G. di Savoia
Brienne
Piazza Baglivi
Via delle Lombarde
Piazzetta Baglivi
Principe
Via
Palazzo Loffredo-Adorno
Via Umberto I
7
6
Viale XXV Luglio
Piazza Gabriele Riccardi
22
20
21
Via Idomeneo
Via Gen. Massa
Piazza S. Castromediano
8
Via Leonardo Prato
Il Gesù
Via Francesca Rubichi
Via Salvatore Trinchese
Piazza San Oronzo
1
9
Piazzetta Arco di Prato
4
2
5
3
Via Palmieri
Piazzetta dei Longobardi
Municipio
Via Imperatore Augusto
Via Vito Fazzi
Viale Gugliemo Marconi
P
Palazzo Palmieri
Via Regina Isabella
Palazzo Marrese
Piazzetta Ignazio Falconieri
Via Vittorio Emanuele
Piazza Vittorio Emanuele
i
Via degli Ammirati
10
11
Piazza Duomo
Teatro Romano
Via Libertini
13
12
Piazza Pellegrino
Via Perrone
19
Via Marco Basseo
Via G. Paladini
Piazzetta Regina Maria
Via Becherie Vecchie
18
15
17
16
Via B. Cairoli
Piazzetta Tancredi
Via R. Caracciolo
Via Manufattura dei Tabacchi
degli Abruzzi
Via Duca
14
Viale Gallípoli
Bahnhof

17. Jh. bis zum Beginn des 18. Jh. Damals wurden ältere, mittelalterliche Gebäude abgerissen und in recht kurzer Zeit die barocken Paläste der Adeligen und der kirchlichen Einrichtungen (Seminare und Bischofspalast) sowie Kirchen in einem daher fast einheitlichen Stil hochgezogen – in einem von der Bausubstanz her eher zurückhaltenden, also niedrigen Barock. Sogar die oberen Dienstboten-Mezzanine wurden über den an sich nur zweistöckig konzipierten Palästen nach hinten versetzt gebaut, damit man sie von den Plätzen und Straßen nicht gleich sehen konnte, um den Gesamteindruck nicht zu stören.

1927 wurde die alte Provinz Lecce, die wegen des Bistums *Terra d'Otranto* hieß, um die neu geschaffenen Provinzen Brindisi und Taranto verkleinert. In den 1990er Jahren gab es auf die Renovierungskosten von historischen Fassaden bis zu 50 % Zuschuß. Die meisten Palastbesitzer haben sich diese Gelegenheit nicht entgehen lassen, und die besten Restauratoren nicht nur Apuliens hatten lange Zeit gut zu tun. Das Ergebnis kann sich wirklich sehen lassen!

Besichtigung

Den Wagen parkt man am besten am Rande der Stadt, deren Mauern und Tore aus der Barockzeit fast vollständig erhalten sind. Das Zentrum ist zum großen Teil verkehrsberuhigt. Beim Stadtbummel kann man dennoch feststellen, wie gefährdet auch Lecces historische Bauten, seine Barockfassaden sind: Der weiche Lecceser Sandstein verträgt die nagenden Abgase nicht, von denen auch Lecce nicht verschont blieb. Viel zu spät hatte man damit begonnen, den Verkehr aus den Gassen zu verbannen.

Der Parkplatz im Osten der Stadt befindet sich nahe dem **Kastell (1),** das Karl V. 1539–49 bauen ließ und heute auf eine neue Bestimmung wartet. Von hier erreicht man entlang der Via Marconi stadteinwärts gehend am schnellsten die **Piazza Oronzo,** wo montags und freitags ein Markt abgehalten wird. Bald sieht man am nördlichen Platzende die schlanke **Säule des hl. Oronzo (2),** des Schutzpatrons Lecces. Zwar behaupten die Lecceser, sie hätten diese, eine der beiden Endsäulen der *Via Appia,* die ursprünglich am Hafen von Brindisi stand, von dort gegen eine ordentliche Ladung Wurst erhalten. Urkundlich ist aber eine Schenkung im Jahre 1666 festgehalten, um darauf die in Venedig gegossene bronzene Statue des hl. Oronzo aufzustellen. So, wie man das Ganze noch heute bewundern kann.

An der Piazza öffnet sich linker Hand ein großes, imposantes Grabungsfeld. Dabei handelt es sich nur um die Hälfte des trajanischen und hadrianischen **Amphitheaters (3).** Es war gewaltig: 102 mal 83 m groß, seine Arena 53 mal 34 m, mit Sitzplätzen für bis zu 25 000 Zuschauer. Zwischen römischem Amphitheater und Oronzo-Säule zieht ein hübsches Gebäude mit gotisierenden Elementen die Aufmerksamkeit auf sich: der **Sedile (4).** 1592 ließ ihn der damalige, aus Venedig stammende Bürgermeister Pietro Mocenigo als Rathaus (bis 1851) bauen. Nachdem er für die Gemeindeverwaltung zu klein geworden war, ließ man ihn fast verfallen. Doch jetzt, schön restauriert, bildet er schon längere Zeit den würdigen Rahmen für Ausstellungen. Auch die kleine angrenzende **Kirche San Marco (5)** mit einem geflügelten Löwen am Portal ließen die Venezianer 1543 errichten. Insgesamt ist Sant'Oronzo ein schöner Platz, auf dem sich die Lecceser gerne treffen. An den Cafétischen im Freien sitzen auch Fremde, vor allem vor der ältesten *Pasticceria* der Stadt, dem **Caffè Alvino** (s. S. 184).

Nach einer kleinen Stärkung im Café kann es hinter der Oronzo-Säule durch den schmalen Straßenzug der Via Templari und der Via Umberto I weiter gehen. Links dürften bei schönem Wetter einige Exponate des Pappmaché-Künstlers Pierfrancesco Calcagnile und seines Sohnes auffallen, in deren Atelier man unbedingt einen Blick werfen sollte (s. S. 184 f.). Schräg gegenüber stößt man auf eines der schönsten Beispiele des Lecceser Barock, auf die Fassade der **Kirche Santa Croce (6).** Der sanft-goldene Lecceser Stein ist derart in herrlicher Steinmetzarbeit durchdekoriert, als habe man Angst gehabt vor der Leere, vor freibleibenden Flächen. Die Fassade dieses als Zölestiner-Klosterkirche 1549 von Gabriele Riccardi begonnenen Baus wurde von ihm nur in den unteren Teilen fertiggestellt. Seine Nachfolger (Francesco Antonio Zimbalo: Portalrahmung 1606; Cesare Penna, nach Entwürfen von Giuseppe Zimbalo: oberer Teil mit der Rosette, 1646) haben seinen ganz besonderen barocken Stil, der zum Inbegriff des Lecceser Barock werden sollte, perfekt fortzusetzen verstanden, unbeeinflußt vom allgemein-europäischen Barockstil.

Im Innern wirkt die dreischiffige Säulenbasilika durch die Seitenkapellen fast schon fünfschiffig. Ihr Charakter mit dem nur leicht angedeuteten Querschiff und hoher Vierungskuppel ist insgesamt noch sehr dem Romanischen verhaftet geblieben. Die schöne Kassettendecke des Mittelschiffs wurde leicht vergoldet – sie soll mit dem ersten Gold geschmückt worden sein, das nach der Entdeckung Amerikas nach Apulien gebracht wurde. Am linken Ende des Seitenschiffs befindet sich die **Cappella San Francesco di Paola** mit einer wunderschön im Lecceser Barock von Vater Francesco Antonio Zimbalo geschaffenen Altarwand, aus dem weichen Lecceser Sandstein so gehauen, als sei er eine schmiegsame Knetmasse: Miniaturreliefs, die das Leben des eher im benachbarten Kalabrien verehrten Heiligen darstellen.

Im Anschluß an die Kirche erhebt sich der **Palazzo dei Celestini (7)**, das erst 1695 fertiggestellte Kloster der Zölestiner, heute Sitz der Provinzialregierung. Interessant ist die zweigeschossige Fassade mit den markanten Säulenordnungen im unteren Teil, der noch von Giuseppe Zimbalo, dem Sohn, geschaffen wurde. Der obere Teil von Giuseppe Cino wirkt dagegen überladen-schwülstig; das Fassadensystem übernahm Cino für seine Arbeit am Seminario (s. S. 181).

Vom Palazzo kann man weiter nach Norden und dann im Karree zur Via Leonardo Prato gehen, oder sich direkt von der Kirche Santa Croce aus ins Altstadtgewühl mit seinen gewundenen mittelalterlichen Gassen begeben. An der kleinen Piazza Gabriele Riccardi geht es links und dann wieder rechts zur Piazzetta Arco di Prato. An der Ecke entdeckt man im ersten Stock eines kleinen Palazzo eine sehr hübsche kleine Loggia mit einer potemkinschen Fassade darüber. Auffällig sind die vielen kleinen Plätze, meist zwischen drei Palazzi, die den Namen des jeweiligen Hauptpalastes tragen, z. B. Corte dei Malepieri an der Via Leonardo di Prato. Dort stehen auch die **Palazzi Guarini (8)** und **Prato (9).**

Wo eine Tür offensteht, sollte man vorsichtig hineinschauen und vielleicht sogar in die Innenhöfe treten, die allerdings nicht alle so prächtig wie die Fassaden sind. In Lecce sieht man auffallend viele Priester. Sie kommen aus den Seminaren, die wie im 17. und 18. Jh. Priester ausbilden und auch normale Schüler aufnehmen. Der leichten Krümmung der Via Palmieri folgend, kommt man zu schön restaurierten Palästen und kleinen Plätzen. Wohl der hübscheste ist die **Piazzetta Ignazio Falconieri.** Verkehrsberuhigt führt die schöne Via Palmieri auf den Domplatz zu.

Der **Domplatz** ist das beste Beispiel dafür, wie geschickt die Stadtplaner vorgingen, als sie Lecce im Barock veränderten. Schon der Zugang zum Platz wurde geradezu bühnenhaft gestaltet. Denn als Entrée waren die beiden dekorativ zurückschwingenden **Propyläen (10)** konzipiert, die man am Anfang des 18. Jh. den Seitenpalästen vorsetzte, um den Eingang zum Platz einzuengen. Man gelangt zunächst auf den perfekt konstruierten, sogenannten Großen Hof. Der Blick fällt geradeaus auf die Schauseite des 1659–70 auf dem romanischen Grundriß aus dem 12. Jh. neu errichteten **Doms (11).** Die Schauseite, d. h. seine zweistöckige, zum Platz gerichtete Nordseite, hat etwas von einem Triumphbogen. Während die eigentliche Westfassade, die auf den sogenannten Kleinen Hof blickt, eine fast streng klassizistische ist. Dahinter öffnet sich eine schöne dreischiffige Basilika, deren zweigeschossige Pilasterordnung des Langhauses und des Chorraumes den Blick nach oben zur kostbaren Kassettendecke (1685) lenkt. Vierung und Querhaus besitzen noch ihre gotischen

Gewölbe. Auch die Krypta wirkt mittelalterlich, allerdings wurde sie in diesem Stil bereits 1507 restauriert. Giuseppe Zimbalo ist der Künstler der Kathedrale: Er baute sie neu auf, und er war es auch, der die reich geschmückten Altäre im Innern schuf. Auch den 68 m hohen **Campanile** (1661–82) hat man ihm zu verdanken. Er ist fünfstökkig mit einer zierlichen Kuppel.

Wunderschön ist der Kleine Hof, dessen Süd- und Westseite vom dreistöckigen, 1632 erbauten und im 18. Jh. renovierten **Bischofspalast (12)** mit seinen langen Loggien eingenommen wird. Der Platz setzt sich im Westen fort mit der höheren Fassade des **Seminario (13),** dem bischöflichen Priesterseminar, 1694–1709 von Giuseppe Cino errichtet. Mit der an sich strengen Ordnung der Rustika-Pilaster und den auflockernden Gesimsen besitzt es eine der schönsten Fassaden von Lecce. Beeindruckend ist auch der dahinterliegende Innenhof, in dessen Mitte ein verspielt überladener Brunnen steht. Prächtig sind die Girlanden, von Putten getragen, die Kapitelle aus Puttenköpfen und ganzen Früchte-Arrangements, darunter die aufgeplatzten Granatäpfel, wie sie in Lecce immer wieder zu sehen sind.

An der Fassade des Seminario läßt sich eine Besonderheit gut beobachten: Wenn man genau darauf achtet, so heißt es, sei der Lecceser Sandstein am Morgen weiß, mittags in der prallen Sonne fast rot, abends aber habe er seine schönste – goldgelbe – Farbe. Aber nur der echte, weiche Stein hat diese Eigenschaft. Da er allmählich in vielen Fällen wegen Umweltschäden durch einen härteren ersetzt werden muß, verliert er diesen besonderen Charakter zunehmend.

Barockbrunnen des Priesterseminars

Lecce, übrigens die heißeste Stadt Italiens, weil ihre Steine die Sonnenwärme schnell aufnehmen und voll wieder abgeben, hat noch vieles mehr zu bieten. Südlich des Domplatzes z. B. sind um die Piazza Pellegrino und auf dem Weg zur südlichsten Mauerecke noch einige schöne Barockpaläste zu bewundern. Gleich hinter der Mauer ist im Palazzo Argento (Zugang Viale

Gallípoli) das **Museo Provinciale Sigismondo Castromediano (14)** untergebracht. Das Museum (Mo–Fr 9–13.30 und 14.30–19.30 Uhr, Sa/So 9–13.30 Uhr; Eintritt frei) beherbergt sehenswerte messapische und griechische Funde, darunter zahlreiche apulische und außerdem attische Vasen, sowie römische Statuen. Zudem besitzt es eine Pinakothek mit der vollständigen Ikonostase der orthodoxen Kirche San Nicola dei Greci. Das Museum ist aus der Sammlung des Fürsten und Archäologen Sigismondo Castromediano Duca di Cavallino entstanden, dessen Namen es trägt. Die Museumsstiftung wurde bereits 1868 ins Leben gerufen.

Schlendert man vom Domplatz nach links die Via Libertini hinunter, kommt man am **Ex-Ospedale dello Spirito Santo (15)** mit seiner betont langen und streng gegliederten Fassade (1548) vorbei, einem der bedeutendsten Profanbauten Lecces. Die **Chiesa del Rosario (16)** (1691–1728) von Giuseppe Zimbalo gegenüber beeindruckt mit ihrer reich geschmückten Fassade. Schließlich gelangt man zur **Porta Rudiae (17).** Oben auf dem 1703 errichteten Stadttor sind die drei Schutzpatronen der Stadt zu sehen: zuoberst Oronzo, Santa Irene rechts und San Domenico links. Die Kapitelle der vier Säulen sind mit den Büsten der vier Stadtgründer geschmückt: Malennio und Dauno, Euipe und Idomeneo.

Bevor man die Altstadt verläßt, sollte man noch den hübschen

Priesterschüler in Lecce

Stadtpalast aus dem 18. Jh. mit dem vielversprechenden Namen **Palazzo dell'Amore (18)** anschauen. Er befindet sich in einer kleinen Seitenstraße hinter dem Ex-Ospedale dello Spirito Santo. Eine anmutige Loggia und eine Freitreppe zieren den Innenhof.

Noch ein Wort zu den beiden anderen Stadttoren: Zwischen Castello und Museo Provinciale steht die **Porta San Biagio (19)** von 1774, das zweite noch erhaltene Barocktor von Lecce, mit dem Stadtwappen geschmückt. Genau auf der gegenüberliegenden Seite, im Nordwesten, wurde die Stadtmauer um die **Porta Napoli (20)** gewaltsam geöffnet, sie steht jetzt isoliert da. Es ist das früheste noch erhaltene Stadttor, das 1548 zu Ehren Karls V. als Triumphbogen gestaltet wurde und daher sein Wappen mit dem Doppeladler trägt. Davor steht auf dem nun stadtplanerisch großzügigen Platz der reich skulptierte **Obelisk (21)** von 1822 zu Ehren Ferdinand I., heute leider ein Verkehrsknotenpunkt.

Die Straße führt zum Friedhof mit der **Kirche Santi Niccolò e Cataldo (22),** die über das Gräberfeld erreichbar und nur manchmal morgens (8–9 Uhr) geöffnet ist. Immerhin handelt es sich um den ältesten erhaltenen Kirchenbau Lecces. Er wurde 1180 von Tancredi den Benediktinern gestiftet und ist eine der originellsten romanischen Kirchen Apuliens, trotz der bestimmenden Fassaden-Barockisierung im 18. Jh. Besonders schön wirkt die fein gearbeitete Portaleinfassung, die aus der Romanik übriggeblieben ist. Bewundernswert ist auch der fast orientalisch anmutende Vierungstambour mit seinen klaren romanischen Fensterbögen und der steinernen Kuppel darüber sowie die antikisierenden Blattkapitelle im Innern des dreischiffigen Baus.

Im 15. Jh. wurde die Kirche von den Olivetanern übernommen, die den Neubau des Klosters (Eingang rechts vom Friedhofsportal) mit seinen beiden großen Renaissance-Kreuzgängen veranlaßten. Die Kirche wurde innen vom 15.–17. Jh. reich freskiert, der Brunnen im Kreuzgang stammt aus dem 18. Jh.

73100 Lecce (LE)

Information: APT, Corso Vittorio Emanuele 24, ✆ 08 32-24 80 92 und 33 24 63, Fax 08 32-31 02 38.

Unterkunft: *Gehobene Mittelklasse:* **President,** Via Salandra 6, ✆ 08 32-311 81, Fax 08 32-37 22 83; Richtung San Cataldo am östlichen Stadtrand gelegenes, luxuriöses Hotel mit gutem Restaurant.
Mittelklasse: **Delle Palme,** Via di Léuca 90, ✆/Fax 08 32-34 71 71; angenehmes Stadthotel am südlichen Rand des Zentrums, mit Restaurant. **Risorgimento,** Via Imperatore Augusto 19, ✆ 08 32-24 21 25, Fax 08 32-24 55 71; traditionelles, nicht gerade preiswertes Hotel hinter der Piazza Oronzo mit dem Amphitheater.

Restaurants: La Taverna di Carlo V, Via Palmieri 46/Piazzetta Ignazio Falconieri, ✆ 08 32-24 11 13; Altstadtrestaurant an der von schönen Ba-

Das Pappmaché von Lecce

Pierfrancesco Calcagnile kann man in seinem schmucken Laden (Bottega Piccolo Artigiano, Via Umberto I 12, ✆ 08 32-30 37 12; mittags geschl.) über die Schulter schauen und bei ihm die vielleicht schönsten Figuren aus dem typischsten Kunsthandwerk Lecces erstehen: Figuren aus Pappmaché *(cartapesta leccese)*. Das Maché wird über ein Geflecht aus Metalldraht, mit Stroh gestopft, kunstvoll in vielen feinen Schichten gezogen. Es wird nicht, wie in manchen Gebieten, aus Zeitungspapier hergestellt, sondern aus Strohpappe, mit Wasser, Mehl und Eisensulfat vermischt.

Ursprünglich blieben die Figuren papp-braun, erst seit dem 18. Jh. werden sie eingefärbt. Das Einzigartige am Lecceser Stil ist das ›Färben‹, das durch Ansengen geschieht – *fuocheggiata* nennt es Pierfrancesco. Aber das Feuer muß aus der Kohleglut kommen. Nur Heiligenfiguren werden besonders behandelt: Sie erhalten eine Gipspatina über das Maché, die sich gut einfärben läßt. Sie eignen sich besonders für Prozessionen, weil sie einen Bruchteil des Gewichtes von Stein- oder Gipsfiguren haben.

Lecce ist die einzige Stadt auf der Welt, in der Pappmaché-Figuren nach diesem Prinzip hergestellt werden, und zwar immer noch in rund 20 kleinen Werkstätten. Vor Weihnachten haben sie besonders viel zu

rockpalästen gesäumten Straße. **Plaza,** Via 140° Fanteria 16, ✆ 08 32-30 50 93; Restaurant mit sehr gutem Preis-Leistungs-Verhältnis am östlichen Altstadtrand. **Cucina Casareccia,** Via Costadura 9, ✆ 08 32-24 51 78; preiswerte Trattoria, deren Name (›nach Hausfrauenart‹) Programm ist.

Kulinarische Spezialitäten: An der Rückseite des Domchores verläuft die Via Arcivescovo Petronelli, im Haus Nr. 3 befindet sich das kleine Geschäft **Valentino** mit vorwiegend hausgemachten Lecceser Leckereien.

Tip: Im **Caffè Alvino** (Piazza Sant' Oronzo 30, ✆ 08 32-30 14 02) mit eigener Konditorei, direkt am Oronzo-Platz, gibt es im Sommer außer einer köstlichen Erfrischung namens *Granità di caffè* aus zerstampftem Eis mit Espresso (und Sahne obendrauf!) auch sonst leckeres Eis und vor allem delikate Kleinigkeiten zu essen. Wenn man zur rechten Zeit einen Aperitif bestellt, bekommt man sie dazu. Im Sommer werden einladende Tischchen im Freien aufgestellt.

Züge fahren mehrmals tgl. die Strecke Foggia–Bari–Brindisi–Lecce, viermal tgl. zum Flughafen in Brindisi zu den wichtigsten Abflügen.

Busse verkehren mehrmals tgl. von Lecce nach Gallípolli, dort

tun, denn dann werden vor allem Krippenfiguren und -gruppen gezaubert. Inzwischen werden auch, modernen Zeiten folgend, Souvenirs hergestellt, die traditionell kaum etwas mit Lecce zu tun haben: Masken beispielsweise.

Umsteigemöglichkeit nach Casarano; mehrmals tgl. Verbindung nach Francavilla Fontana. Zur Badesaison im Juli/Aug. verkehren in der Provinz Lecce Zusatzbusse zu den Stränden.

Westlich von Lecce

Über das Landwirtschaftszentrum **San Pietro in Lama** kommt man direkt nach **Copertino,** das wie fast alle Orte im Umkreis von Lecce mit seinen rund 24 000 Einwohnern von der Landwirtschaft, aber auch vom Handwerk und Kunsthandwerk lebt. Schon im 10. Jh. gegründet, durchlebte es ab 1190 zur Normannenzeit eine Feudalherrschaft nach der anderen, konnte sich aber erst unter den Anjou richtig entfalten. 1498 kam die gesamte Grafschaft von Copertino an Skanderberg von Albanien, ein Geschenk der Aragoneser zum Dank für die Unterstützung gegen die Anjou. Ab 1558 regierte hier eine Genueser Adelsfamilie und später, wie in anderen salentinischen Grafschaften und Lehen, verschiedene Feudalherren. Anschaulichstes Zeugnis der wirren Geschichte ist das wirklich sehenswerte, mächtige **Castello,** umgeben von einem breiten Wassergraben. Frisch restauriert und von vielen störenden Zutaten späterer Epochen gereinigt, ist es nun für Besucher (noch mit unregelmäßigen Öffnungszeiten) zugänglich. Die heutige Festung wurde 1540 über einer mittelalterlichen Anlage (ab 12. Jh.) von dem einheimischen Festungsbaumeister Evangelista Menga errichtet, der in Diensten Karls V. stand und auch auf Malta gewirkt hatte (Festung von Valetta).

Imposant ist die vierflügelige Anlage mit dem integrierten *Mastio Angioione* (Festungsturm der Anjou). Man betritt sie durch das fein gearbeitete Renaissanceportal in Form eines Triumphbogens. Gleich hinter der tonnengewölbten Eingangshalle befindet sich rechts eine kleine, noch mit Freskenresten geschmückte Kapelle. Aus ihr tritt man hinaus in den Innenhof, der mit seinen Ausmaßen und einer großen Freitreppe überrascht. Sie führt geradeaus in das Obergeschoß, in dem ein Museum für Waffen und eine große Sammlung wertvoller Wandteppiche aus dem 18./19. Jh. eingerichtet wurde.

Auf der gegenüberliegenden Seite lohnt ein Blick in das 58 m lange Tonnengewölbe, das als Kaserne diente. Darunter war ein genauso großer Raum, der ebenfalls für die Unterbringung der Soldaten vorgesehen war. Zwischen den beiden Flügeln befindet sich der französische Teil aus dem 15. Jh. mit schönem Spitzbogengewölbe. Der lange Saal soll künftig für Kongresse ausgebaut werden, im Obergeschoß sind einige Büros des Denkmalamtes eingezogen.

Copertino ist die Geburtsstadt von San Giuseppe da Copertino (1603–63), eigentlich Giuseppe Desa, der im nahen Kloster Grotella lebte und wirkte, 1767 von Papst Clemens XIII. heilig gesprochen wurde und als Schutzpatron der Flieger gilt.

Viel Wein wächst Richtung **Leverano,** dessen Einwohner (14000) hauptsächlich vom Wein- und Olivenanbau, von der intensiven Blumenzucht in Treibhäusern und von den Gärtnereien leben. Das Land ist hier immer noch recht flach, höchstens 40 m über dem Meer. Sympathisch wirkt die Altstadt mit steingepflasterten Gassen sowie ein paar Barock- und Renaissancehäusern. Sie stammen aus der Feudalzeit des Städtchens, das sogar noch einen Friedrich-Turm von 1220–30 besitzt: die 30 m hohe **Torre Quadrata,** deren drei Geschosse reich dekoriert sind.

Nur ganz leicht ansteigend geht es durch scheinbar endlose Weingärten in die gleich große Ortschaft **Veglie.** Auffallend sind die vielen Portale aus der Zeit des Jugendstils, der hier wohl noch immer besonders geschätzt wird. Wenn sich das Städtchen, etwa zur Feier von San Giovanni Battista (Johannes der Täufer) am 24. Juni, besonders herrichtet, dann werden der Hauptplatz und die umgebenden Gassen mit sehr zarten, an die Jahrhundertwende (19./20. Jh.) erinnernden Motiven geschmückt, vielfach aus dünnen Holzteilen gezimmert und mit Lichtgirlanden versehen.

Wieder geht es durch ebene Weingärten, und schon bald befindet man sich im kleinen Weinort **Salice Salentino** (9000 Ew.). Gleich am Eingang fällt ein frisch herausgeputztes, rosafarbenes Gebäude auf: »Leone De Castris« steht daran zu lesen. Es ist das berühmteste Weingut der Gegend. Dahinter steht in einem Park das schöne kleine Hotel »Villa Donna Lisa« (s. u.), das zum Weingut gehört. Das Hotel ist ein bevorzugtes Quartier für Weinliebhaber, die in einem der besten Weingüter Apuliens reichlich Gelegenheit zur Probe und zum Kauf der bekannten Weine haben. Hausgäste können die Kellereien des Gutes besichtigen. Trotz des englischen Namens sollte man den *Rosato del Salento* »Five Roses« probieren. Doch Vorsicht, der Rosé, der erste D.O.C.-Wein Apuliens, ist 12,5 vol.-% schwer! Zu einem leichten apulischen Sommeressen passen die leicht perlenden Weißweine hervorragend. Nur zu einem Abendessen mit nachträglich gesichertem Nachtlager sollte man die schweren *Riserva*-Rotweine genießen.

Vor der Grenze zur Provinz Brindisi schiebt sich u. a. noch **Squinzano** in den Weg. Es ist eines der größeren Orte (16 200 Ew.) und lebt ebenfalls von der Landwirtschaft und deren Nebenprodukten. Die eigentliche Attraktion liegt ca. 7 km nordöstlich rechts von der ans Meer führenden Straße: ein historischer Gutshof mit der romanischen Säulenbasilika **Santa Maria di Cerrate** (12. Jh.). Einige Freskenreste aus dem 13.– 16. Jh. sind freigelegt und konserviert, ein zierliches Ziborium nimmt den kleinen Chorraum ein. Der byzantinisch-romanische Kreuzgang des Klosters links der Kirche besitzt einen schönen Renaissancebrunnen. In den früheren Gutsräumen ist das **Volkskundemuseum des Salento** (Di–So 9–13.30 und 14.30–19.30 Uhr; Eintritt frei) untergebracht, u. a. mit originalen Olivenpressen.

Über die Provinzgrenze hinweg geht es in den **Tavoliere di Lecce** (s. S. 198 ff.). Vor der Teilung der Großprovinz Lecce gehörte das Gebiet noch dazu, daher der heute täuschende Name. Jetzt bildet es den südlichen Teil der Provinz Brindisi.

Hotel/Restaurant: *Gehobene Mittelklasse:* **Villa Donna Lisa,** Via Marangi, 73015 Salice Salentino, ✆ 08 32-73 22 22, Fax 08 32-73 22 24; angenehmes kleines Hotel in weißen Mauern mit gutem, rustikal eingerichtetem Restaurant, ganzjährig geöffnet, gehört zum Weingut »Leone De Castris«. In dem empfehlenswerten Restaurant werden natürlich die Weine des Hauses serviert.

Die Provinz Brindisi

Brindisi: Scharnier zwischen Europa und Orient

Sanfter Tavoliere di Lecce

Küste der Olivenbäume

Weiße Stadt Ostuni

Das quirlige Cisternino

Sommerfrische Selva di Fasano

Archäologischer Höhepunkt: Egnazia

Ostuni, die ›weiße Stadt‹

Die Provinz Brindisi

Die kleinste Provinz Apuliens besticht durch ihre uralten Olivenhaine, die fast bis an die Küste mit feinsandigen Stränden und kleinen Buchten reichen. Auch sehenswerte Städte hat die Provinz zu bieten, allen voran Brindisi mit dem Ende der *Via Appia antica* und dem wichtigen Hafen, das orientalisch anmutende Ostuni mit seinen weißen Häusern, das zauberhafte Cisternino. Schließlich Egnazia, die bedeutende Ausgrabungsstätte.

Brindisi: Scharnier zwischen Europa und Orient

Keine andere apulische Stadt besitzt einen so sicheren Hafen: Durch den engen Durchschlupf des Canale Pigonati gelangt sozusagen nur, wer in friedlicher Absicht kommt. Danach teilt sich der enge Fjord in zwei schmale Meerbusen (Seno di Ponente und Seno di Levante), die das historische Zentrum regelrecht umarmen. Genau gegenüber dem Durchschlupf endete in der Antike die *Via Appia*. Von diesem Punkt schiffte man sich nach Griechenland ein, und von hier aus zogen die Kreuzfahrer ins Heilige Land. Noch immer spürt man eine gewisse Internationalität, jetzt allerdings eher im moderneren Teil mit seinen breiten Einkaufsstraßen, in denen eine Schiffsagentur nach der anderen ihre Dienste anbietet, etwa am Corso Roma und in seiner Verlängerung Richtung Hafen am Corso Garibaldi. So ist Brindisi auch heute mit mehr als 94 000 Einwohnern eine geschäftige Hafenstadt sowie ein Wirtschafts- und Handelszentrum. Doch auch der Fremdenverkehr gewinnt an Bedeutung. Die Stadt lockt eher Kulturreisende an, das Umland Badeurlauber und Liebhaber des ländlichen Tourismus.

Stadtgeschichte

In der Mythologie geht der Name der Stadt (lateinisch *Brundisium*, griechisch *Brentesion*) auf Brento zurück, den Sohn des Ercole Libico (8. Jh. v. Chr.). Nach einer anderen Version stammt er von der messapischen Bezeichnung für den seltsam geformten Hafen: *Brunta* oder *brendon* bedeutete ›Hirschkopf‹, denn die ›Hafenbusen‹ sehen zusammen wie ein Hirschgeweih aus. Die Stadt war bereits als messapisches Handelszentrum bekannt, erlangte aber erst nach der römischen Besetzung ab 266 v. Chr. und bald als Ausgangsbasis für die Eroberungszüge Roms große Bedeutung.

Über Taranto führte die römische *Via Appia antica* bis ins damalige *Brundisium.* Ihren Endpunkt markierten zwei hohe Säulen, von denen nur noch eine am Ende der Treppe zum Hafen steht (z. Zt. *in restauro).* Die andere aber trägt inzwischen in Lecce (s. S. 178) die Statue des hl. Oronzo. 83 v. Chr. wurde die Stadt römischer Freihafen. Obwohl sie sicher mit zahlreichen römischen Bauten geschmückt war, blieb außer der einsamen Endsäule der *Via Appia* nichts Römisches erhalten. Im Museum kann man nur spärliche Fundstücke besichtigen, meist aus dem Meer vor der Stadt geborgen.

Während der Kreuzzüge begann die zweite Blütezeit von Brindisi, das sich damit zum wichtigsten Orienthafen des Abendlandes entwickelte. Friedrich II. ließ hier ein Kastell mit der staatlichen Münze einrichten, das von den Anjou ebenso wie der Hafen erweitert wurde. 1456 machte ein Erdbeben die Stadt fast dem Erdboden gleich. Sie wurde jedoch bald durch den Aragonesen Ferdinand I. wieder aufgebaut, verlor dann aber allmählich wieder an Bedeutung. 1743 zerstörte wiederum ein starkes Erdbeben einen großen Teil der Stadt und damit auch zahlreiche historisch bedeutende Bauten wie den Dom. Neuen Aufschwung erlebte Brindisi erst wieder 1869 mit der Öffnung des Suezkanals, durch den der östliche Mittelmeerraum für den Seehandel an Bedeutung gewann. Ab 1870 galten die beiden Meerbusen der Stadt als sicherster Kriegshafen der Adria. 1943 bis Februar 1944 war Brindisi sogar die provisorische Hauptstadt Italiens, als König Vittorio Emanuele III hier Zuflucht fand.

Mit den Fördermitteln des *Mezzogiorno* wurde die Stadt in den 60er Jahren zum wichtigsten Erdölhafen des Landes, was zu einer enormen Entwicklung von Folge-Industrien führte, die allerdings kaum mehr anhält. Geblieben ist die Bedeutung Brindisis als Hafen und Transitstation speziell nach Griechenland. Dies trägt nicht gerade dazu bei, die Bewohner von Brindisi den Fremden gegenüber freundlicher zu stimmen, als es unbedingt sein muß. Denn die Touristen bleiben nur kurz, zeigen ihrerseits selten Interesse für die an sich schöne Stadt, die auch von ihren Bewohnern selbst erst allmählich wiederentdeckt und gepflegt wird. Erste Ansätze sind eine zumindest relative Verkehrsberuhigung im historischen Zentrum und die Restaurierung einiger Kirchen und Paläste, die es aber auch wirklich bitter nötig hatten. So kann man sich als Brindisi-Entdecker fast noch wie ein Pionier fühlen.

Besichtigung

Die Stadt schaut man sich am besten erst einmal vom Nordwesten aus an. Man fährt Richtung Flughafen und biegt nach Brindisi-Paradiso ab, dem Hinweis zum **Monumento al Marinaio d'Italia (1)** folgend. Das monströse, 52 m hohe Denkmal für die italienischen Seeleute ähnelt einer zu steil geratenen Sprungschanze. Vittorio Emanuele III ließ es 1933 errichten. Die Spitze kann man mit einem Lift erreichen. Eine lange Treppe führt abwärts ans Wasser, denn der ganze feine Stadtteil im Westen mit seinen blühenden Gärten ist erhöht über dem Hafen gebaut.

Über kurze Stichstraßen gelangt man von der Via XV Novembre, z. T. über Treppen, zur Via Ammiraglio Millo, die bis zum kleinen Jachthafen am Wasser entlangführt. Weiter geht es nur als Einbahnstraße in umgekehrter Richtung, so daß man mit dem Wagen auf die Parallelstraße ausweichen muß, zu Fuß aber um den Fjord gehen kann. Da im Stauferkastell in Höhe des Jachthafens die Marinekommandantur untergebracht ist, ankern dort meist mehrere Kriegsschiffe. Vom Marinedenkmal ist gut zu erkennen, wie mühsam manche der einlaufenden Schiffe in den schmalen Fjord hineinmanövriert werden.

Folgt man den Hinweisschildern zum **Centro storico,** umfährt also den Seno di Ponente (den westlichen Meerbusen), so kommt man kurz nach seinem Scheitelpunkt an

der **Fontana Tancredi (2)** mit ihren zwei hübschen Kuppeln vorbei. Tancred von Hauteville soll den Brunnen 1192 in Auftrag gegeben haben, um darin die Pferde seiner Kreuzfahrer zu tränken, bevor sie ins Heilige Land absegelten. Ab jetzt ist alles überraschend gut ausgeschildert, so daß Ortsfremde trotz der vielen Einbahnstraßen gut

Brindisi 1 Monumento al Marinaio d'Italia 2 Fontana Tancredi 3 Castello Svevo 4 Chiesa di San Paolo 5 Loggia Balsamo 6 Dom 7 Museo Archeologico Provinciale Francesco Ribezzo 8 Portico dei Cavalieri Templari 9 Palazzo Seminario 10 Endsäule der *Via Appia antica* 11 Tempio di San Giovanni al Sepolcro 12 Benediktinerabtei San Benedetto 13 Statue von Cäsar Augustus 14 Fontana de' Torres 15 Kirche Santa Lucia

zurechtkommen. Ziemliche Probleme gibt es allerdings mit dem Abstellen des Wagens, es sei denn, man findet einen zeitlich begrenzten Parkplatz etwa in der Nähe des »Liceo Monticelli« bei der **Chiesa**

Dom von Brindisi

di San Paolo (4). Die gotische Predigerkirche von 1322 mit ihrer barocken Fassade liegt zwischen dem **Stauferkastell (3)** von 1226 (mit Umbauten im 16. Jh.), das nicht zu besichtigen ist, und dem **Domplatz,** den man über die Via Tarantini erreicht. Auf der Piazza Duomo herrscht absolutes Halteverbot. Es wäre auch wirklich schade, den bescheidenen und doch hübschen Platz zuparken zu lassen!

An der linken Seite der Via Tarantini/Ecke Piazza Duomo hängt die wunderschöne **Loggia Balsamo (5)** aus dem 14. Jh. wie eine *cantoria,* eine Sängertribüne, über der Straße: Über zwei gemauerten gotischen Spitzbögen schwebt die reich mit romanischen Figuren (Löwen und Drachen, Menschen und Widder) skulptierte Konsole, die den steinernen Balkon trägt. Und schon schaut man auf den nach einem Erdbeben 1746 im barocken Stil wieder aufgebauten **Dom (6).** Begonnen wurde er bereits 1089 und 1132 vollendet, danach mehrfach umgestaltet. Vom ursprünglichen romanischen Bau ist nach dem Erdbeben kaum etwas übriggeblieben, außer z. B. die romanische ›Außenhaut‹ der Chorseite. Innen zeigt sich die dreischiffige Pfeilerbasilika ganz barock. Friedrich II. heiratete hier 1225 in prunkvollem Rahmen Jolanda von Brienne.

Rechts findet sich eine große Sakramentskapelle, **Il Cappellone del Santissimo Sacramento,** mit dem barocken Altarbild über dem

Schatz von Brindisi, den Gebeinen seines Schutzpatrons San Teodoro, die 1210 hierhergebracht wurden. Das Bild zeigt das Abendmahl – etwas ungewöhnlich – nicht an einem langen, sondern an einem kreisrunden Tisch. Rings um den Hauptaltar sind noch romanische Bodenmosaiken von 1178 zu sehen, ganz im Stil von Otranto schlicht gearbeitet, aber nur noch fragmentarisch erhalten: Esel und Vögel, ein verspielter Vogel Strauß. Interessant ist das reich geschnitzte Chorgestühl von 1591–95. Die Rückenlehnen zeigen geometrische Motive und sonderbare, fast vollplastische Gestalten.

An der linken Domseite erhebt sich der gekappte **Campanile,** durch dessen Spitzbogen die Strada Colonne zum Endpunkt der *Via Appia* führt. Der Glockenturm schließt links an das Gebäude des **Museo Archeologico Provinciale Francesco Ribezzo (7)** an, das man über einen geradezu liebevoll gepflegten und mit Blumen geschmückten Innenhof erreicht. Die Sammlungen des 1956 eingerichteten Archäologischen Museums (Mo–Sa 9–13, Di 15.30–19 Uhr; Eintritt frei) zeigen prähistorische, messapische, romanische und mittelalterliche Fundstücke, darunter ein paar Münzen, wie sie Friedrich II. in Brindisi prägen ließ.

Links ist eine zweibogige Loggia angebaut, deren Kreuzrippengewölbe eine besondere Dekoration zeigen, im Farbwechsel zwischen fast weißem Kalkstein und gelbem Sandstein. Es ist der **Portico dei Cavalieri Templari (8),** der Portikus der Templer. Auf einer hohen Säule überschaut eine kleine bronzene Madonna den Domplatz, in dessen Mitte sie steht – ein Geschenk der Diözese Ostuni an Brindisi von 1959.

Rechts vom Dom befindet sich im **Palazzo Episcopio,** dem Erzbischöflichen Palast (13. Jh.), die **Biblioteca Pubblica** (8.30-12.30, im Winter auch 16-19 Uhr; Aug. geschl.) mit zahlreichen Codices und Pergamentrollen. Rechts davon erhebt sich in strengem Barock der 1720 errichtete **Palazzo Seminario (9)** mit klarer Pilasterordnung und hohen Statuen darüber.

Durch den Bogen unter dem Campanile hindurch, die kurze Strada Colonne entlang, vorbei an dem kleinen Haus, in dem Vergil gestorben sein soll (Tafel!), gelangt man schnell zu den beiden **Endsäulen (10)** der *Via Appia antica.* Genauer gesagt zu deren Sockeln: Eine Säule schmückt ja die Piazza Oronzo in Lecce, die andere ist für längere Zeit *in restauro,* wird also wieder einmal hergerichtet. Fast bühnenhaft senkt sich eine dreiteilige, breite Treppe zum Meer ab, links geht es zur Via Regina Margherita am westlichen Meerbusen entlang, rechts zum geschäftigen Hafen am östlichen Meerbusen mit der Stazione Marittima (Passagierhafen) und dem Fährhafen. Von der Piazza Vittorio Emanuele vor der Stazione Marittima könnte man in den Corso Garibaldi einbiegen, um sozusagen von hinten zum neueren, geschäftigeren Teil zu gelangen.

Bleibt man aber oben auf dem Domplatz, so kann man durch die mittelalterlichen Gassen bummeln. Etwa beginnend mit der Via Duomo und dann bald nach rechts abbiegend, um auf die fast versteckte, niedrige romanische Rundkirche **Tempio di San Giovanni al Sepolcro (11)** zu stoßen. Diese kleine Templerkirche wurde im 12. Jh. dem Felsendom von Jerusalem nachempfunden. Windschief ist das sichtbare, dem kleinen Platz zugewandte Portal, dessen Säulen rechts und links auf verwitterten Löwen stehen. Besondere Aufmerksamkeit verdient das linke Kapitell mit menschlichen Figuren, die sich an den Händen halten, als tanzten sie. An der Portaleinfassung rechts sieht man Daniel im Kampf mit dem Löwen. Das zweite romanische Portal ist in den Häuserkomplex integriert.

Ein paar Parallelgassen weiter westlich ist an der Via San Benedetto die **Benediktinerabtei San Benedetto (12)** aus dem 11./12. Jh. erreicht. Ihre von geradezu zierlichen Säulen getragene Kirche gilt als die einzige echte Hallenkirche Apuliens. Man besucht sie in der Regel wegen des schönen, von Quadriforien getragenen Kreuzganges, in den man über die Sakristei gelangen kann. Es handelt sich um den ältesten erhaltenen (11. Jh.) und wohl auch schönsten Kreuzgang der Region (vor und nach Messen den ganzen Vormittag geöffnet).

Nun sollte man sich durch die Altstadtgassen Richtung Corso Umberto I nach Süden schlagen. Wo er mit dem Corso Roma und seiner Verlängerung, dem Corso Garibaldi, zusammentrifft, steht an der Piazza del Popolo eine große Statue von **Cäsar Augustus (13).** Links davon breitet sich das wirtschaftliche und politische Herz der Stadt aus, die Piazza della Vittoria rings um den großen Brunnen, **Fontana de' Torres (14),** die ein spanischer Gouverneur 1618 aufstellen ließ. Rechts hinter dem Cäsar-Denkmal kommt man über die Via Santa Lucia zur gleichnamigen Kirche. **Santa Lucia (15)** ist allein wegen ihrer dreischiffigen Krypta wichtig, die im 12.–14. Jh. mit gut erhaltenen Bildern (u. a. Heiligendarstellungen, Verkündigung und eine thronende Madonna) freskiert wurde. Doch auch die Oberkirche zeigt ein paar schöne Freskenreste aus dem 13./14. Jh. und an der linken Wand ein Polyptychon aus dem 16. Jh. sowie ein Holzkruzifix aus derselben Zeit.

Um den Stadtrundgang abzuschließen, kann man zur Piazza del Popolo zurückgehen und von dort nach rechts den Corso Garibaldi entlang Richtung Passagierhafen schlendern. In wenigen Schritten ist man von dort bei der Treppe, die zur Strada Colonne hinaufführt und somit wieder am Domplatz.

Nahe dem Flughafen von Brindisi erhebt sich einsam die wunderschöne **Kirche Santa Maria del Casale** aus dem 13. Jh. mit ihrer markanten Außendekoration: klare Lisenengliederung und akkurate geometrische Graffiti in Weiß und Sandfarbe. Über dem Eingang schwebt ein Baldachin als eine Art Paradies, das einschiffige Langhaus zeigt einen spätmittelalterlichen Freskenzyklus. Da man nur selten hineinkommt (zu den sonntäglichen Messen im Sommer um 9 und im Winter um 10 Uhr), kann man wenigstens die schöne Außengestaltung in Ruhe betrachten.

72100 Brindisi (BR)

Information: APT di Brindisi, Lungomare Regina Margherita, ✆ 08 31-52 30 72. Provinzialstelle APT Brindisi, Via Cristoforo Colombo 88, ✆ 08 31-56 21 26, Fax 08 31-56 21 49.

Unterkunft: Die meisten Reisenden steigen nicht in der relativ teuren Stadt ab, sondern ringsum auf dem Lande oder in den nahen Badeorten. Dennoch ein paar Adressen von Stadthotels:
Gehobene Mittelklasse: **Orientale,** Corso Garibaldi 40, ✆ 08 31-56 84 51, Fax 08 31-56 84 60; gepflegtes Stadthotel in zentraler Lage nahe dem Hafen, mit Parkplatz und Restaurant. **Majestic,** Corso Umberto I 151, ✆ 08 31-59 79 41, Fax 08 31-52 40 71; bahnhofsnahes Hotel mit Parkplatz und Restaurant.
Mittelklasse: **La Rosetta,** Via San Dionisio 2, ✆ 08 31-59 04 61, Fax 08 31-56 31 10; preiswerteres Haus in zentraler Lage nahe der Piazza del Popolo, mit Restaurant **Le Privè.**

Restaurants: Il Cantinone, Via De Leone 4, ✆ 08 31-56 21 22; nettes Restaurant in der Altstadt unweit des Domplatzes. **La Lanterna,** Via Tarantini 14, ✆ 08 31-56 40 26; beliebtes Restaurant in der Altstadt für gehobene Ansprüche in einem historischen Palazzo direkt auf dem Weg zum Domplatz, im Sommer mit Service im Garten. **Trattoria Pantagruele,** Via Salita di Ripalta 1–3, ✆ 08 31-56 06 05; in einer Seitenstraße des Corso Garibaldi gelegenes Restaurant in drei einfachen Räumen, aber mit sehr guter frischer Küche nach apulischen Rezepten.

Züge: Verbindungen mit Lecce im Süden, Taranto im Westen und Bari bzw. weiter nach Foggia im Nordwesten; mehrere Verbindungen mit abwechselndem Halt (von Bologna kommend) zwischen Bari und Brindisi über Egnazia, Fasano, Cisternino, Ostuni, Carovigno und weiter nach Lecce.

Stauferkastell in Brindisi

Busse verbinden Brindisi mit allen anderen Provinzhauptstädten der Region und den anderen wichtigen Ortschaften; Busverbindung nach Taranto mehrmals tgl. u. a. über Oria und Francavilla Fontana.

Flughafen im Westen der Stadt mit guten Linienflug-Verbindungen nach Rom und Mailand, Catania (Sizilien) und Neapel, aber auch Charterflügen im Sommer, vor allem nach Deutschland. Leihwagenstation.

Schiffsverbindungen: nach Ancona an der nördlicheren italienischen Adria sowie nach Griechenland.

Tavoliere di Lecce

Die Staatsstraße 7 Richtung Taranto entspricht in etwa dem alten Verlauf der *Via Appia antica.* Sie trennt die Provinz Brindisi vom Tavoliere di Lecce, sozusagen der Pufferzone zwischen der früheren großen Provinz Lecce und der neugeschaffenen Provinz Brindisi.

Mesagne und Oria

Nur 12 km sind es von Brindisi bis zum früheren letzten Halt an der *Via Appia* vor Brindisi, dem heutigen Landwirtschaftszentrum **Mesagne** (30 000 Ew.). Die Straßen des freundlichen Städtchens messapischen Ursprungs sind rechtwinklig angeordnet, auf Hinweise scheint man hier verzichten zu können. Im Zentrum stößt man daher meist unvorbereitet auf das **Castello** mit zinnenbekröntem *mastio,* der wohl noch aus der ersten Erbauungszeit im 11. Jh. stammt. An die Piazza Orsini del Balzo stößt auch die Pfarrkirche, die **Chiesa Matrice** von 1653 mit ihrer Chorpartie. Ihre barocke Fassade (im Osten) zur Piazza IV Novembre mit reichem Skulpturenschmuck schaut auf das zierliche Uhrtürmchen des Rathauses mit dem **Museo Archeologico** (im Sommer tgl. 9–12 und 18–21, im Winter 17–20 Uhr). Schräg gegenüber steht das alte Rathaus, der **Sedile** mit steinernem Balkon und Rundbogen.

Fährt man vom Zentrum Richtung Friedhof, kommt man zum **Kirchlein San Lorenzo** (geöffnet 18.30 Uhr, sonst Schlüssel im Nebenhaus rechts holen) – sicher das Interessanteste, was Mesagne zu bieten hat. San Lorenzo entstand im 7. Jh. als dreischiffige, tonnengewölbte Kirche und wurde im 15. Jh. mit Fresken geschmückt. Die drei Konchen sind heute größer als der Rest des zerstörten Langhauses, über dem Kreuzpunkt ragt eine kleine Kuppel. Von den Fresken sind nur ein paar Reste erhalten, doch jetzt pflegen die Kustodinnen das Kirchlein liebevoll, das eine moderne Schenkung besitzt: die Olivenholz-Skulptur *Il gigante Lorenzo,* der Patron der Kirche.

Über Latiano ist nach 18 km das hübsche **Oria** erreicht. *Hyria* war ein wichtiges messapisches Zentrum. Im 9.–11. Jh. war es in siche-

Provinz Brindisi

rer Entfernung vom Meer und in angenehmer Höhe (166 m) Sitz des Bischofs von Brindisi. Heute ist es ein Landwirtschaftsstädtchen mit knapp 15 000 Einwohnern. Dort, wo bereits eine byzantinische Burg stand, ließ Friedrich II. 1227–33 seine Festung errichten, die Anjou bauten sie nochmals aus. Das **Castello** liegt auf einer kleinen, von üppigem Grün umgebenen Hügelkuppe. In seinem großen Dreieck intakter, zinnengekrönter Mauern wird es von zwei mächtigen Rundtürmen geschützt. Es ist Privatbesitz und nur z. T. zu besichtigen. Eine kleine Grottenkirche steht nahe den Rundtürmen, dem heutigen Eingang. Die **Sammlung Martini Carissimo** in der Festung zeigt neben einer messapischen Sammlung auch Funde aus der römischen und mittelalterlichen Epoche. Offiziell ist sie tgl. 9–13 und 15 Uhr bis Sonnenuntergang geöffnet, was leider nicht heißt, daß man nach dem mühseligen Aufstieg über die Via Castello wirklich hineinkommt (✆ 08 31-31 72 25).

Ein kleines Museum findet sich im Rathaus, **Palazzo Comunale,**

Polizeiwache in Oria

mit einer interessanten Sammlung von Grabfunden der Umgebung. Die Bibliothek im selben Gebäude beherbergt Funde aus dem 4.–2. Jh. v. Chr. (jeweils werktags auf Anfrage kostenlos zu besichtigen).

Doch es lohnt sich auch, einfach durch Orias Gassen zu schlendern. Man kann dabei schmale Treppengassen und kleine Balkone mit reichem Blumenschmuck entdecken, man geht über große Pflastersteine zwischen schmalen mittelalterlichen und barocken Häusern, deren Eingänge vielfach kleine Wappen tragen. Das Städtchen besaß im Mittelalter eine blühende jüdische Gemeinde, man könnte noch heute das alte Tor zum Judenviertel, **Rione Giudea,** am unteren Ende der Stadtmauer schließen.

Francavilla Fontana

Nur knapp 6 km sind es von Oria nach Francavilla Fontana. Zahlreiche messapische Funde aus der Umgebung weisen auf die einstige Bedeutung der Ansiedlung hin. 1310 wurde der Ort von Philipp I. von Anjou neu gegründet, der ihm so viele Rechte und Privilegien verlieh, daß sich das alte *Rudiae* Francavilla, ›freie Stadt‹, nennen konnte. Erst 50 Jahre später wurde die Stadtmauer errichtet.

Ein guter Ausgangspunkt für die Erkundung der Stadt ist der leider verbaute Domplatz (Parken möglich) mit der **Chiesa Matrice** von 1759 mit prächtiger Barockfassade, hinter der sich ein riesiger Kreuzkuppelraum verbirgt. Wie fast alle Kirchen des Ortes trägt auch die Kuppel der Pfarrkirche einen hübschen farbigen Kachelschmuck.

Der Besucher, der sich etwas Zeit nimmt, wird von dem schönen Stadtbild eingenommen sein. Francavilla Fontana besticht durch edle Paläste, z. T. von immenser Größe wie der **Palazzo Imperiali** in klaren Renaissanceformen (von 1450 bis Anfang 18. Jh.) und mit einem schönen Balkon. Da dieser Palast seit 1821 als Rathaus dient, kann man sich werktags während der Amtsstunden problemlos umschauen. Den schönsten Balkon der Palazzi, die eine Mischung aus Wohnhaus und Festung zeigen, besitzt der **Palazzo Leo** aus dem 14./15. Jh. Seinen *balcone argentina* zieren acht Reliefbilder mit Tierdarstellungen. Der Palast steht in der Via San Giovanni schräg gegenüber dem **Sedile,** der heute als Städtische Bibliothek dient. In der Stadt scheint vieles darauf ausgerichtet gewesen zu sein, mehr zu scheinen, als man sein konnte: Hinter hohen ›Windfassaden‹ verbergen sich niedrigere Paläste, wie entlang der Via Roma (z. B. Haus Nr. 22) oder der schräg gegenüberliegende **Palazzo Carissimo** aus dem 18. Jh. mit dem fassadenfüllenden Balkon auf steinernen Konsolen vor dem *piano nobile.*

Auch die Verwendung von Stuckmarmor statt des echten Marmors in den Kirchen gehört sozusagen zur Imagekampagne der Stadt. Der Barock ist insgesamt zurückhaltend, als sei er noch der Renaissance verhaftet, nicht zu vergleichen mit dem Barock von Lecce! Auffallend sind die vielen kleinen Handwerksläden der Schreiner, Schirmmacher und -flicker ...

Unterkunft: *Mittelklasse:* **Hotel Castello,** 72023 Mesagne, Piazza Vittorio Emanuele II 2, ✆ 08 31-77 75 00, Fax 08 31-77 77 01; kleines ordentliches Stadthotel ohne Restaurant.

Busse: Martina Franca–Francavilla Fontana (Fahrtzeit ca. 40 Min.) mehrmals tgl. über Cisternino und Ceglie Messapico; nach Brindisi mehrmals tgl. u. a. über Oria.

Die Küste der Olivenbäume und die ›weiße Stadt‹ Ostuni

Die Küste zwischen Brindisi und Egnazia ist nur rund 55 km lang, aber sie ist neben dem Gargano der bislang für den Fremdenverkehr am besten erschlossene Küstenabschnitt Apuliens. Die Städtchen sitzen auf Hügeln im Hinterland, inmitten von uralten Olivenbaumpflanzungen zu Füßen der Murge, 4–10 km von der einst feindlichen Küste entfernt. Dort, wo noch alte Wachttürme oder ihre Ruinen stehen und Feriensiedlungen oder gar richtige neue Orte entstanden sind, tragen diese die Namen der Türme, beispielsweise Torre Canne.

Von Brindisis westlichem Stadtteil am Denkmal für die Seefahrer kann man an der Küste entlang nach Westen fahren. Man kommt durch ein früher sumpfiges, jetzt kanalisiertes, landwirtschaftlich genutztes Gebiet (rechts und links des Canale Reale) und zu den ersten Wachttürmen, darunter **Torre Guaceto** mit vorgelagerten Felseninseln und **Torre Santa Sabina.**

Die mit niedriger *Macchia* und Kriechwacholder bewachsene Küste prägen viele kleine Buchten mit klarem Wasser, die man frei benutzen kann, was die Einheimischen an den Wochenenden ausgiebig tun. Kraken finden sie hier, weil das saubere Meer mit der gischtigen Brandung an die Felsen schlägt und die kleineren Tiere damit an

Land spült. **Marina di Ostuni** als Sammelbegriff für mehrere kleine Buchten und Feriensiedlungen ist so ein Beispiel. Nur für die Hotels wurde jeweils ein Stück Privatbucht abgegrenzt.

Weiße Villen bestimmen das **Villaggio Costa Merlata** mit Supermarkt und einem bescheidenen Hotel am Ende der gleichnamigen Bucht. Dazu gehören auch ein Campingplatz und ein Reitstall. Eine staubige Holperstraße führt zur Feriensiedlung **Gorgognolo** mit kleinen Parzellen, die keine richtige Infrastruktur erkennen lassen. Eine ältere hübsche kleine Villa steht etwas abseits, und die kleine, felsenumrahmte Bucht besitzt einen schönen Sandstrand. Auch hier sieht man Angler und Krakenfischer auf der Lauer. Nach dem **Villaggio Fontanelle**, ebenfalls mit kleinen Villen, folgt **Villanova di Ostuni.** Lauter Orte, die gar keine sind, bzw. nur im Sommer zum – touristischen – Leben erwachen. In Villanova finden sich einige Appartementanlagen am Meer, ein Hotel (Residence Plaia) und eine einladende alte Fischkneipe (La Porta Azzura) mit ganz modernem Eingang. Die neue Promenade am Meer wie auch der kleine Hafen mit Fischer- und Sportbooten, einfach **Porto** genannt, zeigen, daß man zunehmend auf den Fremdenverkehr baut. Auch die kleine restaurierte Festung mit maurisch anmutendem Turm und die Geschäfte sind zur Saison ganz auf die Urlauber eingestellt.

Wieder folgen Feriensiedlungen: **Villaggio Mare Blu** und direkt daran anschließend **Diana Marina** mit kleineren Parzellen, ebenfalls ohne Infrastruktur, aber mit zwei Buchten, an deren Scheitelpunkt feiner Sand angeschwemmt wurde. Eine abgeschlossene Feriensiedlung ist **Monticelli,** deren etwas größere Felsbucht einen schmalen Sandstrand besitzt. **Rosa Marina,** gleich dahinter, ist ein Feriendorf mit einem Club-Hotel (s. u.). Einen schöneren Platz hätte man nicht wählen können: Unterhalb des Hotels öffnet sich eine tiefe Schlucht mit einem ›natürlichen‹ Pool, in dem Badegäste mit Booten herumpaddeln können. Dahinter liegen kleine Ferienhäuser, die in völlig eingewachsenen Gärten stehen und gesondert verwaltet werden. In der gesamten Anlage sind Natur und Gartenarchitektur eine angenehme Symbiose eingegangen.

Die Gegend ist reich an Trulli, die ins Hinterland locken, wo zwischen Cisternino (s. S. 208 ff.), Locorotondo und Alberobello (s. S. 125 ff.) die größte Dichte dieser apulischen Rundbauten zu finden ist. Doch vorerst sollte Ostuni auf dem Programm stehen.

72017 Marina di Ostuni (BR)

Unterkunft/Restaurants:
Luxus: **Grand Hotel Masseria Santa Lucia,** S.S. 379, km 23,5, Ausfahrt Costa Merlata, ✆ 08 31-35 60, Fax 08 31-30 40 90; sehr schön restaurierte und modern ausgebaute *masseria* mit einem traumhaften Pool und eigenem

Strand an einer nahen Bucht, mit Parkplatz; feines Restaurant.
Gehobene Mittelklasse: **Hotel Club Rosa Marina,** ✆ 08 31-35 04 11, Fax 08 31-35 04 12; großartige, streng bewachte Anlage mit gepflegtem Hotel und Restaurants, am Meer lockt das hoteleigene **Ristorante al Pontile** (Fischgerichte!), bewachte Parkplätze, kleine Bahn zum 300 m entfernten Sandstrand; geöffnet Mai–Sept. (s. S. 202).

Agristurismo: Masseria Refrigerio, S.S. 379, km 23, Ausfahrt Costa Merlata, ✆ 08 31-33 04 24, Fax 08 31-33 61 50; uriger historischer Gutshof in einem Olivenhain gelegen, mit guter Trattoria und Zimmern in den früheren Stallungen. Beliebtes Ziel für Wochenendausflüge; wenn man die Ruhe genießen möchte, sollte man auf die Wochenmitte ausweichen.

Feriendorf/Camping: Cala dei Ginepri, S.S. 379, km 25, ✆ 08 31-30 32 87, Fax 08 31-33 04 02; großartig angelegtes Feriendorf mit Camping nahe dem Meer zwischen »Valtur Club« und »Hotel Club Rosa Marina«; zum Meer geht es in wenigen Minuten zu Fuß am Reitstall vorbei durch Macchia.

Ostuni

Wie die meisten Ortschaften, die in sicherer Entfernung vor Piratenüberfällen und der malariaverseuchten, versumpften Küstenebene entstanden sind, liegt auch Ostuni höher (218 m). Die Stadt mit ihren weiß gekalkten Häusern und den emporragenden, erdfarbenen Kirchen ist von großen Teilen der Küste und des Hinterlandes aus deutlich zu sehen. Man sollte sich den Besuch der ›weißen Stadt Apuliens‹, nur 6 km von der Küste entfernt, nicht entgehen lassen und zu ihr hinauffahren. Leider herrscht in der Saison ein ziemlicher Rummel, von dem viele Wirte des Städtchen profitieren wollen. So kann man sich im Hochsommer schon mal über nicht adäquate Preise ärgern. Noch ein leider notwendiger Hinweis: In der Hochsaison sollte man sich in Ostuni besonders vor ›Langfingern‹ in acht nehmen!

Die Umgebung war bereits vor 40 000–50 000 Jahren besiedelt.

Typisch in Apulien: Selbst die Gassen und Treppenaufgänge sind weiß getüncht

Grabfunde und Dolmen aus dem Neolithikum wurden entdeckt und auf dem höchsten Punkt der Altstadt sogar Reste eines Hüttendorfes aus der Bronzezeit (16.–15. Jh. v. Chr.). Doch Ostuni als Ort ist messapischen Ursprungs (5.–3. Jh. v. Chr.) und hat später fast alle Geschichtsphasen der Region durchlebt bzw. erlitten, war also römisch und langobardisch, byzantinisch und normannisch, staufisch etc. bis zur Befreiung im Risorgimento. Über den messapischen Resten hat sich die mittelalterliche Stadt im 10. und 11. Jh. entwickelt. Ihre weiße Farbe hat sie einer Unsitte der Apulier, d. h. des Südens generell, zu verdanken, nämlich alles, was nicht mehr ganz frisch ist, mit weißem Kalk zu übertünchen. Das sieht von weitem zwar schön aus, aber auf diese Weise sind viele kostbare Details versteckt oder zerstört worden. Interessant sehen die Häuserzeilen trotz allem aus, auch bei näherem Hinsehen, vor allem die engen, steingepflasterten Gassen, die z. T. selbst einen weißen Anstrich bekommen haben.

Den schönsten Blick auf Ostuni, dem man seine 33 000 Einwohner nicht ansieht, genießt man bei der Anreise von Norden durch die Olivenplantagen von der Küste aus. Unvermittelt verschwindet die Stadt nach einer Kurve, verdeckt durch die hohen Olivenbäume. Und kurz darauf stolpert man sozusagen in ihre Hauptstraße hinein, in den von zwei- und dreistöckigen Barockhäusern mit schmiedeeisernen Balkonen gesäumten Corso Giuseppe Mazzini. Rechts gehen Treppengassen zum neueren Teil mit seinen Kirchen und großzügigen Barockpalästen ab. Der Corso führt weiter zur großen dreieckigen **Piazza della Libertà.** Im großräumigen ehemaligen Konvent der Franziskaner ist der **Palazzo Comunale** untergebracht, davor steht die barocke, fast schon rokoko-überschwenglich geschmückte, 21 m hohe **Guglia di Sant'Oronzo.** Auf der Spitzsäule von 1771 thront der Ortsheilige. Jenseits des Platzes führt der Corso weiter Richtung Carovigno und bietet zurückschauend von einer Aussichtsterrasse am Ende des Ortskerns einen traumhaft schönen Blick auf die Altstadt.

Bleibt man an der Piazza della Libertà und wendet sich nach links, so kommt man ins historische Zentrum, das sich in Terrassen rund um die Kathedrale nach unten zieht. Aufgefangen von den weiß getünchten, in Teilen erhaltenen Mauern mit ihren Rundbastionen. Ostunis Bewohner sagen von ihrer Stadt, sie sei wie eine Krippe, alles so klein und ineinander verschachtelt. Weitgereiste fühlen sich an den Orient erinnert.

Ein Rundgang durch die ovale Altstadt könnte am Rathaus beginnen. Man folgt dem Hinweis zum *centro storico,* geht also, von der Küste kommend, am Platz nach links. Bald lockt rechts die erste schmale Gasse mit ihren hübschen Bögen zwischen engen Häusern. Die Via Cattedrale führt im Zick-

Salamina – Beispiel einer Masseria

Die schöne festungsgleiche Masseria Salamina stammt im Kern aus dem 17. Jh., bestand aber schon früher. Es ist eine typische *Masseria,* die landeinwärts in sicherer Entfernung vom Meer und damit vor Piratenüberfällen errichtet wurde. Als zweiter Sicherheitsfaktor diente die starke Befestigung, um sich, wenn die Piraten doch ins Land vordrangen, verteidigen zu können. Da man an Lebensmitteln (Eigenanbau) und Wasser (Zisternen) autark war, konnte man sich relativ lange im Haus halten. In den folgenden Jahrhunderten wurde der Gutshof den landwirtschaftlichen Ansprüchen entsprechend ausgebaut, ohne jedoch den ursprünglichen Charakter zu verlieren. Im Zweiten Weltkrieg diente Salamina als Stützpunkt der Alliierten im Gebiet von Ostuni.

Seinen Namen hat das historische Landgut von seinem Erbauer, Giuseppe Salamina, der damals 200 ha Land mit Olivenbäumen bepflanzen ließ, die heute also an die 400 Jahre alt sein dürften. Ganz gleich, wer die *masseria* im Laufe der Zeit besaß, ob die Conti Cenci aus Cisternino oder die Familie Bianco, alle ließen ihr den Originalnamen.

Das Herrenhaus, das heute von Gianvincenzo De Miccolis Angelini und seiner Frau Anna Luigia Leone bewohnt wird, besitzt eine eigene Kapelle, die 1792 über einer früheren Felsenkirche errichtet wurde. Gianvincenzo stammt wie so viele andere Besitzer der *masserie* gleich aus zwei alten apulischen Adelsfamilien, die bedeutende Männer hervorgebracht haben. Auch Gianvincenzo ist eigentlich Anwalt, erst in zweiter Linie Landwirt. Hauptsächlich werden Olivenbäume kultiviert, ebenso Mandeln, Karuben und Zitrusfrüchte. Der Gutshof besitzt zudem eine eigene kleine Aufzucht: Ziegen, Schafe, Hühner und Hasen.

Sieben Suiten und acht Appartements für Selbstversorger sind großzügig eingerichtet und haben Teil an der großen, umlaufenden Terrasse bzw. am Garten. Man kann im angenehmen Restaurant speisen und an der kleinen Bar sein Frühstück einnehmen, wenn man sich nicht selbst beköstigen will. Die Hausgäste haben auf ca. 7 ha ordentlich viel ›Auslauf‹ im ausgedehnten Garten, in der Ölbaumplantage und in den Obstgärten; Platz und Einrichtungen gibt es für Bogenschießen, Volleyball; ein Kinderspielplatz ist vorhanden, und Fahrräder werden gerne verliehen. Man kann auch die hauseigenen Produkte kaufen, vor allem das sehr gute, kaltgepreßte Olivenöl, eingelegte Gemüsesorten, Marmelade und Käse. **Masseria Salamina** (Mittelklasse, s. Abb. S. 216), 72010 Pezze di Greco, ✆/Fax 080-489 73 07 und 080-489 85 82.

Via Continelli in Ostuni

zack zum mittelalterlichen Zentrum, zu einfachen alten Häusern wie zu edleren Palästen. Noch vor der Kathedrale hat man im aufgelassenen **Convento delle Monacelle** mit schmaler, hoher Barockfassade das **Museo Civiltà Preclassica della Murge Meridionale** eingerichtet, mit Nachweisen der ältesten Landwirtschaftskultur des westlichen Mittelmeeres (offiziell tgl. 9.30–12.30 und 15.30–19.30 Uhr, eine telefonische Voranmeldung ist jedoch ratsam: ✆ 08 31-33 63 83).

Der folgende langgestreckte Largo Arcidiacono Teodoro Trinchera ist von einem ganz besonderen Zauber. Hier steht die **Kathedrale** mit ihrer sehr schön geschwungenen Fassade, die recht spät (zweite Hälfte des 15. Jh.) entstanden ist und daher eine harmonische Mischung verschiedener Stilelemente zeigt: romanische, gotische und gotisch-venezianische an der Grenze zur Renaissance (große Rosette). Ganz besonders gefällt der Schwung der Seitenschiffe (im Viertelkreis, konvex), während die Fassade des Hauptschiffs wie die Aussparung eines geöffneten, gerafften Vorhanges konkav ist. Diesen wundervollen Rhythmus zwischen den Kirchenschiffen betonen noch die drei spitzen Portale und die drei Rosetten, als deren Prachtstück die große mittlere, die Breite des Hauptportals übertreffende gilt. Als hätten die Steinmetzen nicht aufhören wollen, an ihr die zartesten Formen auszuprobieren. Auch die Oberkanten der konkaven und konvexen Abschlüsse sehen aus, als habe man ihnen eine feine Bordüre verpaßt. Fast neckisch wirken die beiden winzigen Baldachine am Hauptschiffabschluß rechts und links. So schön sie von außen ist, innen wurde die Kathedrale wie so oft im Laufe der Zeit mehrfach verändert, zuletzt im 19. Jh., und nicht besonders saniert. Also muß man sich nicht ärgern, wenn – was häufig der Fall ist – die Portale geschlossen bleiben.

Links von der Kirchenfassade steht über Eck der Palast der Bruderschaft, der **Confradia Madonna dei Fiori,** ein klassischer Renaissancebau (heute mit »Enoteca«).

Durch einen hohen Bogen mit geschlossener Renaissanceloggia darüber gelangt man weiter hinauf und kann gleich rechts wieder abwärts, eine steingepflasterte Gasse entlang, einen großartigen Blick über die dichten Ölbaumpflanzungen hinweg aufs Meer genießen.

Links geht es wieder hinauf über Treppengassen zwischen fast kubischen Häusern, einige mit schlichten barocken Portalen. Man sollte Zeit und Muße mitbringen, um die schönen Details aufzunehmen: kleine Kapellen, ein schlichtes Renaissanceportal, weiß gekalkte Stufen, die zu schmalen Hauseingängen führen, überbaute Bögen, Blumentöpfe mit prallroten Geranien, Wäsche, Geschirrgeklapper hinter verschlossenen Läden.

Von Ostuni nach Fasano führt eine dichte Pinienallee im Wechsel mit breiten und spitzen Zypressen bis Pezze di Greco bzw. Fasano. Kurz davor biegt man links (ausgeschildert) zu einem der sehenswertesten befestigten Gutshöfe, zur **Masseria Salamina** (s. S. 205) ab, die einer kleinen, zinnenbekrönten Festung gleicht. Von Ostuni aus kann man eine Rundtour über Ceglie Messapica und Cisternino oder nur einen Abstecher nach Ceglie Messapica (s. S. 208) unternehmen.

72017 Ostuni (BR)

Information: APT Città Messapica, Corso Mazzini 6, ✆ 08 31-30 12 68, im Sommer Informationsbüro auch an der Piazza della Libertà, ✆ 08 31-30 12 68.

Restaurants: Am Wegesrand sollte man auf die *masserie* achten, in denen man typisch apulische Spezialitäten essen kann, auch wenn man nicht im Hause wohnt; vorsichtshalber reservieren!

.. in Ostuni: Chiazza Cuverta, Via Indipendenza 16, ✆ 03 30-56 74 89 (nur Handy); familiäre, preiswerte Pizzeria (abends Holzofen, tgl. zwei hausgemachte Pastasorten) in schlichtesten Räumen direkt unterhalb der Piazza della Libertà. **Osteria del Tempo Perso,** Via Tanzarella 47, ✆ 08 31-30 33 20; inmitten der Altstadt in einem engen Gebäude untergebrachter Schlemmertempel mit Spezialmenüs, bei den Badegästen als Ausflugsziel sehr beliebt, rechtzeitig reservieren! **Porta Nova,** Via Petrarolo 38, ✆ 08 31-33 89 83; gutes apulisches Restaurant nahe dem Hauptplatz mit Sommerterrasse (Panorama!). **Trattoria del Frantoio,** Via Bixio Continelli 64, ✆ 08 31-305 03; typische Trattoria an der mittelalterlichen Ölmühle. **Vecchia Ostuni,** Via Lanza 9, ✆ 08 31-30 33 08; gute, bei den Einheimischen beliebte Trattoria in zentraler Lage.

... in Villanova di Ostuni: La Porta Azzura, Piazza della Repubblica, ✆ 08 31-35 09 87; großes, relativ preiswertes Fischrestaurant mit Pizzeria am Meer.

Am 26. und 27. August verwandelt sich die Piazza della Libertà in eine einzige Bühne, geschmückt mit phantasievollen Lichtgirlanden für die **Cavalcata di Sant'Oronzo,** den historischen Ritt zu Ehren des Ortsheiligen Oronzo, der Ostuni 1657 vor der Pest bewahrt haben soll. Das Volksfest **Vecchi Tempi** zum Ferragosto (15. August) ruft die alten Sitten und Gebräuche, auch altes Kunsthandwerk, aus der Vergessenheit zurück. Die Bewohner ziehen in historischen Kostümen durch die geschmückten Gassen der Altstadt.

Den ganzen August über findet eine **Antiquitätenmesse** statt.

Zug- und Busverbindungen:
s. Brindisi, S. 197 f.

Ceglie Messapica

11 km hinter Ostuni erhebt sich auf einem 298 m hohen Hügel Ceglie Messapica, wie schon der Name verrät, ein Ort messapischen Ursprungs. Es ist in seinem Zentrum ein nettes weißes Städtchen mit steilen Treppen zu den kleinen Hauseingängen und sehr engen Gassen. Vorsicht mit dem Wagen, denn völlig unvorbereitet und ohne Vorwarnung steckt man sonst womöglich zwischen zwei Häusern fest! Mittelpunkt ist die kleine **Piazza Plebiscito** mit Uhrturm, von der wie in einem Spinnennetz viele Gassen abgehen. An Festtagen wird auf der von einigen Bars gesäumten Piazza ein hölzerner Kiosk für die Musikkapelle aufgebaut und der lange Corso Garibaldi phantasievoll mit Lichtgirlanden geschmückt. Besonders feierlich geht es zu Weihnachten und beim Sant'Antonio-Fest Anfang Juni zu.

Vom Corso gehen so viele kurze Stichstraßen ab, daß den Stadtvätern wohl die Namen dafür ausgegangen sind. So werden mehrere Gassen durch Nummern unterschieden, so z. B. Vico 1–6 Corte Nannevecchie, also gleich sechs Gassen mit demselben Namen. Die **Festung** in der Nähe befindet sich in Privatbesitz und kann daher nicht besichtigt werden. Aber es reicht eigentlich, den schönen Ort selbst zu genießen. Die Preise hier, auch am Hauptplatz, sind übrigens weit niedriger als woanders, auch im an sich preiswerten Apulien, Fremde werden auffällig freundlich behandelt. So, als freue man sich wirklich, Besuch zu bekommen.

Von Ceglie Messapica sind es parallel zur Eisenbahnlinie 15 km, von Ostuni aus 14 km bis nach Cisternino.

Cisternino

Der hübsche Ort in 393 m Höhe mit knapp 12 300 Einwohnern nennt sich *Cisternino sulla valle d'Itria*. Und tatsächlich liegt der historische Ortskern in beherrschender Panoramalage über dem Itria-Tal, umgeben von vielen *masserie* und Ackerflächen, Wein- und Obstgärten. Ein sehr guter Locorotondo-Wein gedeiht hier, 11 vol.-% leicht, jung zu trinken. Nur weil er von der weißen Locorotondo-Traube gekeltert wird, trägt er den berühmteren D.O.C.-Namen der Nachbarin – zum Ärger mancher Wirte von Cisternino.

Entstanden ist der heutige Ort in der ersten Hälfte des 12. Jh. hinter dem **Kirchlein San Nicola di Patara.** Er entwickelte sich erst langsam zu einem urbanen Gebilde, dessen

Piazza Plebiscito in Ceglie Messapica

Strukturen bis zum Ende des 14. Jh. gleich geblieben waren. Die Renaissance brachte sichtbare Veränderungen, wie man an einigen schönen Loggien unschwer erkennen kann, die sich genauso wie einige Barockfassaden unter einer sehr dicken Kalkschicht verstecken, um verschämt die unerwünschte Patina und Schäden der Jahrhunderte zu verstecken. Ähnlich wie in Ostuni und Locorotondo ist das Weißen inzwischen – trotz der Proteste der Denkmalschützer, die am liebsten alles abschlagen würden – irgendwie schon zu einer Stilfrage geworden. »Es gehört zu uns«, sagen die Leute von Cisternino, und wollen ihren Ort so behalten, wie er seit Generationen ist. Dafür pflegen sie ihn ganz besonders liebevoll und sind stolz darauf.

Im Kern wird Cisternino noch von alteingesessenen Familien bewohnt und besitzt hier so viele Läden, daß auch die Leute von außerhalb gerne in das Städtchen mit seinen vier Teilen im Zentrum (Bère Vecchie, Scheledd, L'Isule und U Pantène) und einem am Rande (U Bùrie) kommen. Auffällig sind die kleinen Plätze, die eher Innenhöfen zwischen schmalen Häusern oder Sackgassen gleichen; man weiß nicht, ob man sie halb privat oder halb öffentlich nennen soll. Jedenfalls sind sie beliebte Treffpunkte der Bewohner.

Genau in der Mitte Cisterninos breitet sich die langgestreckte, geschäftige **Piazza Vittorio Emanuele II** mit ihrem hübschen Glocken-

Europas größter Safari-Zoo

Italiens und Europas größter Safaripark entstand 1972 zunächst als eine Art Freizeitpark mit wilden Tieren. Doch die idealen klimatischen Bedingungen und die Kompetenz seiner Betreiber haben sich allmählich herumgesprochen. Mittlerweile dient er für nordeuropäische Zoos als Akklimatisierungsstelle für neu erworbene Wildtiere und für Tiere, die in den Zoos aufgezogen wurden und danach wieder in die Freiheit ihrer Ursprungsländer entlassen werden sollen.

Man kann das Gelände des »Zoosafari« mit dem eigenen Wagen durchfahren, von einem hermetisch abgeschlossenen Freigehege ins andere, vorsichtshalber durch bewaffnete Aufseher gelenkt. Oder man läßt sich mit Minibussen durch den Park kutschieren – für die meisten, vor allem, wenn Kinder dabei sind, sicher die bessere Idee.

Mehr als 1000 Tiere und 50 Arten aus fünf Kontinenten leben auf 120 ha Land, trotz der Freigehege ohne allzu starke Einschränkungen ihres Bewegungsfreiraums. Zu den Attraktionen zählen Elefanten, Löwen, Leoparden, Tiger, Bären und Rhinozerosse, Nilpferde, Giraffen, Zebras und Gorillas, auch Delphine (eine Delphinschau ist natürlich auch dabei!) und vieles mehr. 9 km Straße führen durch die Freigehege, 1200 Olivenbäume, 300 Steineichen, Pinien, Linden, Pappeln, Mandel- und Johannisbrotbäume, die typischen Gewächse der apulischen Adriaküste, bilden ein natürliches Ambiente.

1984 kam »Fantasylandia« hinzu, ein Spielpark mit allerlei Attraktionen, für die je nach Benutzung einzeln bezahlt wird. Hier kann man nur zu Fuß hinein, muß also den Wagen vor der Anlage parken. Auch einen afrikanischen Fluß von 420 m Länge gibt es seit 1994. Man fährt mit einer Bahn u. a. durch eine riesige Voliere mit exotischen Vögeln und zu Pinguinen in einer Eislandschaft.

Ein wichtiger Arbeitgeber ist der Park außerdem: Während der Nebensaison beschäftigt er 45, während der sommerlichen Hochsaison sogar 110 Mitarbeiter. Tierbändiger sind genauso darunter wie Gärtner und Freizeitanimateure, Köche sowie Kellner für das parkeigene Restaurant. Immerhin kommen jährlich ca. 700 000 Besucher, zum größten Teil Familien mit Kindern.

Zoosafari Fantasylandia di Fasano, Via dello Zoosafari, 72015 Fasano, ✆ 080-71 34 32, Fax 080-892 25 25; an der Küste sowie um Fasano herum weiträumig ausgeschildert, Parkplätze sind reichlich vorhanden.

turm aus. Im Süden an der zum Stadtpark (Villa Comunale) hin geöffneten **Piazza Garibaldi** steht die **Pfarrkirche San Nicola,** die im 14. Jh. über einer basilianischen Kirche aus dem 9. Jh. entstanden ist und erst im 19. Jh. ihre neoklassizistische Fassade erhielt. Innen hat sie aber ihre typisch apulisch-romanischen Strukturen bewahren können. Schräg gegenüber erhebt sich der wuchtige Stauferturm, die **Torre Grande.** Direkt neben der **Villa Comunale,** die eine grandiose Aussicht ins Tal bietet, ist die freundliche Bar »La Villa«, wiederum mit Blick auf die Pfarrkirche und den Turm, ein guter Ausgangs- oder Endpunkt für den Stadtbummel – jedoch bloß nicht an einem Donnerstag nachmittag, wenn alles geschlossen bleibt. Denn Cisterninos enge Gassen und zauberhafte kleine Plätze sollte man als Besucher bei vollem Leben genießen, wenn z. B. die Gemüsehändler ihre Stände ins Freie schieben und auch der Friseur draußen auf Kundschaft wartet und dabei ein Schwätzchen mit den Nachbarn hält.

Zwischen Cisternino und dem Meer ist bei **Montalbano** an der S.S. 16 Richtung Fasano rechts (kleine gelbe Hinweistafel an einer *casa cantoniera,* einem alten Straßenwärterhäuschen) nach ca. 1 km Feldweg einer der schönsten **Dolmen** Apuliens zu finden. Diese prähistorische Grabstätte steht neben einem kleinen Bauernhaus inmitten von Oliven-, Mandel- und Feigenbäumen auf rotem Acker.

Selva, die Sommerfrische von Fasano

Zwischen Ostuni und Fasano erstrecken sich die wohl schönsten Olivenhaine Apuliens. Und darin stehen einige besonders gelungen restaurierte *masserie,* in denen man als zahlender Gast eine Unterkunft findet oder nur zum Essen einkehren kann. Das **Landgut Il Frantoio** hat seine Ölmühle zu einem Museum umfunktioniert, das man bei Monticelli a Monte am Wochenende besichtigen kann (an der S.S. 16, bei km 874).

Rechter Hand steht etwa 4 km hinter Ostuni die landwirtschaftliche Festung **Lo Spagnulo** mit Reitstall (s. S. 213). Der historische Gutshof ist romantisch-verwildert und besitzt sogar eine große Kapelle, die versteckt in einem zauberhaften ummauerten Garten mit Zitronen- und Mispelbäumen und großen, blühenden Geranien steht. Besonders hübsch ist die Freitreppe zum Haupthaus, das wie ein Kubus in den Hof gesetzt wirkt. Im sogenannten Sommergarten auf der anderen Seite der Villa, die vom Besitzer bewohnt wird, einem Nachfahren der Begründer der *masseria* im 18. Jh., werden im Sommer Kochkurse abgehalten. Auch die alte Ölmühle ist umfunktioniert, sie dient als Hauptrestaurant.

Überall trifft man auf *masserie,* mit Olivenölverkauf und Reitställen, wie z. B. die »Tenuta Rialbo« bei km 875 oder 500 m weiter »Ri-

Savelletri

albo Sopra«, eine wahre Festung hinter hohen Mauern mit Kirche.

Fasano (40 000 Ew.) in nur 118 m Höhe lebt von seinen Baufirmen und vom Marmorwerk. Oberhalb von Pezze di Greco liegt einer der wichtigsten Steinbrüche der Gegend. Hier wird Kalkstein abgebaut, 50 m tief. Dieser wird zwar für den Häuserbau benötigt, aber eigentlich geht es um den darunter liegenden Marmor: eine 2 m dicke Schicht nur, aber eine ganz besondere. *Filetto di Fasano* heißt dieser weiße Marmor mit sehr zarter roter ›Zeichnung‹, der speziell für den japanischen Markt abgebaut wird. In Fasano wird auch Schrott verwertet, es werden Möbel und sonstige Einrichtungsgegenstände hergestellt. Ein geschäftiges Handels- und Industriestädtchen also, das täglich zur Rush-hour kurz vor dem Verkehrsinfarkt steht.

Man sollte es daher weiträumig umfahren und direkt seine Sommerfrische **Selva di Fasano** ansteuern, die man über viele Kurven mit wunderschönen Ausblicken erreicht. Sie liegt in 396 m Höhe inmitten dichter Wälder, einem der früheren Jagdgebiete der Bourbonen, und besitzt großzügige Villen in grün wuchernden Gärten sowie eine ausgewogene Hotellerie. Da nicht allzu viele Betten zur Verfügung stehen, sind diese zur Saison meist schnell ausgebucht.

Schon die Fahrt hinauf an den Rand der höhergelegenen Murge bietet grandiose Blicke über die weiten, regelrecht ›geschorenen‹

Olivenhaine hinweg auf das Meer. Und hinüber bis nach Ostuni, das einladend auf seinem Bergrücken hockt. Auf der Rückseite breitet sich der **Canale di Pirro** mit seinen zahlreichen Trulli aus.

Unterkunft: *Gehobene Mittelklasse:* **Sierra Silvana,** Via Castelluccio, 72010 Selva di Fasano, ✆ 080-433 13 22, Fax 080-433 12 07; großzügige Hotelanlage im Grünen mit einzeln stehenden größeren Häusern, beliebt bei Gruppen, aber auch bei Hochzeits- und anderen Gesellschaften.
Mittelklasse: **Masseria Lo Spagnulo,** Contrada Spagnulo, 72017 Ostuni, ✆ 08 31-35 02 09; urige *masseria* mit einfachen Zimmern und Reitmöglichkeit, wegen des Restaurants wird sie als Wochenendausflug gerne angesteuert. **Villa Cenci,** Via Ceglie Messapica, 72014 Cisternino, ✆/Fax 080-444 82 08; kleine, historisierende Villa mit ein paar spartanisch eingerichteten Zimmern in den kleinen angebauten Trulli-Reihen, die früher als Stallungen dienten, mit kleinem Pool im hübschen Garten, gemeinsames Abendessen der Gäste.
Preiswert: **Narducci,** Via Lecce 131, 72016 Speziale di Fasano, ✆/Fax 080-481 01 85; Gutshof in einer alten Poststation mit typisch apulischem Restaurant und Mini-Appartements in den früheren Stallungen; man kann die hier hergestellten Leckereien kaufen.

Restaurants: s. auch die *masserie* bzw. Landgüter mit typischer Küche. **Il Rugantino,** Contrada Lama di Cesaro 92, Cisternino, ✆ 080-71 95 52; hervorragende apulische Küche in familiärer Atmosphäre am Ortsrand.

Busse: verkehren viermal täglich auf der Strecke nach Süden Selva di Fasano – Castellana Grotte – Putignano.

Torre Canne und Savelletri

Nun geht es zurück zur Küste. Hinter dem kleinen Thermalort **Terme di Torre Canne,** etwa 10 km nordwestlich von Rosa Marina, breitet sich der aus dem Boden gestampfte Ferienort **Torre Canne** auf einer schmalen Landzunge und südlich davon (mit den meisten Hotels) aus. Dennoch ist er nicht unsympathisch und tatsächlich sehr beliebt, zumindest bei der einheimischen Bevölkerung, die den Ort am Wochenende völlig vereinnahmt.

Auf der Landzunge stehen hauptsächlich kleine Privathäuser so dicht beisammen, daß fast schon ein urbaner Charakter auszumachen ist. Viele Lebensmittelläden, Bars und Restaurants sind vorhanden. Am Meer nahe dem Turm muß man an warmen Sommerabenden und garantiert an den Wochenenden um einen freien Platz kämpfen. Dafür gibt es aber von frühmorgens bis spät in die Nacht zu essen und zu trinken. Die Fische und Meeresfrüchte, vor allem die beliebten Kraken, werden ständig je nach Fang nachgeliefert.

Auf der Weiterfahrt von Torre Canne nach Nordwesten Richtung Provinzgrenze und Bari taucht nach 6 km das kleine **Savelletri** auf, der beste Fischerort der Provinz Brindisi. Man sollte den Fischern morgens beim Entladen ihrer Boote zuschauen. Dabei kann man sich nur wundern, wie schnell der frische Fang verteilt wird und in den Kühlräumen und -wagen der Fischereigenossenschaft verschwindet.

Unterkunft: *Gehobene Mittelklasse:* **Hotel del Levante,** 72010 Torre Canne, Via Appia 22, ✆ 080-482 01 60, Fax 080-482 00 96; angenehmes, modernes Strandhotel, große Liegewiese und Pool, direkt am Sandstrand mit Blick auf die Landzunge.
Mittelklasse: **Eden Hotel,** Via Potenza 50, Torre Canne, ✆ 080-482 98 22, Fax 080-482 03 30; freundliches ›Stadthotel‹ mitten im Ort, mit Pool auf dem Dach und Meerblick.

Restaurant: Il Veliero, Piazza del Porto 1, 72010 Savelletri, ✆ 080-72 90 71; hervorragendes, etwas kühl eingerichtetes Fischrestaurant am Hafen.

Egnazia

Zum Schluß ein archäologischer Genuß: Egnazia, die frühapulische Siedlung an der Grenze zur Provinz Bari, gleich am Meer hinter Savelletri. Egnazia wurde weiträumig ausgegraben und mit einem großartigen kleinen Museum ausgestattet, das als Leihgabe u. a. herrliche Mosaiken aus dem Museum von Taranto besitzt. Zur Eintrittskarte gibt's einen kleinen gedruckten ›Begleiter‹ durch die Ausgrabungen. Das Gelände ist tgl. 8.30–16.30 Uhr geöffnet, das Museum 8.30–13.30 und z. T. 14.30 Uhr bis Sonnenuntergang.

Die Besiedlung des Platzes reicht bis ins 13. Jh. v. Chr. (späte Bronzezeit) zurück und erweist ihn als den nördlichsten der altapulischen Messapier. Als griechisches *Gnathia* war er ein bedeutender Hafen zwischen Messapien und Peuketien. Die höchste Blütezeit erlangte Egnazia im 4.–3. Jh. v. Chr. zur Zeit der Romanisierung, denn als römisches *municipium* war es eine wichtige Station an der *Via Traiana.* Anfang des 5. Jh. wurde es Bischofssitz, verlor dennoch im frühen Mittelalter an Bedeutung und verfiel im 9./10. Jh. Die Gründe sind bis heute nicht geklärt.

Ein Besuch Egnazias lohnt allein, um sich in das Leben einer altapulischen und vor allem einer römischen Stadt zurückversetzt zu fühlen, in der man auch heute noch spürt, wie sie funktioniert haben könnte. Etwa beim Begehen der *Via Traiana* mit ihren tiefen Rillen, die Wagen im Laufe der Jahrhunderte in ihr hinterlassen haben. An den Kurven des Weges aus polygonalen Steinplatten stehen die Prellsteine dichter beisammen, damit die Wagen auch in schneller Fahrt ›die Kurve bekamen‹. Oder bei einem Gang über den sogenannten Kryptoportikus, einer vierseitigen unterirdischen Anlage, tonnengewölbt und mit regelmäßigen Lichtöffnungen, über deren Nutzung sich die Archäologen nicht einig sind: War sie ein einfacher Wandelgang (für Schlechtwetter) oder diente sie als Getreidespeicher? Einen römischen Brennofen, das Forum und das Amphitheater hat man ausgegraben, und messapische Gräber von immensen Ausmaßen entdeckt, aber auch zwei frühchristliche Basiliken, eine davon ist wohl eine Bischofsbasilika mit Baptisterium, außerdem orientalische Gottheiten. Auf der anderen Straßenseite auf der Akropolis, wie der kleine Hügel nahe dem Meer genannt wird, fand man spätantike Befestigungen und einen Tempel. Im Museum sind u. a. die reichen Keramikfunde dekorativ ausgestellt, vor allem aus der Blütezeit der Stadt im 4. und 3. Jh. v. Chr.

Das Meer hat hier in die fast flache Felsenlandschaft kleine Buchten gegraben und in deren Scheitelpunkt meist einen kleinen Sandstrand hinterlassen – Lieblingsplätze der Einheimischen aus der Umgebung, Liegeplätze auch für die kleinen Boote einiger Freizeitfischer, die ihr einfaches Steinhaus in der Nähe gebaut haben. Nur an den sommerlichen Wochenenden haben sie daran keine Freude, weil Sonnenhungrige mitsamt Fahrzeug und Großfamilie über die winzigen Idyllen herfallen. Wer jedoch außerhalb der Saison hierherkommt, wird eine unglaubliche Ruhe finden und das Meer genießen können. Man kann zwischen Meer und Landstraße ein ganzes Stück von einer Bucht zur anderen spazieren. Ein Farbenrausch bietet sich dem Wanderer im Frühjahr, wenn die ganze Küstenebene gelb von Kronenwucherblumen (auch gelbe Margeriten genannt) und rot vom Klatschmohn ist. Danach verbrennt die Sonne die Blumenpracht, oder sie wird unter den Olivenbäumen umgepflügt. Doch auch dann bietet die Natur eine schöne Seite: den Kontrast zwischen dem rotbraunen Boden und dem silberglänzenden Grün der Olivenblätter, dazu das strenge Braungrau der uralten Stämme. Ein schönes Stück Apulien, um Abschied zu nehmen!

Mosaik im Museum von Egnazia

Masseria Salamina bei Pezze di Greco ▷

TIPS & ADRESSEN

Alle wichtigen Informationen rund ums Reisen – von Anreise bis Zeitungen – auf einen Blick

INHALT

REISEVORBEREITUNG

Informationsstellen

Informationsmaterial und meist auch gute Karten gibt es im deutschsprachigen Raum bei den Büros des **Staatlichen Italienischen Fremdenverkehrsamtes ENIT** (www.wel.it/Welcome/Puglia).

... in Deutschland
Service-Telefonnummer für Prospektbestellungen in ganz Deutschland:
✆ 01 90-70 64 40

Karl-Liebknecht-Straße 34
10178 Berlin
✆ (030) 247 83 97
Fax 247 83 99

Kaiserstraße 65
60329 Frankfurt/M.
✆ (069) 23 74 34
Fax 23 28 94

Goethestraße 20
80336 München
✆ (089) 53 13 17
Fax 53 45 27

... in Österreich
Kärntnerring 4
1010 Wien
✆ (01) 505 43 74 und
505 16 39
Fax 505 02 48

... in der Schweiz
Uraniastraße 32
8001 Zürich
✆ (01) 211 36 33
Fax 211 38 85

Einreise und Zollbestimmungen

Für Reisende aus Deutschland, Österreich und der Schweiz genügt der gültige Personalausweis oder Reisepaß, wenn sie nicht länger als drei Monate im Land bleiben möchten. Neben dem nationalen Führerschein und dem Kfz-Schein sollte man bei der Anreise mit dem Pkw die Grüne Versicherungskarte mit sich führen.

Die Ein- und Ausfuhr von Waren für den Eigenbedarf ist in der EU unbegrenzt möglich. Für Reisende aus der Schweiz gelten Freigrenzen von 200 Zigaretten, 2 l Wein und 1 l Spirituosen.

Landkarten

Apulien hat mit EU-Unterstützung eine hervorragende Karte der Region (Verlag Mario Adda, Bari) herausgebracht: auf der Vorderseite eine detaillierte Straßenkarte, auf der Rückseite eine mit Symbolen für die Sehenswürdigkeiten und Sporteinrichtungen der einzelnen Orte versehene Karte. Sie ist kostenlos bei den örtlichen Touristeninformationen erhältlich und beinhaltet auch Stadtpläne der wichtigsten Städte.

Reisezeit

Frühjahr und Herbst sind die schönsten Jahreszeiten für Apulien, vor allem, wenn man die Region der Kunst und Kultur wegen ausgewählt hat. Denn der Sommer – die Monate Juni bis etwa Mitte September – ist meist viel zu heiß und schwül, um den Liegestuhl am Strand zu verlassen und sich auf längere Stadtbesichtigungen zu begeben. Direkt am Meer ist es noch recht angenehm, wenn eine Brise die heiße Haut abkühlt und man sich im – außer in der Nähe der großen Häfen – generell sauberen Wasser erfrischen kann. Erträglich ist das Klima auch im Hochsommer in den Murge und in den Bergen des Gargano. Doch in der Haupturlaubszeit der einheimischen Bevölkerung ist es schwierig, ohne langfristige Vorbuchung ein freies Zimmer zu finden.

Die meisten Hotels an der Küste sind im Winter geschlossen, auf ganzjährig geöffnete Häuser wird daher in den jeweiligen Ortsbeschreibungen hingewiesen.

Zahlungsmittel

Unkompliziert und günstig ist das Abheben von Bargeld am Geldautomaten *(bancomat)* mit EC-Karte und Geheimnummer. Beim Umtausch am Bankschalter (Bargeld, Reiseschecks und Eurocheques) sowie in Wechselstuben und Hotels ist der Kurs durch den Euro angeglichen, aber es werden verschieden hohe Gebühren erhoben, ab 1.1.2002 entfällt all dies! Kreditkarten (Eurocard, Visa etc.) werden auch in Apulien fast überall akzeptiert, außer vielleicht in den einfachen Trattorien. Inhaber von Postsparbüchern können auch bei den italienischen Postämtern Geld abheben.

Gesundheitsvorsorge

Deutsche und Österreicher, die einer gesetzlichen Krankenversicherung angehören, brauchen sich vor der Reise von ihrer Krankenkasse keine Anspruchbescheinigung mehr ausstellen zu lassen, die man früher im Bedarfsfall bei der italienischen Krankenversicherung INAM vorzulegen hatte. Empfehlenswert ist jedoch eine kurzfristige private Krankenversicherung, die dazu berechtigt, vor Ort zu einem Arzt seiner Wahl zu gehen. In diesem Fall müssen die Behandlungskosten zunächst selbst beglichen werden, sie werden nach der Reise von der Versicherung zurückerstattet. Schweizer Bürger müssen, auch wenn sie sozialversichert sind, wie Privatversicherte aus der eigenen Tasche zahlen.

Privatpatienten zahlen die Rechnung selbst und rechnen dann mit ihrer Krankenversicherung, je nach vereinbartem Schutz, nach der Reise ab.

Reiselektüre

Mario Adda (Hrsg.): Das Land der Ölbäume. Bari 1993.
Eva Gründel, Heinz Tomek: Richtig Reisen Süditalien. Köln 1998.
Horst Stern: Mann aus Apulien. München 1986.

s. auch Sprache und Literatur, S. 40 f.

ANREISE

... mit dem Auto

Für Reisende aus Deutschland und Österreich empfiehlt sich die Strecke über Innsbruck und die Brennerautobahn A 22 nach Bozen, Trento, Verona und Modena, wo man auf die A 1 nach Bologna und dann auf die A 14 nach Rimini, Ancona und Pescara trifft, die an der apulischen Grenze vom Meer ins Landesinnere nach Foggia abzweigt und fast bis nach Taranto weiterführt.

Wer den nördlichen Gargano anpeilt, fährt gleich im Norden an der apulischen Grenze von der Autobahn auf die Staatsstraße Richtung Peschici ab. Den Süden des Gargano erreicht man schneller über die Staatsstraße, die kurz vor Foggia nach Manfredonia führt.

... mit dem Flugzeug

Ganzjährig, im Sommerhalbjahr mit dichterem Flugplan, verbinden Linienflüge Bari mit den großen italienischen Städten, aber auch mit Frankfurt/M. und durch Anschlußflüge mit allen anderen deutschen Flughäfen. Brindisi wird im Linienverkehr nur von italienischen Flughäfen aus angeflogen. Anders im Sommerhalbjahr. Dann ist Apulien auch per Charter erreichbar. Rund 2 Std. Flugzeit sind es von nördlich der Alpen bis Bari oder Brindisi, die beide Charterflugziele sind. Von dort werden Pauschaltouristen mit modernen Bussen, kleine Gruppen sogar mit Taxis, zu ihren Quartieren gefahren. Wenn man eine Unterkunft auf der Gargano-Halbinsel oder im Süden der Provinz Lecce gebucht hat, kann die Fahrt nochmals bis zu 2 Std. beanspruchen.

... mit der Bahn

Bahnverbindungen bestehen von Turin über Mailand, Bologna und Ancona. Nachtzüge benötigen für die Strecke ca. 11 Std. ab Turin, ab Bologna ca. 7 Std. bis Bari Centrale mit Halt in San Severo, Foggia, Barletta, Trani und Bisceglie (im Wechsel); Anschluß nach Taranto (ca. 1 Std.) bzw. über Monòpoli, Fasano, Ostuni, Brindisi nach Lecce (ca. 1,5 Std.). Tageszüge ab Mailand bzw. Bologna haben eine kürzere Fahrtzeit. Alle wichtigen Orte und Provinzhauptstädte der Region sind problemlos mit dem Zug zu erreichen (s. Tips zu den einzelnen Orten).

Autoreisezüge fahren ab Bologna, Bozen, Mailand und Turin nach Bari.

... mit dem Bus

Auch Bus-Veranstalter bieten kombinierte Reisepakete an (Busanreise und Unterkunft).

UNTERWEGS IN APULIEN

... mit dem Auto

Die italienischen Autobahnen sind im allgemeinen hervorragend ausgebaut und selten überfüllt. Die A 14 durchzieht Apulien von der Adriaküste im Norden kommend über Foggia und Bari bis Taranto mit Anbindung an die Nachbarregion Basilikata und weiter nach Kalabrien; ca. 50 km nach Foggia in Höhe von Canosa Abzweigung auf die A 16 Richtung Neapel.

In Apulien sind einige Staatsstraßen sogar – leider landschaftfressend parallel zur Autobahn – zu autobahnähnlichen Schnellstraßen *(superstrade)* ausgebaut (kostenlose Benutzung). Auch die normalen Landstraßen sind fast durchweg in gutem Zustand, dafür aber zu Stoßzeiten sehr stark befahren. Durch die regionale Förderung der EU wurden auch kleine Verbindungsstraßen zwischen dörflichen Ansiedlungen auf Vordermann gebracht.

In den größeren Orten wie Bari und Brindisi sollte man den Wagen möglichst nur auf einem bewachten Parkplatz abstellen. Grundsätzlich sollte man keine Wertsachen im Auto zurücklassen, nach Möglichkeit das Handschuhfach leerräumen und offen lassen (s. S. 225).

Wer nicht mit dem eigenen Pkw anreist, kann z. B. an den Flughäfen von Bari und Brindisi einen Mietwagen nehmen, der schon im Heimatland gebucht werden kann. Für den Besuch einiger abgelegener Sehenswürdigkeiten ist man auf ein Auto angewiesen.

In Italien gelten die folgenden Höchstgeschwindigkeiten: innerorts 50 km/h, auf Landstraßen 90 km/h, auf Autobahnen 110–130 km/h. Verkehrsverstöße werden mit hohen Bußgeldern geahndet, auch Falschparken!

Polizei und Unfallrettung: ✆ 113

Pannendienst des italienischen Automobilclubs ACI (Soccorso Stradale): ✆ 116

ADAC-Notruf (in Mailand):
✆ 02-66 15 91, Fax 02-66 10 15 17

... mit Bus und Bahn

Das Eisenbahnnetz in Apulien ist recht dicht, auch wenn es in die abgelegenen Orte nur wenige Verbindungen am Tag gibt. Diese werden dann eher mit Linienbussen, teils staatlichen, teils lokalen, zumindest mit den jeweiligen Provinzhauptstädten verbunden. Foggia, Bari, Brindisi, Taranto und Lecce haben gute Bahnanbindungen.

UNTERKUNFT

Apulien ist, von Kultur- und Wanderreisen abgesehen, bevorzugtes Reiseziel für Familien mit Kindern. Daher findet man den größten Teil des Zimmerangebotes in kleineren und mittleren Hotels, aber auch auf teilweise wunderschönen Campingplätzen, die vielfach auch feste Hütten und/oder Wohnwagen sowie ein reiches Sport- und Animationsprogramm anbieten.

Hotels und andere Unterkunftsempfehlungen sind am Ende der jeweiligen Ortsbeschreibungen zu finden. Die Preise sind je nach Saison sehr unterschiedlich. Die Klassifizierungen der empfohlenen Unterkünfte entsprechen im allgemeinen den folgenden Preiskategorien. Die Preise beziehen sich auf die Hochsaison und gelten für ein Doppelzimmer für zwei Personen mit Frühstück:

Luxus:	**100–230 €**
Gehobene Mittelklasse:	**50–130 €**
Mittelklasse:	**35–75 €**
Preiswert:	**25–40 €**

Hotels

Bei den meisten Hotels, die etwas älter und selten renoviert sind, muß man hinsichtlich des Komforts gegenüber dem gewohnten Standard in Mittel- oder Oberitalien ein Auge zudrücken. Das gilt freilich auch für die Preise, über die man übrigens außerhalb der Saison ruhig verhandeln sollte. Einige Hotels, vor allem in den Provinzen Brindisi und Bari, wurden in den historischen Mauern der typisch apulischen Landgüter eingerichtet. Diese sogenannten *masserie* zählen zum Schönsten, was die Region an Unterkunftsmöglichkeiten – in jeder Kategorie – bietet.

Feriendörfer

Villaggio turistico ist das Zauberwort für ungezwungene Ferien, eine Art Mischung aus Camping und Hotel. In diesen Ferienanlagen ist die Animation fester Bestandteil, besonders beliebt bei Familien mit Kindern und Urlaubern, die die angebotenen Sportmöglichkeiten gerne wahrnehmen wollen. Buchungen sind jeweils direkt (Adressen s. Ortsbeschreibungen) oder über Agenturen bzw. Reiseveranstalter möglich.

Campingplätze

Besonders schöne Campingplätze findet man auf der Gargano-Halbinsel, wo sie normalerweise an eigenen Buchten unter schattenspendenden Bäumen und/oder an terrassierten Hängen liegen. Im Sommer muß man allerdings damit rechnen, daß das Wasser der Sanitäranlagen leicht salzig ist. Der ADAC-Campingführer »Südeuropa« empfiehlt für Apulien vorwiegend Campingplätze auf der Gargano-Halbinsel. Nur einer dieser Plätze (»San Nicola« bei Peschici) erhält darin für den Komfort die Note 2. Bei allen anderen Campingplätzen in

Apulien fällt der Komfort eher bescheiden aus, doch die schöne Lage in herrlicher Natur entschädigt oftmals für diesen Mangel.

Privatunterkünfte und Ferienwohnungen

Die meisten der angebotenen Ferienwohnungen und -häuser sind recht einfach. Viele apulische Familien, die in der Stadt leben (und es sich leisten können) besitzen ein kleines Ferienhaus am Meer. Außerhalb der italienischen Ferienmonate Juli/August werden diese Feriendomizile häufig vermietet.

In liebevoll restaurierten historischen Mauern wie den *trulli,* den alten Rundbauten, und *masserie* (Landgütern) werden immer mehr hochwertige Ferienhäuser eingerichtet. Man kann sie über Zeitungsannoncen oder über die lokalen Reisebüros und Fremdenverkehrsämter ausfindig machen, die entsprechende Adressen für Selbstbucher parat haben.

Inzwischen haben immer mehr Agenturen und Reiseveranstalter Apulien-Häuser im Programm. Eine kleine, aber feine Auswahl bietet Touristik Service Renate Drescher, Marienstr. 18, 80331 München, ✆ (089) 29 16 05 05, Fax 29 16 04 98. Einige besondere Ferienhäuser hat auch CUENDET im Programm (in Deutschland über Reisebüros zu buchen, z. B. über die Agentur Brigitte Klos, Wellingsbütteler Landstr. 116, 22337 Hamburg, Fax (040) 50 04 90 74. Antonio und Mario Legrottaglie aus Apulien kümmern sich mit entsprechendem Angebot (Hotels und Ferienhäuser) geradezu liebevoll um ihre Heimatregion: Italian Step Reisen, Hermann-Lingg-Str. 7, 80336 München, ✆ (089) 530 95 00, 53 45 53, Fax 530 95 23 (auch über Reisebüros zu buchen).

Ein sehr breit gefächertes und solides Angebot an Ferienunterkünften aller Art findet man auch bei den folgenden lokalen Agenturen:

Cotup, Via Laterza 61
70124 Bari
✆ 080-55 738 96
Fax 080-542 61 16,
www.ba.data.it/cotup

Puglia DOC
Viale Ugo Foscolo 51
73100 Lecce
✆/Fax 0832-39 88 87
www.pugliadoc.net

Vorerst nur wenige Mitglieder zählt die italienische *Agriturismo*-Organisation *Terranostra* in Apulien, die ›Urlaub auf dem Bauernhof‹ in sehr schönen, typischen Anwesen bietet. Es stehen jeweils ausgebaute Ferienwohnungen oder Zimmer zur Verfügung, zum größten Teil mit einer typischen lokalen Küche, für die vielfach die eigenen Produkte der Landgüter verwendet werden. *Terranostra*-Adressen in Apulien erhält man in der *Terranostra*-Zentrale:

Via Tenente Casale 27
70123 Bari
✆ 080-57 92 44

INFORMATIONEN VON A BIS Z

Auskunft

www.wel.it/Welcome/Puglia (s. auch Agenturen)

Vor Ort informieren die örtlichen Touristeninformationen (s. unter den jeweiligen Ortsbeschreibungen):

AAT: Assessorato al Turismo
AA: Azienda Autonoma di Cura Soggiorno e Turismo
APT: Azienda di Promozione Turistica
Pro Loco: örtliches Fremdenverkehrsbüro
und andere lokale Informationsbüros.

Diebstahl

Die großen Hafenstädte Bari und Brindisi, aber auch das kleine Barletta und Ostuni, sowie zur sommerlichen Hochsaison auch andere touristische Ziele sind ein Dorado für die sogenannte Beschaffungskriminalität. Hier ist besondere Vorsicht geboten. Es kann sogar vorkommen, daß sich junge Männer, z. B. in Bari, als Polizisten in Uniform ausgeben und vermeintlichen ›Polizeischutz‹ anbieten.

Man sollte möglichst keine Wertsachen und nicht zu viel Geld mit sich führen. Die meisten Hotels verfügen über einen Safe (an der Rezeption oder im Zimmer). Auch im Wagen sind keine Wertsachen zurückzulassen (s. S. 222). Außerhalb der Saison und in den kleineren Orten kann man sich relativ ungestört und sorglos verhalten. Im Falle eines Diebstahl ist für die Versicherung bei der Polizei ein Protokoll auszufüllen (S. 229).

Diplomatische Vertretungen

Für Deutschland
Deutsche Botschaft:
Via Po 25c, 00198 Rom,
✆ 06-88 47 41, Fax 06-854 79 56

Deutsches Honorarkonsulat:
Piazza Umberto 40, 70100 Bari,
✆ 080-524 40 59

Für Österreich
Österreichische Botschaft:
Via Pergolesi 3, 00198 Rom,
✆ 06-855 82 41, Fax 06-854 32 86

Österreichisches Honorarkonsulat:
Via Dalmazia 179, 70122 Bari,
✆ 080-553 19 95

Für die Schweiz
Schweizer Botschaft:
Via Barnaba Oriani 61, 00197 Rom,
✆ 06-808 36 41, Fax 06-808 85 10
(keine konsularische Vertretung in Apulien)

Einkaufen

Mode findet man vor allem in Baris Fußgängerzone in den schönsten Mode- und Schuhgeschäften der Region (bedeutende einheimische Schuhproduktion!). In den Strandorten gibt es hübsche Boutiquen.

Pappmaché wird seit Jahrhunderten traditionell vor allem in Lecce hergestellt und in den kleinen Werkstätten verkauft: Krippenfiguren und Dekorationsstücke (s. S. 184 f.).

Schmiedeeisenarbeiten gehen auf eine alte Tradition zurück, wie man an den schönen Balkonen der Barockstädte erkennen kann. Es werden u. a. recht hübsche Haushaltsgegenstände wie Grillgeräte und Kaminbestecke fertig verkauft, sonst muß man nach Maß arbeiten lassen.

Eingelegtes Gemüse in unglaublicher Vielfalt wird auf der Gargano-Halbinsel produziert und auch woanders als besondere Mitbringsel angeboten, z. B. in den *masserie.*

Das **Olivenöl** vom Gargano oder aus dem Hinterland um Ostuni ist von besonderer Qualität (s. S. 17 f.).

Elektrizität

Die Netzspannung beträgt 220 Volt. Italienische Steckdosen gibt es in verschiedenen Ausführungen. In kleineren Hotels, Pensionen und Appartements kann es passieren, daß man Zwischenstecker benötigt. Adapter *(adattore)* können meist an der Rezeption ausgeliehen werden oder sind in Haushaltswaren- und Elektrogeschäften erhältlich.

Essen und Trinken

In den meisten Hotels in Apulien hat man sich noch nicht den mitteleuropäischen Sitten angepaßt, also gibt es morgens kein besonders reichhaltiges Frühstück *(piccola colazione),* das Restaurant wird mittags für den *pranzo* nicht vor 13 Uhr und abends für die *cena* nicht vor 20 Uhr geöffnet. Dafür wird dann aber lange und meist reichhaltig gegessen. Größter Beliebtheit erfreuen sich die Vorspeisenbüffets *(antipasti),* die geradezu eine apulische Erfindung sein könnten. *Primo piatto* ist der erste Gang nach der Vorspeise, z. B. eine Suppe *(minestra),* ein Nudelgericht (pasta) oder Reis *(risotto).* Gefolgt vom *secondo,* dem Hauptgang aus Fisch oder Fleisch. In den Restaurants außerhalb der Hotels darf man sich nicht wundern, daß man die Beilagen *(contorni)* getrennt bestellen muß und auf einem Teller extra serviert bekommt (s. auch S. 39 f.).

Die Hotels Apuliens, die auf ein internationales Publikum eingestellt sind, bieten meist eine Mischung aus typisch apulischen Gerichten mit allgemein-italienischen Speisen oder gar die sogenannte Internationale Küche. Aber zum Glück sind noch viele Häuser auf ihre einheimischen Gäste eingestellt, so daß man vor allem in kleineren Hotels und den *masserie* im Landesinneren eine sehr schmackhafte lokale Küche aus stets frischen Produkten der Region genießen kann. Besonderen Wert legen darauf die einheimischen Restaurants, Trattorien und Spezialitätenrestaurants.

Der **apulische Wein** genießt zwar keinen sonderlich guten Ruf, aber zu einem typischen Essen paßt der meist leichte und relativ junge Wein hervorragend. Einige Tropfen haben einen bemerkenswerten Standard erreicht und sind immer trocken und sauber, etwa der spritzige *Bianco di Locorotondo,* der einen der ersten DOC-Weine Apuliens, den Weißen von San Severo (nördlich von Foggia), längst an

Qualität und Beliebtheit überholt hat. Gute Roséweine kommen von der südlichen Salento-Halbinsel, schwere Rotweine aus Manduria, Barletta und Cerignola sowie aus Salice Salentino. Die Weinbaugebiete der Region sind: die Capitanata im Norden um Foggia, Terra di Bari und die Murge, die Trulli-Region mit dem Itria-Tal und die Halbinsel des Salento im Süden.

In Apulien werden jährlich etwa 10 Mio. hl Wein produziert, das ist rund ein Sechstel der gesamten italienischen Weinproduktion. In den Weinbauforschungszentren von Bari und Barletta bemüht man sich um eine bessere Qualität der Weine. Schließlich gedeihen mehr als 20 Rebsorten – fast ausschließlich – in Apulien. Das ist die größte Auswahl im Süden des Landes, darunter der *Primitivo* von Gioia del Colle und der *Bianco d'Alesso* aus dem Itria-Tal.

Feste, Feiertage und Veranstaltungen

1. Januar: Neujahr
6. Januar: Dreikönigsfest *(Epifania)*
Februar/Karneval: *Carnevale Gallípolino in Gallípoli;* ältester *Carnevale* Apuliens in Putignano; Rosenmontag und Faschingsdienstag in Manfredonia Karneval mit Folkloregruppen
Karwoche: *Processione dei Misteri* in Bari; große Prozession in Brindisi und Gallípoli; Gründonnerstag und Karfreitag *Processione dell'Addolorata* und *Processione dei Misteri* in Taranto; Karfreitag und Karsamstag Prozession in Molfetta
Ostersonntag
Ostermontag wird in ganz Italien groß gefeiert
25. April: Tag der Befreiung (Nationalfeiertag)
Ende April/Anfang Mai: bedeutende Landwirtschaftsmesse in Foggia
1. Mai: Tag der Arbeit
7.–10. Mai: *Sagra di San Nicola* in Bari mit historischem Umzug zu Ehren des Stadtpatrons Nikolaus
Mai: Michaelswallfahrten in Monte Sant'Angelo; Fest des Stadtpatrons San Cataldo in Taranto
Christi Himmelfahrt: *Mostra dell'Ascensione* mit lokalem Kunstgewerbe und Handwerk in Francavilla Fontana
Fronleichnam: Prozessionen (normalerweise am Sonntag nach Fronleichnam) in vielen Orten, besonders eindrucksvoll in Brindisi
1. Sonntag im Juni: Proklamation der Republik (Nationalfeiertag)
Juni: Musikveranstaltungen internationaler Musikgruppen in Castellana Grotte
Juli: Theateraufführungen im römischen Amphitheater von Lecce; Nationales Reitturnier in Martina Franca; Kunsthandwerksmesse in Molfetta
Letzter Sonntag im Juli: *Disfida di Barletta* in Barletta mit historischem Umzug und Reitturnier
Juli/August: *Festival della Valle d'Itria* in Martina Franca; *Corteo storico e torneo dei rioni,* historischer Umzug und Turnier der Stadtteile in Oria
August: *Festival in Castello,* Theater, Film und Musik im Kastell von Bari; *Festival Città di Brindisi,* Stadtfest mit verschiedenen Veranstaltungen; Internationales Musikfestival in Lecce; *Cavalcata di Sant'Oronzo,* Reiterprozession und Antiquitätenmarkt in Ostuni; Theater, Konzerte etc. im Kastell von Otranto
15. August: Mariä Himmelfahrt *(Ferragosto)*

24.–26. August: Patronatsfest des Stadtheiligen Sant'Oronzo in Lecce
September: *Luci del Mare* (Meeresfest) in Otranto; *Stella Maris* (Meeresfest) in Taranto
8. September: Mariä Geburt; *Sagra a Mare* (Meeresfest) in Molfetta; Jahrmarkt mit Spezialitäten in Castellana Grotte
Mitte September: *Fiera del Levante,* größte Handelsmesse des Mittelmeerraumes in Bari
29. September: Michaelswallfahrten in Monte Sant'Angelo
Oktober: Kunsthandwerksmesse in Foggia
1. November: Allerheiligen
1. Sonntag im November: Tag der Nationalen Einheit
Dezember: *Fiera dei Puppi,* Messe der Puppenhersteller in Lecce; überall ›lebende Krippen‹
8. Dezember: Mariä Empfängnis
25. Dezember: Weihnachten
26. Dezember: Heiliger Stephan
31. Dezember: Jahreswechsel

Fotografieren

Das gebräuchliche Filmmaterial gibt es problemlos in den größeren Städten und in den Ferienorten, jedoch nicht so preiswert wie zu Hause. Daher empfiehlt es sich, genügend Filmmaterial, vor allem, wenn man besonderes benutzt, mitzubringen.

Das Fotografieren ist in Apulien – vor allem ohne Blitz – normalerweise kein Problem, weder in den Kirchen (aber bitte nicht während des Gottesdienstes!) noch in den Museen und an den Ausgrabungsstätten.

Maße und Gewichte

In Italien herrscht wie in ganz Mitteleuropa das metrische System. Gewogen wird also in kg *(un chilo, due chili),* aber nicht nach Pfund: 1/2 kg ist *un mezzo chilo.* 100 g nennen die Italiener un *etto,* 200 g *due etti* etc.

Notrufnummern

Polizei und Unfallrettung: ✆ 113
Feuerwehr: ✆ 115
Pannendienst des italienischen Automobilclubs ACI: ✆ 116
ADAC-Notruf (in Mailand):
✆ 02-66 15 91, Fax 02-66 10 15 17

Öffnungszeiten

Banken: Sie sind in der Regel Mo–Fr 8.30–13.20 Uhr, in den Ferienorten manchmal auch Sa und am Nachmittag geöffnet.

Postämter: allgemeine Öffnungszeiten Mo–Sa 8.15–14 Uhr, in kleineren Ortschaften bisweilen nur stundenweise.

Geschäfte und Apotheken: Die Geschäftszeiten sind unterschiedlich, meist aber Mo–Fr 9–12.30/13 und 15.30/16–19.30 Uhr, im Sommer bis 20 Uhr. In den Städten sind sie So immer geschlossen, manchmal auch Sa nachmittags. In den Ferienorten gelten längere Öffnungszeiten, während der Saison So und feiertags meist durchgehend geöffnet.

Museen: Generell bemüht man sich um längere Öffnungszeiten. Werktags, meist außer Mo, haben die Museen vormittags geöffnet, nachmittags nur manche, dann allerdings bis 19 Uhr und länger. Viele der privaten und lokalen Museen kann man kostenlos besuchen (genaue Öffnungszeiten s. Ortsbeschreibung).

Kirchen: Sie sind fast immer zwischen 12 und 15.30/16 Uhr für die Mittagspause geschlossen, in Lecce sogar noch länger (häufig ab 11.30 Uhr). Einige Kirchen öffnen nur zu den Gottesdiensten, so daß man sie nur kurz vorher oder nachher besichtigen kann. In den jeweiligen Routenbeschreibungen wird auf besondere Öffnungszeiten der Kirchen hingewiesen.

Polizei

Die italienische Polizei, vor allem die örtliche *(Vigili urbani* oder *Polizia Municipale)* ist generell sehr hilfsbereit, wenn man die Beamten freundlich anspricht. Aber in den diebstahlgefährdeten Ortschaften hilft das wenig. Bei Diebstahl muß man, falls man den Schaden seiner Versicherung melden möchte, bei der Polizei ein Protokoll aufnehmen lassen.

Post

Briefmarken *(francobolli)* erhält man in den Postämtern, häufig in den Hotels und in den Tabakläden *(tabacchi).* Post nach Deutschland, Österreich und in die Schweiz benötigt mindestens drei Tage bis eine Woche. Inzwischen gibt es eine *posta prioritaria,* die 50 % mehr kostet, dafür aber schneller befördert wird (1–2 Tage).

Telefonieren

In manchen Postämtern gibt es spezielle Telefonzellen. Man kann auch direkt von den Ämtern der italienischen TELECOM, von jeder Telefonzelle und den öffentlichen Telefonen der Bars, die das gelbe Telefonzeichen tragen, problemlos auch ins Ausland telefonieren. Telefonkarten *(schede telefoniche)* erhält man an Zeitungskiosken, in Tabakläden sowie in den TELECOM-Ämtern. Vom Hotel aus kostet es wie überall erheblich mehr.

Achtung: Seit Juni 1998 ist die Ortsvorwahl in Italien Bestandteil jeder Teilnehmernummer. So muß also auch innerorts stets die ›Vorwahl‹ mitgewählt werden. Bei Telefonaten aus dem Ausland nach Italien wählt man nach der Landesvorwahl 00 39 auch die 0 der nun erweiterten Teilnehmernummer!

Vorwahl nach Deutschland 00 49
nach Österreich 00 43
in die Schweiz 00 41

Trinkgeld

Der Service ist in den Restaurants in Italien normalerweise im ausgeschriebenen Preis enthalten, ein zusätzliches Trinkgeld wird erwartet. Je nach Kategorie des Hauses und Zufriedenheit des Gastes gibt man 5–15 %. Im Hotel sollten das Zimmermädchen und der Kellner (je nach Kategorie des Hauses) ab 5 € pro Woche und Person erhalten, bei besonderen Diensten auch die Rezeption. Der Gepäckträger sollte für ein nicht allzu großes Gepäckstück 1 € bekommen (in Luxusherbergen mehr), auch der

Barmixer freut sich über ein Trinkgeld.

Taxifahrer werden nach dem Taxameter entlohnt, man rundet bei besonderer Freundlichkeit auf; beim Friseur gibt man üblicherweise rund 10 % Trinkgeld.

Urlaubsaktivitäten/Sport

Angeln darf man im Meer ohne besondere Genehmigung, diese wird allerdings beim Angeln in Flüssen und Seen benötigt und ist bei den örtlichen Behörden gegen eine kleine Gebühr erhältlich.

Fußball lieben die Italiener, je südlicher, desto inniger. Ein Fußballspiel in Baris Fußballstadion der Superlative dürfte für Apulien-Reisende ein echtes Erlebnis sein – falls sie Karten bekommen!

Golfplätze sind nur wenige vorhanden, z. B.: **Barialto Golf Club,** 70010 Casamassima, 12 km südlich von Bari auf der S.S. 100 Richtung Taranto, km 18, ✆ 080-697 71 05, Fax 080-697 70 76, vorerst nur 9-Loch, ganzjährig geöffnet. **Malopra Golf Club,** 15 km südöstlich von Gallípoli Richtung Casarano, Sekretariat Via Dante 19, 73042 Casarano, ✆ 08 33-51 29 57, Fax 08 33-51 25 96, 9-Loch. **Riva dei Tessali,** 74011 Castellaneta, ✆ 099-843 92 51, Fax 099-843 92 55, 18-Loch, Apuliens erster und schönster Golfplatz bei Marina di Ginosa, 25 km westlich von Taranto gelegen. **Acaya Golf Club**, Masseria San Pietro ca. 10 km von Lecce entfernt, umgeben von Steineichen und Olivenhainen, 18-Loch, ✆ 0832-348841.

Weitere Informationen über das Consorzio Puglia Golf, Corso Mazzini 94, 70124 Bari, Tel. 080-5242475.

Wandern kommt zwar auch bei den Italienern in Mode, doch bis Apulien hat sich das noch nicht so recht herumgesprochen. Ein paar deutsche Reiseveranstalter bieten auch Studienwanderungen durch Apulien an, bei denen man nicht nur viele Sehenswürdigkeiten besucht, sondern intensiver die Schönheiten der Natur und manche Eigenheiten der Menschen und ihre Küche kennenlernt (bei typischen Mittagessen unterwegs). Eine besonders ereignisreiche Studienwanderung bietet Dr. Tigges an (in Reisebüros zu buchen).

Generell kann man am schönsten auf der Gargano-Halbinsel und in den Hügeln der Murge um die Sommerfrische Selva di Fasano wandern, wo man geeignete Hotels als Ausgangspunkt findet, sowie im Itria-Tal mit seinen berühmten Trulli.

Wassersport wie Schwimmen, Segeln und Surfen ist an den Küsten Apuliens an meist (außerhalb der Hafenzonen) sauberen Stränden im klaren Wasser möglich. Das Adriatische Meer am Gargano mit kleinen Sand- und Kiesbuchten und ein paar langen Sandstränden wie bei Vieste und Rodi Garganico bietet ideale Wassersportmöglichkeiten, ebenso die Küste zwischen Torre Canne und Brindisi sowie das Ionische Meer mit langen, teils von niedrigen Dünen begrenzten Stränden im Süden.

Die schönsten **Tauchgründe** Apuliens bieten die Tremiti-Inseln und die Buchten rings um den Gargano.

Zeitungen

In Apulien erreicht »La Gazzetta del Mezzogiorno« mit 60 000 Exemplaren die höchste Auflage. Regionale Tageszeitungen sind z. B. »Il Quotidiano« in Foggia, Brindisi, Lecce und Taranto und der »Corriere del Giorno« in Taranto. Die überregionalen italienischen Tageszeitungen »La Repubblica« und »Corriere della Sera« sind überall zu haben. Deutschsprachige Zeitungen und Zeitschriften erhält man nur während der Saison.

KLEINES GLOSSAR

Agriturismo	Landgüter, die ihre Produkte zum Verkauf und ›Urlaub auf dem Bauernhof‹ anbieten
Chiancarelle	plattenförmige, unregelmäßige Steine, die zum Bau der Trulli verwendet wurden
Doline	trichterförmiger Schlund im Karst, in Apulien *pulo* genannt
Gravina	Schlucht, Einschnitt, berühmte *gravine* in Matera und Massafra
Guglia	spitz zulaufende Säule, meist mit Madonna oder Ortsheiligem - typisch im apulischen Barock auf den Hauptplätzen
Masseria	Landgut, meist historisch und befestigt (Plural *masserie*)
Mastio	Wehrturm einer Festung, meist ihr Kern
Matronäen	Räume über den Seitenschiffen, ursprünglich für die Frauen
Pulo	s. Doline
Pulpito	Kanzel
Risalit	Teil des Baukörpers (z. B. Mittelrisalit, Seitenrisalite), klar abgegrenzt
Sedile	meist ein kleines Gebäude mit offener Loggia als Versammlungsort am Hauptplatz, früheres Rathaus
Spolien	Bruchstücke antiker Bauten, für christliche Bauwerke wiederverwendet
Stele	monolithische Steinplatte über einem Grab, oft mit Gravuren verziert (daunische Stelen)
Tavoliere	nordapulische Ebene um Foggia bis zum Fluß Ofanto, wahrscheinlich vom Weiderecht (auf Tafeln) abgeleitet
Trulli	Rundhäuser, typisch für das Gebiet der Murge (Singular *trullo*), mörtelloses Kraggewölbe aus *chiancarelle*
Ziborium	tempelartiger Aufsatz über dem Altartisch

REISEHÖHEPUNKTE

Alberobello: ein ganzes Stadtviertel aus Trulli
Andria: Lieblingsstadt Friedrichs II.
Bari: Hauptstadt der Region mit der Kirche des hl. Nikolaus
Barletta: Stauferschloß und bronzener Koloß
Brindisi: bester Naturhafen der Adria, Endpunkt der *Via Appia*
Canosa: Werke des Acceptus, Bronzetür des Bohemund-Mausoleums
Castel del Monte: die schönste Stauferfestung Friedrichs II.
Castellana Grotte: Apuliens schönste Grotten
Copertino: eindrucksvolle Festung mit schönem Renaissanceportal
Egnazia: Apuliens wichtigste Ausgrabungsstätte am Meer
Foggia: bedeutendes Landwirtschaftszentrum des Tavoliere
Foresta Umbra: Apuliens größter, naturgeschützter Wald auf der Gargano-Halbinsel
Gallípoli: zauberhaftes Inselstädtchen am Ionischen Meer
Gioia del Colle: nettes Städtchen mit schönem Friedrich-Kastell
Giovinazzo: Fischerstadt mit Meereskathedrale
Grottaglie: die traditionelle Töpferstadt Apuliens
Lecce: Barockstadt mit eigenwilligen Sonderformen (Lecceser Barock)
Locorotondo: fast kreisrundes Städtchen mit weiß getünchten Häusern
Lucera: eines der schönsten Friedrich-Schlösser in beherrschender Lage, außerdem römisches Amphitheater
Manfredonia: Friedrich-Kastell mit Archäologischem Museum
Martina Franca: wunderschöne kleine Barockstadt mit majestätischem Herzogspalast und vielen Adelspalästen
Massafra: Wallfahrtsort mit Felsenkirchen an tiefer Schlucht
Monópoli: Fischerstädtchen mit intakter Altstadt
Monte Sant'Angelo: Grottenkirche des hl. Michael, Tomba di Rotari
Ostuni: die ›weiße Stadt‹ Apuliens inmitten von Ölbäumen
Otranto: Kathedrale mit fast komplett erhaltenem romanischem Mosaikfußboden des Mönchs Pantaleone
Peschici: zauberhaftes Fischerdorf (mit Badestrand) auf der Gargano-Halbinsel
Polignano a Mare: Fischerstädtchen in großartiger Lage
Ruvo: romanische Kathedrale und interessantes Jatta-Museum mit der vollständigsten Sammlung apulischer Vasen
Siponto: romanische Kirche Santa Maria di Siponto bei Manfredonia
Taranto (Tarent): wichtiges Industriezentrum; Goldschatz von Tarent
Trani: schöne Fischerstadt mit großartiger Kathedrale am Meer
Tremiti-Inseln: Taucher- und Wasserratten-Paradies mit ehemaliger Kathedrale auf San Domino (Mosaikfußboden!)
Valle d'Itria: Trulli-Landschaft der Murge inmitten von Weingärten
Vieste: malerischer Fischerort mit langem Sandstrand auf dem Gargano

ABBILDUNGSNACHWEIS

Gottfried Aigner, München: Titelbild, Umschlaginnenklappe vorn u. hinten, Umschlagrückseite (3), S. 10/11, 17, 20, 21, 26/27, 28, 32, 34, 36, 42, 44/45, 47, 51, 53, 57, 61, 64, 67, 69, 73, 75 (2), 76, 80/81, 88, 93, 95, 103, 104, 106, 110, 114, 117, 120/121, 126, 140 l., 140 r., 143, 150, 153, 156, 159, 162, 168, 170, 172, 181, 194, 197, 206, 212, 215, 216

Johannes Kautzky, Innsbruck: S. 22, 55, 84, 97, 99

Bernd Thiel, Düsseldorf: Vignette, S. 2/3, 15, 119, 124, 132, 139, 144, 145, 146/147, 154, 165, 175, 182, 185, 188/189, 200, 203, 209

Karten und Pläne

Berndtson & Berndtson Productions GmbH, Fürstenfeldbruck

Verzeichnis der Karten und Pläne

Stadtpläne

Karten

Bitte schreiben Sie uns, wenn sich etwas geändert hat.

Alle in diesem Buch enthaltenen Angaben wurden von der Autorin nach bestem Wissen erstellt und von ihr und dem Verlag mit größtmöglicher Sorgfalt überprüft. Gleichwohl sind – wie wir im Sinne des Produkthaftungsrechts betonen müssen – inhaltliche Fehler nicht vollständig auszuschließen. Daher erfolgen die Angaben ohne jegliche Verpflichtung oder Garantie des Verlages oder des Autors. Beide übernehmen keinerlei Verantwortung und Haftung für etwaige inhaltliche Unstimmigkeiten. Wir bitten dafür um Verständnis und werden Korrekturhinweise gerne aufgreifen:

DuMont Buchverlag, Postfach 10 10 45, 50450 Köln
E-Mail: reise@dumontverlag.de

REGISTER

Namenregister

Orts- und Sachregister